ビジョンデザイン

〈私たち〉の未来を考える、
これからのデザインの使いかた

田中友美子
KOEL Design Studio
NTT コミュニケーションズ

はじめに

10年前、私たちはどんな暮らしをしていたでしょうか。

この10年で、世界で急速に広がったサービスのひとつに、ライドシェアがあります。日本では既存のタクシーを手配するサービスとして使われていますが、欧米では運転手の免許を持っていない一般のドライバーが自家用車を使って有償で人を運ぶサービスです。こうした乗客とドライバーをアプリでマッチングするこの新しいサービスは、開始当初、タクシーに代わる移動手段を提供し、車をシェアすることで交通量が減ると主張していました。でも実際には、路上にドライバーが増えることで渋滞を引き起こし、サービス開始から5年で、増え続けるサンフランシスコの交通渋滞の原因の半分を作り出していると言われています[1]。

利用者の視点だけで考えると、タクシーがつかまらないなどの個人の課題を解決するイノベーティブなアイデアであったはずなのに、「街」という少し大きな文脈に視点を広げると、悪い結果をもたらしています。持続可能性の視点や、背後にある社会への影響が視野に入っていなかったのです。

気候変動、人口減少、社会の高齢化、格差の拡大——といった未来の存続に関わる社会課題は、思った以上にたくさんの要素が絡み合う、厄介で複雑なものであるという実感が年々高まっています。ひとつのプロダクトやサービスでは到底太刀打ちできません。かつての高度経済成長

期、「よりよい製品を作れば、よりよい暮らしが実現する」と信じられていた時代とは、明らかに状況が変わってきているのです。

例えば、近年増加している猛暑日。「観測史上最高の記録的猛暑」が繰り返され、エアコンの有無が命に関わるような夏が日常化しているなか、より強力なエアコンを購入することが、その解決策といえるでしょうか。エアコンの使用による電力消費が温暖化を加速させ、さらに猛暑を引き起こす悪循環を生んでいます。「気温上昇を止めるには何をしたらよいのか」という根本的な問いに向き合う必要があります。

根本的な問いは、人間の行動を観察したり、既存のプロダクトやサービスの問題点を探し出すような視点だけでは見つけられません。エアコンの使用をつぶさに観察し、使用上の問題点を見つけたり、リモコンの使い勝手が向上できれば日々の暮らしのストレスは軽減されるかもしれませんが、「耐え難い暑さが起こる」ことの解決には近づかないからです。「気温上昇を止めるには何をしたらよいのか」という問いに向き合うには、緑地を増やしたり、エネルギー効率の向上や再生可能エネルギーの利用促進はもちろん、エアコン自体がもたらす地球温暖化への影響など、プロダクトやサービスが基盤とする社会システムにも目を届かせる必要があります。

私たちに求められているのは、目の前の不便を解消する「モノ」を作ることではありません。社会全体を見渡し、複雑に絡み合った課題の根

本的な解決をめざす——そんな新しいデザインのあり方が必要とされているのです。

実際、デザインの役割は大きく変化してきました。かつては「色」と「形」という意匠を専門としていたデザインが、やがてデジタル化の波とともに「体験」のデザインへと領域を広げ、さらに近年では「社会システム」そのものをデザインする時代へと進化しています。

その象徴的な例が、1957年に始まったグッドデザイン賞の変遷です。2018年、大賞を受賞したのは、「おてらおやつクラブ」という、お寺による子どもの貧困支援活動でした。モノのデザインではなく、社会の仕組みをデザインする取り組みが最高賞を受けたのです。2023年度の大賞「52間の縁側」も同様に、世代間の分断という社会課題に、空間デザインを通じて解決策を提示しました。

このような新しいデザインの使い方のひとつとして、近年注目を集めるのが、社会の変化の方向性を探り、望ましい未来を探索するビジョンデザインです。どのようにすれば持続可能な未来が開けるのか、どんな未来を私たちは願うのか——この問いにデザインを使って向き合います。

KOELのビジョンデザイン：未来を描き、社会を変える

私たちNTTコミュニケーションズは、この新しい時代のデザインに挑戦するため、2020年にKOELデザインスタジオを設立しました。「人

や企業に愛される社会インフラ」の実現をめざし、行政による公共事業と企業によるビジネスの間にある「セミパブリック領域」の課題解決に取り組んでいます。

　この挑戦は、NTTグループの歴史に深く根ざしています。1952年、日本電信電話公社として歩みを始めたときから、「すぐつながる電話」を全国津々浦々に届けることを使命としてきました。採算の取れにくい地域も含めて通信網を整備し、新たな通信手段を標準化していく——。そこには、経済合理性よりも「公共」としての矜持が常にありました。1999年に設立されたNTTコミュニケーションズも、安定した通信の提供を礎にしながら、行政も含めた多様なステークホルダーと協働し新たな事業を創出していく、という戦略的位置づけで設立されました。

　「社会システム」の編み直しに目を向けるため、KOELで行っているのがビジョンデザインです。「10年後・20年後の社会のあり方をビジョンとして描き、生まれるニーズの仮説から、ソリューションを構想し、具体的な事業として社会実装をめざすアプローチ」と定義しています。プロダクトやサービスデザインの開発を超えた広い視野で、今、起こっている・起こり始めている社会の変化に目を向け、10年後、20年後に社会がどうなっていくのか、そのなかで私たちはどんな「暮らし」をしたいのか、その実現のために今どんなことをしていくとよいのかを考える活動です。

人口減少・高齢化社会の未来を考える
３つのリサーチプロジェクト

　2021年から2023年にかけて、私たちは株式会社RE:PUBLICと共催し、共通する大きなテーマとして「人口減少・高齢化社会の未来」を掲げ、ビジョンデザインのための３つのリサーチプロジェクトを実施しました。確実に起こる「人口減少・高齢化」は、どのような分野であっても、これからの日本の社会を考えるうえで避けては通れない最大の社会課題のひとつであり、日本が世界のなかの最先端の課題先進国ともいえるこのテーマに向き合いたいと考えたからです。

　本書では、ビジョンデザインという「これからのデザインの考えかた」とデザインリサーチの手法を用いた未来洞察の方法を「第Ⅰ部」に、「第Ⅱ部」に人口減少・高齢化をテーマに、日本の４つの地域を訪ねた３つのリサーチプロジェクトの報告を収めました。

　未来に起こり得ることと、未来に起こってほしいと願うことの両方を見すえながら、複雑な社会課題にどう向き合い、望ましい未来にどう近づいていくのか。３つのプロジェクトから見つけた未来の方向性を読者のみなさんと共有し、「これからの私たちの未来」を一緒に考えていただく機会となれば幸いです。

CONTENTS | 目次

はじめに ⋯⋯⋯⋯⋯⋯⋯⋯⋯⋯⋯⋯⋯⋯⋯⋯⋯⋯⋯⋯⋯⋯⋯⋯⋯⋯⋯⋯⋯⋯ 003

I
もうひとつの未来を考える
ビジョンデザイン ⋯⋯⋯⋯⋯⋯⋯⋯⋯⋯⋯⋯⋯⋯⋯⋯⋯ 012

1 これからのデザインの考えかた　ビジョンデザイン ⋯⋯⋯⋯⋯⋯⋯ 014

1.1 デザインは未来を構想する ⋯⋯⋯⋯⋯⋯⋯⋯⋯⋯⋯⋯⋯⋯ 016

1.2 問題解決から可能性の提起へ ⋯⋯⋯⋯⋯⋯⋯⋯⋯⋯⋯⋯ 018

1.3 3つのビジョン ⋯⋯⋯⋯⋯⋯⋯⋯⋯⋯⋯⋯⋯⋯⋯⋯⋯⋯⋯ 024

2 これからのデザインの使いかた　未来洞察型デザインリサーチ ⋯⋯ 033

2.1 デザインリサーチとは ⋯⋯⋯⋯⋯⋯⋯⋯⋯⋯⋯⋯⋯⋯⋯⋯ 034

2.2 未来の社会を描く方法とプロセス ⋯⋯⋯⋯⋯⋯⋯⋯⋯⋯ 038

STEP 1	情報収集　未来の社会を描くための情報を集める ⋯⋯⋯⋯⋯ 039
STEP 2	仮説策定　未来の社会像を具体化する ⋯⋯⋯⋯⋯⋯⋯⋯⋯ 051
STEP 3	検証　　　仮説を検証し、未来像を精緻化する ⋯⋯⋯⋯⋯⋯ 055
STEP 4	ビジョン策定　未来の姿を示し、多元的な未来へ ⋯⋯⋯⋯⋯ 063

II

人口減少・高齢化社会の未来を考える
デザインリサーチプロジェクト 080

3 デスクリサーチ
統計データに見る「小さくなる社会」 083

3.1 高齢化問題は「自分問題」 084

3.2 人口動態データから見える未来 090

4 フィールドワーク①
みらいのしごと after 50 未来の働きかた編 105

4.1 「50歳以降の仕事をどうしよう？」という出発点 106

4.2 社会の変化の方向を探る 108

4.3 仮説策定 116

4.4 阿東（山口県）を訪ねる 117

4.5 「未来の社会システム」についての6つの気づき 140

4.6 フィールドワークから見つけたインサイト 144

CONTENTS | 目次

5 フィールドワーク② 豊かな町のはじめかた 未来の暮らしかた編 ·············· 147

5.1 「そもそも"豊かさ"とは？」という出発点 ·············· 148

5.2 仮説策定 ·············· 152

5.3 小浜（長崎県）を訪ねる ·············· 154

5.4 五城目（秋田県）を訪ねる ·············· 173

5.5 「地域の豊かさ」についての5つの気づき ·············· 187

5.6 フィールドワークから見つけたインサイト ·············· 191

6 フィールドワーク③ 多彩な文化のむすびかた 未来の築きかた編 ·············· 199

6.1 「多文化が同じ土地で暮らすとは？」という出発点 ·············· 200

6.2 様々な先端事例 ·············· 201

6.3 仮説策定 ·············· 205

6.4 長田（兵庫県）を訪ねる ·············· 206

6.5 長田で出会った人たち ·············· 210

6.6 「多文化共生」についての3つの気づき ·············· 235

6.7 フィールドワークから見つけたインサイト ·············· 239

7 インサイトからビジョンへ　豊かさのリ・デザイン ········ 249

7.1 「お金」から「関係」へ　資本の多元化 ········ 250

7.2 大きな仕組みから小さな仕組みへ　システムの多元化 ········ 256

7.3 幸福のリ・デザイン　価値観の多元化 ········ 257

7.4 未来ビジョン　豊かさの多元化へ ········ 260

7.5 3つのシナリオ　2035年の暮らしのシーン ········ 261

7.6 これからのデザイン、これからのサービス ········ 278

座談会

〈私〉のビジョンから〈私たち〉のビジョンへ

RE：PUBLICとふりかえる3つのフィールドワーク ········ 285

リサーチチームについて ········ 298

おわりに ········ 300

注・引用・参考文献 ········ 302

I
もうひとつの未来を考える
ビジョンデザイン

1
これからのデザインの考えかた
ビジョンデザイン

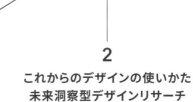

2
これからのデザインの使いかた
未来洞察型デザインリサーチ

1

これからのデザインの考えかた
ビジョンデザイン

厄介な社会課題の解決には、従来のプロダクトやサービスのデザインの域を超え、その土台となる社会システムそのものに視線を届かせる新しいアプローチが求められています。第1章では、ビジョンデザインの基本的な考え方について述べていきます。

1.1
デザインは未来を構想する

デザイン領域の拡大

　21世紀の始まりとともに、私は、25年間デザイナーとして仕事をしてきましたが、この間にデザインの領域は驚くほど広がり、変化してきました。私自身の肩書きを振り返ってみても、雑誌の誌面をレイアウトする「エディトリアルデザイナー」からスタートし、デジタルツールと人とのインタラクションを設計する「インタラクションデザイナー」、デジタルツールのナビゲーションを設計する「UIデザイナー」、画面内の体験を設計する「UXデザイナー」、ツール上だけでない全体の体験を設計する「サービスデザイナー」、事業や企業の戦略を考える「ストラテジックデザイナー」と、次々と変遷してきました。

　20世紀のデザイナーといえば、グラフィック、プロダクト、ファッション、空間、映像など、ひとつの専門分野に関わり経験を重ねていくことが一般的でした。私の場合は、雑誌から事業戦略まで関わる対象が多岐にわたるため、専門性が理解されづらく、職種を転々としてきたように思われることもありました。

　KOEL Design Studioでも、アプリやウェブサイトの制作やブランディングや事業計画に携わることもあれば、ワークショップのファシリテーションやリサーチのためにフィールドワークに出かけることもあるなど、様々な活動をしています。デザインの領域が広がっている現状がまだ十分に認知されていないため、KOELの活動を理解していただくのが難しいときもあります。しかし、活動の対象は多様であれ、取り組んでいることは「デザイン」というひとつの仕事なのだと思います。

　では、ここで共通する「デザイン」とはどんな行為なのでしょうか。

見えない未来を「形」にする

　2000年代半ば、私は玩具メーカーのR&Dのチームで働いていました。主な

仕事は、新しいテクノロジーが玩具に採用できるコストまで下がったときに、未来の子どもたちがどんな玩具を使って、どんな遊びをするようになるのかを考えることでした。例えば、携帯電話などに搭載されはじめたばかりのGPSを使った遊びを考案し、架空のデバイスを構想して子どもたちが位置情報を使って「バーチャル宝探し」をするシナリオをつくりました。

　その数年後には、携帯電話メーカーのサービスデザインのチームで、新しいサービスのアイデアを創出する仕事をしました。次世代の音楽アプリのプロジェクトでは、自分が音楽を聴くだけではない新しい音楽体験として「いい曲だなと思ったときにすぐに友達にシェアする」体験と仕様を考えました。当時はまだ通信速度が遅く移動中のストリーミングも難しく、オンラインコンテンツも限られたなかで、どんな機能があると音楽の共有体験を実現できるのか、体験のシナリオと想定されるアプリのスクリーンを描いて提案しました。

　このように、プロダクトやサービスを通じてまだ見ぬ未来の体験を形にするのがデザインという仕事だったのではないかと思います。デザインには多様な定義がありますが、その本質は「未来に形を与えること」だと私は考えています。どんな肩書きのデザイナーの仕事も、つまるところ、「今ここにないもの」を具体的な「形」にして「未来の体験を創る」仕事といえそうです。「見えない未来」を「見える形」に可視化することで、「こんな未来もありそうですよ？」と新たな選択肢を提案するのです。

　すぐに商品化されるプロダクトなら「数カ月後」、新しいテクノロジーが安価になるまでなら「5〜10年後」というように、案件によって時間軸は変化するものの、「まだ見ぬ別の選択肢としての体験を描く」という仕事は変わりません。そして、この時間軸をぐっと先まで延ばして、10年後、20年後の社会システムを考えるのがビジョンデザインといえるでしょう。

拡大する市場から持続可能な社会へ

　ビジョンデザインは、従来のプロダクトやサービスのデザインとは、めざす地平が異なります。「これまでのデザイン」は、拡大成長する市場を前提に、消

費者の「こんなことができたら！」というニーズに応えることで、便利で快適な「よい生活」の実現をめざしてきました。そこでは「どうすればよくなるか」が問題であって、「何がよいことか」と問われることはありませんでした。長期的な未来をみすえるビジョンデザインには、そうした既存の枠組み・価値観そのものを問いなおす可能性があります。

「これまでのデザイン」は市場の拡大と生活の質の向上を価値としてきましたが、「これからのデザイン」では、特定の人の特定の利便を見るのではなく、資源の有限性をふまえた持続可能な未来のために、長期的な視点に立ってこれまでの価値観を問いなおすことも新たに求められているのです。

私たちの社会は、急速に変化しています。資本主義にもとづく市場の拡大・消費を中心とした「大きくなる社会」から持続可能な「つづく社会」のために、これまでの価値観を問いなおし、新たな価値観に基づく持続可能な社会の未来像を複数の選択肢として「見える形」にすること。そして人々の間に将来の社会システムについての議論を呼び起こすこと。それがビジョンデザインの目的であり、これからのデザインの使い方になっていくのではないでしょうか。

1.2
問題解決から可能性の提起へ

未来はひとつではない

ビジョンデザインの目的は「未来はこうなります」と「唯一の未来」を正確に予測したり、問題の解決された「理想的な未来」をゴールとしてさしだすものではありません。デザインを使って「こんな未来もあるのでは？」と未来の新たな可能性を提示し、どんな未来を選びたいか、人々の間に未来についての主体的な議論を引き起こすことをめざします。

多くの人は「どんな未来を生きたいですか？」などと唐突にたずねられても、質問が抽象的すぎて戸惑ってしまうでしょう。未来学者のスチュアート・キャ

ンディは、未来学の従来の議論が専門家にしかわからない抽象的な言葉で語られてきたことを批判しました。専門家が抽象的な言葉で「唯一の未来」を予測するように語ってしまうことで、一般の人々は、未来を自分たちでは変えられない固定的なものとして受動的に受け止めてしまうからです。そこで、誰もが未来の議論に参画できるように、未来を体験的にイメージできる「見える形」として示すことが重要になるのです [Candy：2010]。

そもそも、急速に変化する現代において、未来を想像することは簡単ではありません。私たちは未来を考えるとき、つい現在の状況がそのまま継続する前提で考えがちですが、実際に過去を振り返ってみると、驚くほど社会が変化していることに気づかされます。

今からおよそ15年前、2010年の日本でのスマートフォンの所有率は9.7%でした。10人のうち1人しか持っていませんでしたが、13年後の2023年には90.6%に達しました[2]。さらに2000年まで遡るとインターネットはまだダイヤルアップ接続が主流でした。あらゆる世代がいつでも、どこでもインターネットにつながれる世界を想像できた人は、専門家を除けば少なかったでしょう。暮らしがどう変わるのかを具体的にイメージすることはさらに難しかったはずです。

少子高齢化と財政状況の悪化により市町村合併が進み、2003年に3,190あった市町村は、2023年には1,718にまで減少しました[3]。気候も著しく変化し、例えば東京で気温が30度を超える真夏日は2003年には38日でしたが、2023年には90日と倍増しています[4]。「地球温暖化」という言葉のリアリティが、日々の暮らしのなかで増しています。

これらの変化のなかには、2003年時点で予測できたものもあれば、想定外の展開もあったはずです。重要なのは、2003年当時の人々が思っていた未来とは、かなり違う「未来」に今の私たちが暮らしているということです。このように、未来を予測することはそもそも難しく、更に現代は、これまで以上に予測の難しいVUCA（Volatility, Uncertainty, Complexity, Ambiguity）の時代に突入しています。だからこそ、ひとつの未来を客観的に予測しようとするのではなく、様々な人々が主体的に未来を考えることを通じて、未来の選択肢を広げるビジョンデザインが重要になってくるのです。事業においても、受動的に未来に「対応」

するのではなく、創造したい価値を定め、主体的に「望ましい未来」を構想することが求められています。

潜在的未来　4つの未来の可能性

キャンディは、未来は「ひとつではなく複数の可能性が存在する」ことを強調しています。未来は、予測して受け止める「唯一の未来」なのではなく、複数の可能性のなかから私たちが能動的に選択して「形」にしていけるものだというのです [Candy：2010]。

そして、このキャンディの理論をもとに、「スペキュラティヴ・デザイン」の提唱者アンソニー・ダン＆フィオナ・レイビーは、可能性として存在する複数の未来（潜在的未来）の方向性をPPPP図という図にまとめました [図I-1]。潜在的未来には、「起こりそうな未来（Probable future）」「起こってもおかしくない未来（Plausible future）」「起こりうる未来（Possible future）」「望ましい未来（Preferable future）」の4つの種類があります。

ひとつ目は、「起こりそうな未来（Probable future）」です。金融危機、災害、戦争、疫病といったよほど特別な出来事が起きないかぎり、高い確率で実現する未来を指します。統計的なデータや調査などに基づいて予測されるこの未来は、他の未来の可能性を検討する際の土台となります。ダンとレイビーは、世のなかの大半のデザインの方法論、ツール、評価方法は、この領域に含まれると述べており、「ほとんどのデザイナーはこの領域のなかで活動」しているといいます [ダン＆レイビー 2015]。

2つ目は、「起こってもおかしくない未来（Plausible future）」です。現状の単純な延長線上にはない、質的な変化を伴う可能性のある不確実な領域です。実現するかはわかりませんが起きてもおかしくない領域なので、デザインリサーチを用いた未来洞察やシナリオ作成が深く関わる領域となります。統計的なデータだけだと解釈しづらい質的な変化や兆しを捉え、変化の方向性を探ります。

3つ目は、「起こりうる未来（Possible future）」です。科学の基本原理の範囲内で起こりうるすべての可能性を含む領域です。ポジティブな未来もネガティ

figure I-1　ダン&レイビーによるPPPP図　4つの潜在的な未来 [ダン&レイビー 2015]

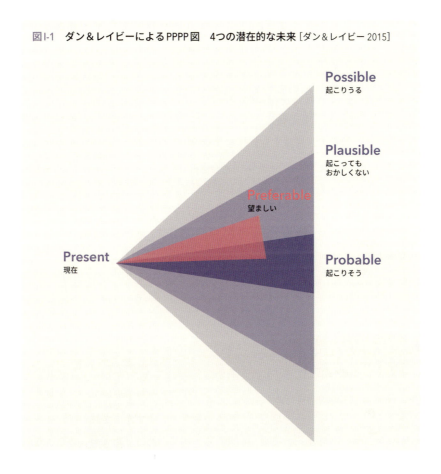

ブな未来も含め、より広い振り幅で可能性を探ります。固定観念から解放された飛躍した未来を描くこともできるため、SFプロトタイピングやアートが活かされる領域です。スペキュラティブ・デザインは、この領域まで想像力を拡張させます。

　そして「望ましい未来 (Preferable future)」は、「起こりそうな未来」と「起こってもおかしくない未来」の重なる領域から、主体的に選択される未来です。英語の「Preferable」には「比較して好ましい」という意味があり、複数の選択肢のなかから主観的により望ましいものを選ぶというニュアンスを含みます。ただし、「望ましさ」の基準や、誰にとって望ましいのかは一概に決められませ

ん。それぞれの人の望み（価値観）は多様であって当然なので、それをふまえた
うえで、対話を通じてどのような未来を選択するのかを考えていくのがこの領
域です。

　ビジョンデザインは、「見えない未来」を「見える形」にするプロセスです。
「起こりそうな未来」を把握し、「起こってもおかしくない未来」の可能性を幅
広く探索し、複数の未来像を選択肢として提示することで、人々が未来社会の
当事者としてより「望ましい未来」について考えるきっかけをつくり出します。
つまり、ビジョンデザインは単なる未来予測ではなく、望ましい未来を社会全
体で探求するための対話を促すプロセスといえるでしょう。「デザイナーの役割
とは、みんなのために未来を定義することではない。倫理学者、政治学者、経
済学者などとの専門家と協力し、真に望ましい未来について全員で話し合うきっ
かけとなるような、幾通りもの未来を描くこと」なのです [ダン＆レイビー：2015]。

複数の「望ましい未来」

　ダン＆レイビーが「幾通りもの未来を描くこと」というように、「望ましい未
来」はひとつではありません。ビジョンデザインのアウトプットは、未来シナ
リオやワークショップの実施など、様々な形をとりますが、これらは、人々が
自分にとっての「望ましい未来」を考えるためのいわば「叩き台」です。誰か
にとっての「望ましさ」ではなく、「自分にとっての『望ましさ（価値）』とはど
んなものか」「未来にどんな価値を残していきたいのか」といった価値をめぐる
問いにそれぞれの人がまず向き合い、他者と対話を重ねることで「望ましい未
来」を複数化していきます。

　私たちの未来は、日々の生活における複数の可能性のなかから「選択」を積
み重ねることによって無数に分岐し、変化していきます。「起こってもおかしく
ない未来」とは、そうした選択の連鎖の結果として起こるものであり、様々な
価値観に基づく判断が複雑に影響し合って実現するものです。つまり、「起こっ
てもおかしくない未来」とは、これからの私たちの選択次第で実現される未来
なのです。

「こんな選択をすればこんな未来になりそう」「あんな選択をすればあんな未来になりそう」と想像を巡らしながら、複数の未来の可能性について議論を重ね、「私たちはどんな未来を創りたいのか」を共に考える場をつくるのがビジョンデザインのめざすところです。従来のデザインが既存の価値観にもとづく問題解決に焦点を当てていたのに対し、ビジョンデザインは様々な価値観にもとづく複数の未来像を提案します。つまり、問題解決から価値創造へとデザインの役割を拡張し、その実現に向けた社会変革を促すのです。

デザインの仕事である「まだ見ぬ未来の体験を形にする」ことで、より多くの人が描かれた未来に対してどんな感情を持つのか、好きなのか、嫌いなのか、楽しそうなのか、辛そうなのかを、主体的に考えてみる。まず「私」にとっての「望ましい未来」、こんなふうに暮らせたらという未来を考えてみる。そして、「私たち」にとっての「望ましい」姿について語り合う。現状維持の先にある未来ではなく「こんな未来もありうるのでは？」という、別の可能性、そのなかで私たちが体験するであろう具体的な暮らしを構想することで、自分たちがどうしたいのかを見定め、そのうえで意思を持った選択をすることで、より望ましい社会の実現に向かうことができるのだと思います。ビジョンデザインは、よりよい社会を創っていくための第一歩となりうるものです。

図I-2 「これまでのデザイン」と「これからのデザイン」

	これまでのデザイン	ビジョンデザイン
目的	既存の問題の解決	未来の可能性の提起
見つけること	特定のユーザーが抱える課題	社会の変化
提案すること	課題の解決策	長期的な価値観
アウトプット	課題を解決する体験・プロダクト	複数の未来像・議論の場

1.3
3つのビジョン

社会・事業・プロダクト

ビジョン（vision）とは、一般的に、将来のあるべき姿、将来を見据えた目標や理想など、未来のことを表す言葉として広く使われています。ビジョンデザインが携わるビジョンには、大きく分けて3つのレベルがあります [図I-3]。KOELでは業務のなかで、この3種類すべてのビジョンづくりを実施しています。

プロダクトのビジョンは、1〜3年後の具体的なプロダクトの提供する価値を明確化するためのものです。どんな機能があって、どんな体験ができると嬉しいのかを試してみることができるプロトタイプがアウトプットとなります。

事業のビジョンは、世のなかにどんな価値を提供できるのか、社会にどんな貢献ができるのかを考え、5〜10年後の事業のありたい姿を構想するためのものです。実現まで時間がかかることが多いので、長期的にどう進めていくのかを提示するロードマップがアウトプットとなります。

図I-3　3つのビジョン

	プロダクトのビジョン	事業のビジョン	社会のビジョン
ビジョンとしてつくるもの	1-3年後、プロダクトが提供する価値	5-10年後の事業のありたい姿	10-20年後の社会の姿
明確化すること	顧客のニーズ、開発方針、ビジネス戦略	世の中に提供する価値、貢献内容	社会の変化のトランジション新しい社会像、価値観
アウトプット	プロトタイプ	実現のためのロードマップ	未来シナリオ、議論の叩き台、戦略的な意思決定を議論する場

出典：株式会社インフォバーン主催セミナー、「未来をデザインする力——日立製作所に学ぶ『ビジョンデザイン』の実践」の資料をもとに作図＋改変

社会のビジョンは、10〜20年後の社会の姿を描き、「望ましい未来」についての議論を始めるためのものです。「起こりそうな未来」を把握したうえで、「起こってもおかしくない未来」を構想し、そのなかから「望ましい未来」の姿を未来シナリオとして描き、これを共有することで対話を促します。対話の叩き台となる未来のプロトタイプとしてのシナリオ、アーティファクトなどがアウトプットとなります。

　これからのデザインは、プロダクトであれ、事業であれ、社会全体を見渡し、複雑に絡み合った課題の根本的な解決をめざすデザインのあり方が必要とされています。本書では、持続可能性、長期的な「社会にもたらすインパクト」に目を向けるときに必要になる「社会のビジョン」のデザインに焦点をあてています。

プロダクトのビジョン「みえるリハビリ」アプリ

　プロダクトのビジョンの例としては、日本人の死亡原因疾患の第2位である

図I-4　「みえるリハビリ」(NTTコミュニケーションズ株式会社)

心疾患の再発防止に効果的な運動習慣定着を目的に開発された「みえるリハビリ」アプリの制作があります。心不全の再発率・再入院率が特に高くなっている現状と、退院後の再発を防ぐための外来心臓リハビリテーションの実施率が約7％と低い問題を解決するために、心疾患の方が病院以外の場所で行う自己リハビリ（運動）の実施と運動習慣を獲得する提供価値を描いています[5]。デザインでは、高齢者への使いやすさ、継続的利用を促すモチベーションの維持のための仕組み作りを工夫し、プロトタイプを設計しました。

事業のビジョン「RobiCo®」のビジョン策定

事業のビジョンの一例としては、人とロボットの共生社会をめざす「RobiCo®」（NTTコミュニケーションズ）のビジョン策定・ブランディング支援があります。労働人口減少への対応として、今後、屋外での業務の担い手として「自動走行ロボット」の活用検討が加速していくことが想定されていますが、「RobiCo®」は、ロボット導入に関わる運用体制構築や遠隔監視などを包括的に提供するサー

図I-5 「RobiCo®」のめざす未来像（NTTコミュニケーションズ株式会社）

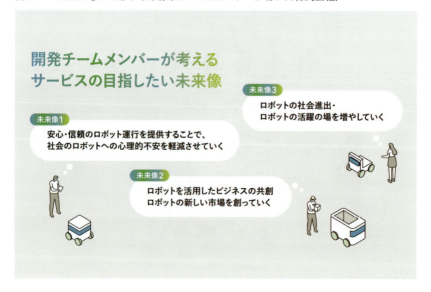

ビスです。

KOELに求められたのは、ロボットが活躍する未来社会のビジョンを描き、「RobiCo®」というサービスがめざしたい未来像を明確にすることでした。開発チームのメンバーのヒアリングとワークショップを実施し、「RobiCo®」があることで、これからの社会はどう変わっていくのか？ どのような変革をめざすのか？」といったサービスの根幹を形作るコンセプトを探り、サービスのめざす3つの未来像を考えました [図I-5]。

そして、3つの未来像を話し合うなかから浮かび上がってきた「共生」という言葉を軸に「最先端の技術を融合させることで、人とロボットが共生する社会をあたりまえのものに」というビジョンを策定しました。安心・安全な運用というだけでなく、人とロボットが共生する社会を「望ましい未来」のビジョンとして描き、そこから「RobiCo®」という事業のビジョンを導きました。

社会のビジョン
人口減少・高齢化社会の未来を考える3つのフィールドワーク

本書第Ⅱ部で紹介するビジョンデザインの取り組みでは、これからますますリアルな社会問題として私たちの暮らしにふりかかる「人口減少・高齢化」に備えるために、デザインリサーチの手法を活用し、これからの日本について考え、社会ビジョンの策定を行っています。

2021年から2023年の3年間で、1年目は「みらいのしごと after 50」として、人生100年時代の50歳以降の働き方について、続く2年目は「豊かな町のはじめかた」をテーマに人口減少時代の地方創生について、3年目は「多彩な文化のむすびかた」として、海外からの移住者や外国にルーツを持つ人々と生きていく日本の多文化共生について、4つの課題先進地域のフィールドワークを通して考えました。人口減少・高齢化という日本が世界に先立って経験している大きな社会課題について、異なる3つの視点で考えることでみえた変化の方向性を捉え、「起こっておかしくない未来」の姿を描き、人口の減少する社会の「望ましい未来」について考察しました。

図I-6 「人口減少・高齢化社会」の未来を考える3つのデザインリサーチ

なぜ、社会のビジョンデザインか

　これまでのデザインが既存の問題を解決してきたことで、私たちの生活のなかでのストレスは軽減され、暮らしやすさは向上してきました。一方、プロダクト単体の利点を追い求めると、社会そのものの持続可能性が危うくなることがわかってきました。「はじめに」で触れたライドシェアサービスのように、個別の短期的な課題解決としてはイノベーティブで有効なものと思われたものが、長期的な観点からみたときに、新たな「社会課題」を生じさせるものになっていたというケースが生じています。5年程度の中期的な事業計画に追われてしまうことで、社会の変化を長期的な視野で捉えられず、事業やプロダクトの存続自体が難しくなるといったことも考えられます。このようなケースは、今後様々な事業で生じてくるでしょう。

　社会の色々な問題が顕在化している今の時代にビジョンを考える際に考慮すべきなのは、事業やプロダクトの成長、収益貢献を目的としたビジョンでは不十分ではないかという点です。

　これからのデザインには、利便性の向上といった短期的な課題解決だけでなく、それらのプロダクトや事業が、社会全体にどのような影響を及ぼすのか、長期的な課題解決にどう貢献するのか、という視点が必要になってくるでしょう。プロダクトのデザインであっても、事業のデザインであっても、その前提として必要になってくるのが「社会のビジョン」なのです。

　これからのデザイナーは、社会のシステムまで想像力を膨らませ、世のなか

図I-7　ダン・ヒルによるデザインの領域の拡大の図

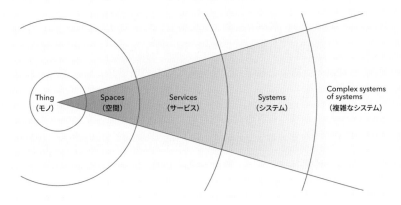

出典：武蔵野美術大学ソーシャルクリエイティブ研究所、株式会社RE:PUBLICによる、「社会を変える、ストラテジックデザインの現在」イベント（2022年06月28日）のDan Hillのスライドの図解を改変

に与える影響、世のなかに提供できる価値、それがもたらす社会システムの変容までを包括的に考えていくことが求められます。特に、多くの要素が複雑に絡み合った社会課題が多い現代において、結果が出るまでに時間のかかる社会問題や環境問題に向き合うときには、プロダクトだけでなく、それが関わっていく場所、そこから広がるサービス、それを可能にするシステム、こうしたシステムを複数包括するような大きな枠組みにまで目を向けることが大切です。そして、この大きな枠組みこそが、「社会」と言えます。私たちはどういう社会で暮らしたいのか、デザインしているプロダクトやサービス・事業は「望ましい未来」とつながっているのかを考える必要があります。そのために、プロダクトや事業のビジョンを考える前に、望ましい未来像としての「社会のビジョン」を持ち、そこから逆算的に考えていくことが大事になってくるのではないでしょうか。

ビジョンデザインは往復のプロセス

KOELでは、「未来の社会をビジョンとして描き、その未来におけるニーズを

仮説として立て、社会に実装するアプローチ」を「ビジョンデザイン」と呼びます。このプロセスは、往路と復路からなります。

ビジョンデザインは、現在をスタート地点とした往復のプロセスで、「起こってもおかしくない未来」の探索を通して、「望ましい未来」を見出し、ビジョンを構想する往路と、描いたビジョンを実現するためのアクションプランを設計する復路があります。

未来のビジョンを描くときの最初の材料となるのが、デスクリサーチによって見極める「起こりそうな未来（Probable future）」です。これまでの動き、技術動向、客観的事実としての過去のデータの分析、統計的な予測を参考にしたりして現在の延長線上に見定めます。

長期的な未来になるほど不確実性は上がり「起こってもおかしくない未来」の領域に入っていくため、質的な変化をつかむデザインリサーチのアプローチが有効になってきます。先端事例を見つけて変化の兆しを捉え、「起こってもおかしくない未来」の新しい方向性を探索します。現在の価値観の延長で捉えると、ネガティブに捉えられることも、価値観が変わると全く見え方が変わって

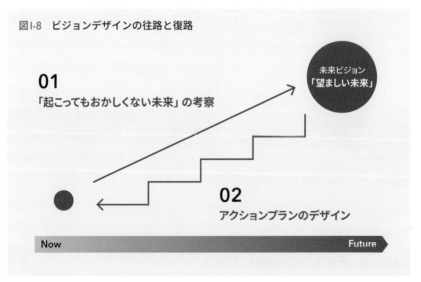

図I-8　ビジョンデザインの往路と復路

出典：未来をデザインする力——日立製作所に学ぶ『ビジョンデザイン』の実践」インフォバーン主催セミナー、資料・改変・作図

くることがあります。既存の世界観を前提に予測するのではなく、物ごとの捉え方や人々の価値観が変わった先にある社会の姿を構想します。創造性を駆使して「起こってもおかしくない未来」の新しい方向性を探索します。

同じ場所で同じ問題を抱えていても、選択する方向性を変えることで、全く違う未来が生まれていきます。短期的な視野のなかで、現在の「当たり前」の延長で「問題」と考えられることを解決しようとするのではなく、より長期的な視点にたって変化の方向性を捉え、問題の捉え方そのものを捉え返すような視点、つまり新しい価値観に基づく、もうひとつの世界を人々がイメージしやすい「見える形」で提示するのが、「社会のビジョン」を担うビジョンデザインの役割と言えるでしょう。

もうひとつの未来を提示するとは、具体的にどういったことでしょうか。例えば、今は「再生エネルギー先進国」と言われるデンマークですが、今の姿は、過去につくったビジョンによって実現されています。1973年のオイルショック時点でエネルギー自給率が1.8％だったデンマークは、国民生活に欠かせない石油エネルギーを他国に依存していたことを反省し、その状態から離脱することを目標として1976年に長期エネルギー計画『エネルギー計画1976年』を発表します。それは石油の代替エネルギーとして、石炭や天然ガスと、原子力発電の開発を方針とするものでした。これに対して原子力利用計画に反対し、エネルギー政策を市民が決める権利を求める声が強まったため、政府は1976年に専門家による検討をふまえ、原子力発電の開発に向かわないもうひとつのエネルギーシナリオをつくりました。このシナリオを叩き台として、デンマークでは、約10年間にわたる国民参加型の議論が行われ、1985年に、原子力発電所建設の候補地点をすべて取り消すという議決に至りました。現在の延長線上ではない、別の価値観に基づくもうひとつの未来像をシナリオの形で示したことで国民の間の議論が可能になった一例と言えるでしょう。

未来の「形」をストーリーに

ビジョンデザインでは可能性としての未来のビジョンをシナリオなどのストー

リーや、アーティファクトのような、具体的な「形」にして示します。

　未来像を抽象的な言語で伝えても、多くの人はピンとこず、未来について積極的に考えることはできないでしょう。シナリオやアーティファクトの役割は、可能性としての未来を誰もが体験的に想像できる「形」で示すことで、一人ひとりが自分ごととして未来を考えられるようにすることです。未来のビジョンの役割は、望ましい世界についての対話を生み、そこに向けて何を行うのかを考えはじめる場をつくることです。

　経済的な発展が前提の社会では、人々に豊かさや幸福をもたらす「価値」は、物質的経済的な充足に根差しており、企業や行政が提示する価値と人々が価値とみなすものの間の隔たりは少なかったと言えるでしょう。一般に「ビジョン」と聞くと、政治家や経営者といったリーダー的な存在が指し示してくれるものといったイメージが湧くのではないかと思います。

　しかし、何を豊かさとするか、幸福とするかという価値観を外から与えられることが多かった高度成長期の前提が大きく変化していく社会では、価値観を一人ひとりが問いなおす時代を迎えているのではないでしょうか。つまり、一人ひとりが、自分の価値観に根差した「ビジョン」を持つ時代を迎えているのです。自分の価値観・幸福観を自分自身で定義し、その実現をめざす行為そのものが、これからの「豊かさ」につながっていくのではないか。ビジョンを持つことで、望ましい社会の実現をめざすことが、これからの社会を豊かに生きるためには、大切なスキルになってくると思います。

2

これからのデザインの使いかた
未来洞察型
デザインリサーチ

KOELでは、ビジョン策定のプロセスにデザインリサーチを活用しています。第2章では、KOELが実際に導入している未来洞察型のデザインリサーチの方法を、実践例もふまえながら紹介していきます。

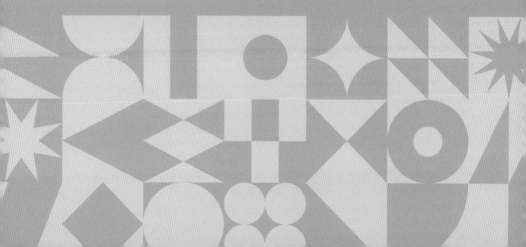

2.1
デザインリサーチとは

WHYを探り、アイデアを生み出す

　デザインリサーチとは、デザイナーがアイデアを創出するために行う情報収集、とまずは説明できるかと思います。

　デザイナーが「今ここにないもの」について考えるときに、いきなり手を動かすことはありません。例えば、プロダクトを作るとき、手を動かすまえに、そのプロダクトはどのような使われ方をして、どんな課題を解決する必要があるのか、どんな人が、どんな目的で、どんな暮らしのなかで使うのかなど、情報を集め、分析し、想像をめぐらし、それから具体的な「形」を生み出します。デザインリサーチは、アイデアを考えるために、人のニーズ・置かれている文脈・行動の意味について、深い理解を得ることを目的とするリサーチです。

　そのうえで私たちKOELは、デザインリサーチを以下のように定義しています。

> デザインリサーチとは、アイデアを生み出すために「対象者が何をどうしているか（＝What, How）」だけではなく、その裏側にある「Why＝なぜそうしているのか」に着目して調査し、アイデアを出して次の方向性やアクションを考える行為である

　重要なのは、デザインリサーチは単なる情報収集にとどまらないという点です。調査するだけでなく「アイデアを出す」こと、次の方向性や具体的なアクションを考えることを含めてデザインリサーチだと考えています。デザインリサーチは、アイデアを生み出すための創造的なプロセスなのです。

　本章では、KOELの実践に即して、デザインリサーチを応用した未来洞察の方法を紹介してきます。「この方法が未来洞察だ」ということではなく、ひとつの実践の形として参考にしていただけたらと思います。

デザインリサーチとマーケティングリサーチ

　デザインリサーチで最も大切なのは、人間の行動を観察し、その行動の背後にある意味、「Why（なぜそれをするのか？）」を探っていくことです。人々が特定の領域でどのように行動し、どのような価値観のもと、どのように生活しているのか。どのような課題を感じ、どんなものを本当に必要としているのかにアプローチします。

　デザインリサーチとよく比較されるものにマーケティングリサーチがあります。マーケティングリサーチが統計的なデータに基づく定量調査を中心としたアプローチであるのに対し、デザインリサーチは定性的な調査の比重の大きいアプローチです。観察やインタビューのなかから情報を抽出し、それをインサイト（洞察）として体系化していきます。

　「インサイト（洞察）」とは、観察やインタビューから得られた表層的な情報の背後、つまり対象者を取り巻く環境や行動の背後にある「意味」を見抜き、言語化したものです。マーケティングリサーチが、統計的なデータに基づき標準的なユーザ像を探るのに対し、デザインリサーチは、ひとりの人の固有性に即して外からは見えにくい価値観に迫ります。

　このインサイトを導くプロセスで最も重要なのが「共感（empathy）」です。デザインリサーチでは、対象者の情報を集める過程で、その人の立場になって感じ、考えることを重視します。どのような気持ちで、何に価値を見出し、なぜそのような行動をとるのかを、対象者の視点から深く理解しようと試みます。この点が、情報を客観的に観察する定量的なリサーチと大きく異なるところです。

　デザインリサーチの手法は、まだ定量的なデータが存在しない未来の探索に適しています。新しい状況を開拓している人々に出会い、共感的な理解を試みることで、感情的・物理的なニーズを見抜き、行動の根底にある価値観を汲みとることができます。このアプローチで描き出される未来には、そこで暮らす人々の感情や課題、価値観が自然に織り込まれています。そのため、それを読む人も、共感をもって「自分ごと化」して未来を想像しやすくなるでしょう。その未来が自分にとって「望ましいか」どうかも、考えてみることができるのです。

「未来予測」と「未来洞察」

わからない未来に向き合う行動というと「未来予測」のほうが馴染みのある言葉なのではないでしょうか。「未来予測（Future Forecast）」と「未来洞察（Future Foresight）」のふたつは似ているようですが、未来を見るアプローチが大きく異なります。

図I-9 「未来予測」と「未来洞察」

出典：BUSINESS FUTURES NETWORK LIMITED

未来予測は、過去から現在への変化を直線的に捉え、その延長線上に未来を描くものです。身近な例として「天気予報」があります。天気予報は、過去の気象データと現在の大気の状態を照らし合わせ、高い精度で「明日の天気」を予測します。このように、天気のような単一の事象に対しては、未来予測は有効です。同様に、第3章で見てゆく「人口動態」も、出生率や年齢構成の推移を分析すれば、人口減少の規模を定量的に高い精度で予測できます。

しかし、人口減少や高齢化が社会にどのような変化をもたらし、私たちの暮らしをどう変えるかについてはほとんど見えてきません。人口も、地球温暖化のような気候も、環境に対する人々の意識も、テクノロジーも、生活のスタイルも、価値観も、同時多発的に変化しているのが現在の社会です。これらの要

素が複雑に絡み合って生まれる「暮らし」や「社会」の未来は、単純な未来予測では捉えきれません。社会の変化は、ひとつの要因ではなく、多くの要素の相互作用によって生じるからです。

こうした多くの要素が複雑に絡み合う、不確実な未来に向き合う手法が「未来洞察」です。未来洞察は、起こるかどうかは不確実だが、「起こってもおかしくない未来」に目を向けます。不確実ではあるものの、火のないところに煙は立たないように、将来の変化の兆しはすでに私たちの周りに存在しているはずです。ただ、そうした兆しは往々にして煙のようにかすかなものなので、注意深く見ようとしなければ固定観念にはばまれて見落としてしまいがちです。

こうした変化の「兆し」は、毎日大量に流れてくる情報のなかに潜んでおり、今の常識や価値観を揺るがしたり、人々の行動様式に変化をもたらしたりする可能性を秘めた小さな動きとして表れます。これらの兆しは、今は小さなものだとしても、実現した場合には社会に大きなインパクトをもたらす潜在的なものです。未来洞察は、この「まだ見えない」部分をとらえて「形」にすることを試みます。

未来洞察は、本質的に「アウトサイド・イン」のアプローチといえます[図I-10]。既存の枠組みではなく、未知の領域（外部環境）で生じている小さな変化の兆しを捉え、それが社会全体に与える影響を考察する手法です。その際に重

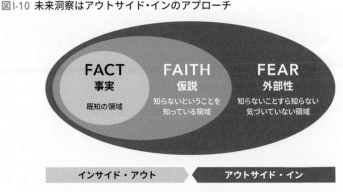

図I-10 未来洞察はアウトサイド・インのアプローチ

出典：BUSINESS FUTURES NETWORK LIMITED

要となるのが「外部性」の視点です。外部性とは、ある分野での変化が、直接関係のない他の分野にも大きな影響を及ぼす波及効果を指します。

例えば、2000年代後半の「スマートフォンの登場」は、外部性の高い変化の典型でした。スマートフォンは、単なる「電話」の進化ではなく、社会の構造や人々の関係性を大きく変えるインパクトをもたらすものでした。未来洞察では、このような外部性の高い変化の高い情報を「兆し」として直感的にとらえ、「起こりそうな未来」の可能性の可視化を試みます。

2.2
未来の社会を描く方法とプロセス

未来の社会を描く4つのステップ

では、具体的に未来洞察の方法を見ていきましょう。

KOELでは、ビジョンデザインにデザインリサーチの手法を活用し、現在の状況からある可能性を選択した先にある「起こってもおかしくない未来」を構想しています。その進め方は、「情報収集・仮説策定・検証・ビジョン策定」の、大きく4つのステップに分けられます。情報を収集しながら、仮説を立て、それを検証していくプロセスを繰り返しながらビジョンを導きます。

「STEP 1：情報収集」では、現在起こりはじめていることや業界／事象が向かっている方向を調査し、「起こりそうな未来」について考えます。

「STEP 2：仮説策定」では、情報収集で集めた現在の変化から、未来の社会のあり方、「起こってもおかしくない未来」を具体的に構想し、仮説を作ります。

「STEP 3：検証」では、作った仮説の妥当性を調査したり、有識者に話を聞くことで仮説を検証／修正し、仮説をブラッシュアップしたり新たな仮説を作り、その具体性／蓋然性をあげていきます。

「STEP 4：ビジョン策定」では、「望ましい未来」の選択肢を具体的に示し関係者と共有することで「望ましい未来」に向けた議論の場をデザインしていきます。

図I-11 **未来洞察の4つのステップ**

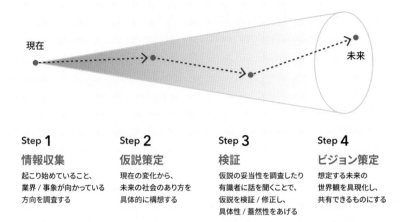

ビジョンデザインは多様なチームで行う

　ビジョンデザインは、「わからない未来」について探索する手法です。そのため、未来の社会を描く4つのステップでは、偏りのない視点を持ちながら進めることが大事なポイントになります。1人で実施するよりも複数人で、さらにいうと特定の属性に偏らずに色々な視点をもったメンバーで構成されたチームで行うと視野が広がり、多様な視点で4つのステップを踏むことで、幅のある「起こってもおかしくない未来」を描くことができます。

STEP 1　情報収集：未来の社会を描くための情報を集める

STEP 1-1　リサーチテーマの設定

　最初に行うのはリサーチテーマの設定です。デザインリサーチでは、このテーマ設定が調査全体の方向性を決める大切な一歩となります。テーマは漠然とした関心事から始まり、段階的に焦点を絞っていくプロセスを経て決まりますが、

実務においては関わるプロジェクトによって定められることが多いでしょう。医療機器メーカーが行うリサーチであればヘルスケア、自動車会社であればモビリティに関わるものが多くなるはずです。このような大テーマから、プロジェクトの目的・規模に即して具体的に取り組み可能なテーマへと段階的に焦点を絞り込んでいきます。

　本書では、どの業界の、どんなプロジェクトにおいても、未来を見る際には必ず問題視される「人口減少・高齢化社会」をリサーチテーマに定めました。しかし、「高齢化社会の未来を考える」といってもあまりに漠然としているので「人口減少・高齢化社会」の「何を」考えるのかという切り口を定める必要があります。

　当初このリサーチは、メンバーの「老後が不安」という漠然とした「老後」への関心から始まりました。では「老後の何が不安なのか」を掘り下げていくと「仕事」というテーマに突き当たりました。当時盛んに「人生100年時代」という言葉が喧伝されていたのですが、寿命が長くなるなら「老後」の期間が今までよりも長くなるはずです。「仕事を引退した後の『老後』という期間は成立するのか」「『老後』も働かないと暮らしていけないのでは？」「100年時代の長い老後を支える仕事はどうあるべきなのか」と段階的に思考を進め、「人口減少・高齢化社会の仕事」をリサーチテーマのひとつに定めることとなりました。

　このようにリサーチテーマを設定することで、漠然と高齢化社会についてリサーチを始めるのではなく、「高齢化」と「仕事」を掛け合わせた領域をリサーチして「仕事」に即した具体的な未来を考えることができるようになります。よいテーマ設定は、その後の調査の質と深さを大きく左右します。

▶ STEP 1-2 デスクリサーチ

　リサーチテーマの設定後、次に行うのがデスクリサーチです。デスクリサーチとは、インターネットや文献を利用して、既存の統計や調査のデータを収集・分析するリサーチ方法のことです。未来の社会を描く最初のステップとして、「起こりそうな未来」を描くための素材となる「テーマに関する業界・界隈で今何が起こっているのか」「どんなことが起こりはじめているのか」といった情報

を集め、情報に信頼性があるか、調べた情報に偏りがないか、テーマ全体を俯瞰できているかを意識しながら、情報を収集します。

テーマに関する基礎知識の獲得　「狭く深く」ではなく「広く浅く」

デスクリサーチでは、リサーチテーマに関する基礎知識を獲得します。とはいえ短期間ですべてを理解することは不可能なので、テーマに関わる情報のなかから「よく話題になっているトピック」を見つけ、テーマ全体の理解を進めていくことから始めます。ここで大切なことは、「狭く深く」調べるのではなく「広く浅く」見ることです。情報を深掘りするのではなく、できるだけ多くの情報をみて、テーマに関してどんな内容が語られることが多いのか、よくあるトピックの傾向や頻度がわかるまで、たくさんの情報に当たります。

リサーチのテーマが自分の専門外だったりすると、よく使われる用語がわからず、いい情報に辿り着くためのよい検索キーワードが見つからないことがありますが、基本知識を広く当たることで、だんだんと適切な言葉を使えるようになってきます。言い換えると、よく話題になるトピック、頻出するキーワードがわかるようになるまで、多くの情報にとにかくたくさん目を通します。手始めに公的機関や調査会社が発行する白書・レポートを活用すると、概要把握に有効です。また、広く浅く情報を読んでいくときには発信者の信頼性への注意も必要です。

KOELが2021年に実施した「未来のヘルスケア」をテーマとしたリサーチでは「今はヘルスケアとして認識されていないが、10年後には当たり前に行われている医療活動・健康行動にはどのようなものがあるか」という問いのもと、メンバーでまず、近年のヘルスケア関連で話題になった情報を持ち寄りました。この時、ヘルスケアを医療という観点だけで深く掘るのではなく、遠隔医療などの技術トピックや、法改正についてのトピック、ヘルスケアに対する人々の意識についてのトピックなどを広く集めました。そうすることで、世のなかの様々な動きをヘルスケアという切り口で見ることができます。

よくあるトピックの傾向や頻度がわかってきたら、情報をまとめてゆきます。

図 I-12 情報カードの一例

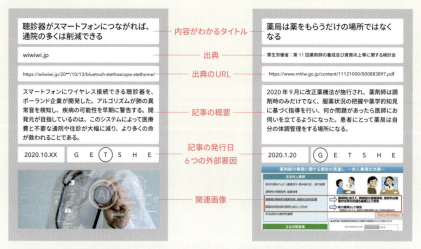

出典：KOEL Design Studio「未来のヘルスケア」リサーチ資料より（2021）

集めた情報を俯瞰できるように、必ず情報の出どころと、情報の見どころをメモしておきます。情報カードを作っておくと、情報を分類しやすく、チームで調べた内容も共有しやすくなります。テーマの大きさにもよりますが、「傾向」を見るためには、少なくとも100件以上の情報を見ます。より多くの情報を見ることで、より精度高く「傾向」や「動向」を理解しやすくなります。

デスクリサーチで集めた情報をまとめる

ある程度情報が集まってきたら、集めた情報に偏りがないかを確かめながら進めていきます。偏りの確認には、市場分析で使われる３C分析やSWOT分析、PEST（PESTLE）分析などのフレームワークが役立ちます。

KOELでは、自社を中心に捉えて分析する３C分析やSWOT分析よりも、自社ではコントロールできない外部要因を6つの観点で分析するフレームワークであるPESTLE分析を活用し、収集データの分布を確認しながら作業を進めることが多いです。デザイン的な観点で、人間的な要素を拾っておけるように、

Political（政治的）と、Legal（法的）をまとめてPolitical and Legal（政治的・法的）とし、Human（人間的）を追加したフレームを使って情報の整理を行っています。

Political and Legal 政治的・法的   **Social** 社会的

Economic 経済的   **Human** 人間的

Technological 技術的   **Environmental** 環境的

図I-13はKOELで「未来のヘルスケア」で集めた情報のPESTLEを元にした6つの要素による分析の様子です。「未来のヘルスケア」を考えていくためには社会を構成する多角的な要素について知っている必要があります。フレームを活用することで収集した情報が個人的な興味に偏ることを避け、また情報が少ない領域があれば、その領域の情報を注意して拾っていくようにします。しっかり調べても特定の領域の情報が少ないときは、当該のテーマとその領域の親和性が低いということも考えられます。調べるテーマの関係領域の濃淡がわかることも、リサーチの成果のひとつです。

調査の最初の段階で、こうした広い知識を得ておくことは、今起きていることの実際に即した深いインサイトを得るためにも大切です。満遍なく基本知識を収集できると、有識者にインタビューする際にも、その分野の専門用語や話の前提となっている常識につまずかず、コンテクストをある程度共有した対話ができるため、良質なインタビューにつながります。

❯ STEP 1-3　先端事例を整理し、兆しを見つける

基礎知識を獲得したら、対象テーマにおける先端事例のリサーチに進みます。

先端事例とは、従来のやり方とは異なる新しい視点や方法で、物ごとの改善や解決をはかる取り組みのことです。事例を集めてじっくり眺めると、既存の解決策からは見えない問題の別の側面や新しい技術の活用法、価値観や生活の

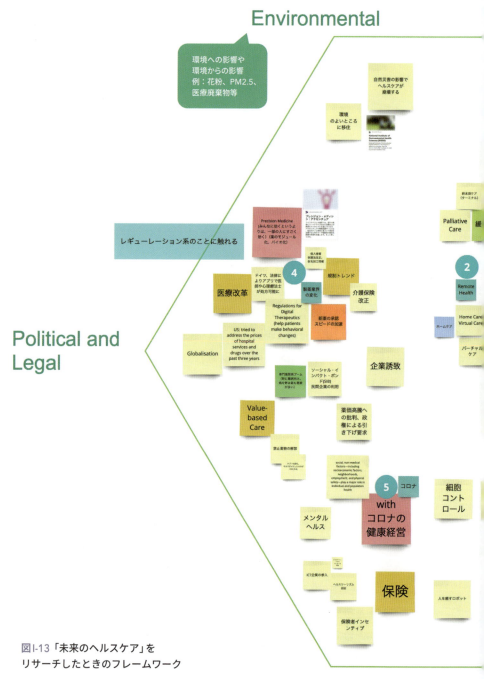

図I-13 「未来のヘルスケア」を
リサーチしたときのフレームワーク

出典：KOEL Design Studio「未来のヘルスケア」リサーチ資料より（2021）
※2021年に実施したデスクリサーチの情報です

I-2 | これからのデザインの使いかた　未来洞察型デザインリサーチ　045

変化が見えてきます。先端事例は「起こってもおかしくない未来」への小さな一歩を踏み出している可能性があります。既存のジャンルにとらわれず、周辺領域にも目をとどかせるため、対象が向かっている未来への方向性を探る手がかりとなります。そのため先端事例は、テーマの既存の領域にとらわれず、できるだけ広い領域で探していきます。ただし、これらの事例は「未来」そのものではなく、「現在」もしくは「近い過去」の出来事である点は忘れないようにしなくてはなりません。

　先端事例を未来と捉えるのではなく、先端事例を通して、その事例が向かう可能性のある未来の「方向性」や、そこに現れはじめている「変化の兆し」をつかむことが重要です。そのためには、先端事例だけを見るのではなく、現状（過去から今）と先端事例の間で起こった変化を意識して情報を拾っていきます。

　先端事例を調べるときは、以下の点に注意します。

- **テーマとの関連性**　テーマに合っているか、離れすぎていないか
- **情報の鮮度**　情報が古くないか
- **信頼性**　信憑性があるか、事実に即しているか

KOELでは、先端事例は、以下のような情報から探しています。

- **過去2年以内の情報**
  あまり古い情報に捉われないように、検索エンジンの設定を調整するなどして、過去1-2年の情報に焦点を当てる。
- **学術論文やカンファレンス**
  そのテーマの先端的な状況を把握するために業界で権威のある論文やカンファレンスの記録にあたる。
- **新規事業や実証実験の動向把握**
  企業の新規プロジェクト、実証実験の開始の情報を探す。
- **特許取得状況の確認**
- **スタートアップへの投資動向**

資金が集まっているのはどんな事業か

　先端事例を調べるときに大切なのは、どんな試みが行われていて、どの試みに注目が集まっているのかを把握することです。数年前には頻出していたけれど、今では全く聞かなくなった衰退情報から傾向を分析することもできます。

　「未来のヘルスケア」のリサーチでは「10年後の医療活動・健康行動にはどのようなものがあるか」という問いのもと、次のような先端事例を集めました。

　ひとつは、ベッドに敷くだけで、匂いで排泄を検知し介護者に知らせることができる介護補助のツールです。身体に触れずに、匂いで検知できるため、被介護者の身体的な負荷もなく、尿便漏れの悩みから被介護者、介護者双方を解放する商品で、被介護者の自尊心や羞恥心に配慮している点に介護製品における価値観の変化を感じました。また、入居者に「仕事」が用意されている「仕事付き高齢者向け住宅」にも注目しました。入居者が野菜の栽培や施設内の軽作業に仕事として有償で取り組めるこの住宅は、役割を創出することで高齢者の生活を豊かにすることもめざしている事例です。3つめの事例は、料理の見た目を損なわず、やわらかくできる調理器具です。咀嚼や飲み込む力が弱くなった人の食事はとろみをつけたりミキサーにかけたりしますが、見た目の悪さから食欲がわかず、体力低下を招く悪循環に陥りやすいそうです。食材本来の形を保ちながらやわらかくすることで見た目による食欲減退を防ぎ、家族と同じような食事を楽めることで「食のバリアフリー」も実現しています。介護者も介護用の食事を作る手間から解放され、介護における双方の食事問題を解決している事例です。

集めた事例を整理する

　集めた事例は共通する特徴によってグループ化し、適切なタイトルをつけることで、情報を体系化して理解するようにします [図I-14]。タイトルは、「IT」「インフラ」のような一般的なラベルに押し込むのではなく、「病院のデジタル化」や「予防医療」のように、その事例が取り上げられた文脈を活かした具体

01
パーソナライゼーション

- パーソナルヘルスレコード(PHR) 病院、薬局ごとに保存している個人の医療データ利活用
- 診療データ連携に挑む米スタートアップ9社
- 「アフターGDPR」におけるプライバシー保護のグローバリゼーション
- IT企業、データ収集合戦 どこがデータをにぎるのか（という解釈）
- ライフステージに応じたデータ収集
- うがった見方をすると、生まれる前からデータ管理
- 早期発見
- 血液1滴でがん検査 東芝、21年にもキット実用化
- 癌の再発防止
- Personalized Cancer Vaccines in Clinical Trials
- The Proper Role of Japan's Health and Medical Information Platforms in Light of the Current Handling of Covid-19
- 台湾成功事例 Covid-19と戦うために健康と医療情報プラットフォーム使用
- 1. 医療関係者間 EHR(電子健康記録)
  2. 患者と利害関係者の間PHR(個人健康記録)
  3. 公衆衛生および医学研究を目的(匿名DB)
  これらの要素を組み合わせ

02
リモートヘルスケア

12 Innovations That Will Change Health Care and Medicine in the 2020s

- 診断
- 治らない病気のケア

- 体内からモニター系
- 家にいながら、患者の診断アクセスを維持
- 米国食品医薬品局(FDA)、裁量執行

- 人間拡張

- 高齢化
- センシング

図I-14 「ヘルスケア」の先端事例の整理

出典：KOEL Design Studio「未来のヘルスケア」リサーチ資料より（2021）
※2021年に実施したデスクリサーチの情報です

03
高齢者のケア(ウェルビーイング)

高齢化

社会

認知症地域支援【事業名】仕事でイキイキ高齢者健康寿命延伸事業(神奈川県藤沢市)

空間 × ヘルスケア

薬局は自分の体調管理をする場所になる

バーチャルリアリティでのリハビリ

ポケットの中の超音波

AI診断

LINEで完結するオンライン診療、都内でスタート ビデオ通話で診察、LINE Payで決済

薬局は"薬をもらう場所"ではなくなる

AIがマンモグラフィでのがん検出確度で人間の医師を上回った――Google論文

AIが肺のCT画像から異常を検出、新型コロナ解析の一助に 臨床研究用ソフト登場

汗

Thread-based multiplexed sensor patch for real-time sweat monitoring

汗を分析して、健康状態をお知らせ。腕時計型の汗検知デバイスが、あなたの健康を見守ってくれる

「食事が偏っています」トイレが健康アドバイス、TOTO、AI活用し開発

におい検知で介護支援、将来は健康管理も ケアテックの旗手abaの宇井代表取締役

「他人と体をシェア」36歳早大准教授の凄い研究にあふれる独自性 ニッポンのすごい研究

ソニー、凸版印刷、京セラ、ティアフォーと東京大「ヒューマンオーグメンテーション社会連携講座」を開始

食

学研、オンラインで認知症予防プログラム

川島隆太博士が企画開発！脳活動センサーとアプリで脳を鍛える「Active Brain CLUB」を2021年1月8日(金)にINHOP SHOPで販売開始！

エーザイ、脳機能チェックをスマホで手軽に

食べるワクチン、実用化目指す 大型緑イチゴのゲノム編集技術

メニコンと米Mojo Vision、スマートコンタクトレンズの共同開発契約を締結

「人間拡張」はビジネスになる！ EXPOで特設展示も開催

センシングデバイスによる簡易的な測定や、断片的な身体情報を取り込むだけで、即座に個人それぞれのモデリングができる

認知症系

AIで認知症発症を予測！アルツハイマーへの進行を特定する特徴量を抽出

会話で認知症早期発見 堺市、阪大などとデータ収集

1. 美味しく栄養バランス
2. 環境系

人工食品

介護食調理機もパナ流で食材の見た目そのまま、かむと軟らかく

性のある名前をつけると、あとで共有する際に、内容を想起しやすくなり、読み解きもしやすくなります。

　情報を整理する過程で、テーマに関する様々な「気づき」が得られます。そのなかには、今後加速すると現在の常識や価値観を揺るがし、多くの人の行動様式が変化させ、社会に大きなインパクトをもたらす可能性のある「兆し」を見つけられることがあります。デスクリサーチで、こうした「兆し」を幅広く集めておくことが、より確度の高い未来洞察につながります。「兆し」を捉えられるまで、できる限り広い情報に当たることが大切です。

　このような情報の整理の過程で、テーマに関する様々な「気づき」が得られます。そのなかには、その変化が今後、加速、拡大することで、現在の常識や価値観を揺るがし、人々の行動様式を変える可能性のある「兆し」を探します。

　例えば、先ほどの「未来のヘルスケア」に関する3つの先端事例は、当初は「介護」というタイトルをつけてグループ化したのですが、3つの事例に感じた「新しさ」に共通点がなかったかと考え、「高齢者のケア（ウェルビーイング）」というタイトルに改めました [図I-14]。3つの事例は、「排泄」「仕事」「食事」というヘルスケアの観点からいえば異なる分野ですが、高齢者にとっての暮らしの「意味（価値）」に着目しているという点が共通しています。ここに新しい価値観へのシフトの「兆し」を感じました。この新しさの方向性を捉える言葉は、「被介護者／介護者」という固定的な関係を想起させる「介護」より、双方の「関わり方」に焦点をあてる「ケア」という言葉の方が捉えやすいと考えたのです。

　また、3例とも「高齢者の自尊心」を大切にする価値観と「被介護者／介護者の双方の関係」に目をとどかせたサービスである点が共通しており、「高齢者の暮らしの『意味』を重視したケアが広がる」兆しを感じる事例でした。

　兆しは、このように既存のジャンルにとらわれず、「先端事例」と感じた事例の共通点をじっくり探ることで見えてきます。「兆し」は、少ない事例からはなかなか見えてきません。一見関係のないように思える情報も含めて、できるだけ幅広く大量の情報に目を通すことがポイントです。デスクリサーチで、こうした「兆し」を幅広く集めておくことが後の確度の高い未来洞察につながります。

「起こりそうな外部要因」の考察

デスクリサーチで捉えたいことには、現在からの延長で考えられる要素だけでなく、外部からの影響により起こると考えられる変化もあります。こうした外部要因は、リサーチテーマが直接的に深く関わっている業界からではなく、他の業界で起こりはじめている変化が影響してくることがよくあります。

デスクワークを進めるときには、テーマ周辺だけを近視眼的に見ることがないように、視野を広げる意識も必要です。「未来のヘルスケア」をリサーチした場合は、「ヘルスケア」というテーマの近くにある技術や法律改正法に関してだけではなく、ヘルスケアとは一見関係の薄そうな環境変化やエネルギー問題の情報をみたり、生死観のような価値観の変化に踏み込んだりしながら、ヘルスケア以外の領域にも視野を広げていきました。

世のなかで起こっている出来事やニュースに日頃から目を向け、人口減少・高齢化、労働力不足、エネルギー問題、気候問題、政治や経済の動きなど、社会の動向を外部要因として取り入れておくことが洞察の精度につながります。

STEP 2　仮説策定：未来の社会像を具体化する

❯ STEP 2-1　仮説を立てる

兆しから仮説を立てる

次に、リサーチテーマに対する仮説を立てます。

デスクリサーチで「兆し」が見えてくるくらいまで情報が収集できたら、仮説の策定に進みます。この過程では、先端事例から見えてきた傾向や起こりそうな外部要因を踏まえて、今の「常識」がどのように変わりそうかを探り、その変化がどのような未来に展開していくのかを言葉にしてみます [図I-15]。

仮説は、現在との連続性を保ちながらも、少し驚きを感じるような変化を描くのがポイントです。驚きのある変化を描き出せると、より「起こってもおか

01

医師は治療だけでなく、予防を目的とした診断・治療計画を求められる

データ活用の広がりが進歩

2009年米国における電子カルテの普及を目指したHITECH法の制定以降、個人の医療情報のデジタル化が加速したことや、一般向けDNA解析サービスの普及により収集された医療データが蓄積し、その運用の段階に入っている。

こうしたデータは、これまで厳しい規制により守られていたが、コロナ対策のため急速に規制が緩和し、個人が自分自身の保険情報にアクセスする権利が強化された。

それに伴い、取得したデータを元に、分析、アドバイス、疾患の早期発見や予防、様々なステージを繋ぐ治療の調整など、応用利用の幅が広がっている。

02

薬局・薬剤師がかかりつけ医の役割を担う

病院外での診断・治療が広がる

技術向上の側面だけでなく、デジタル推進政策や規制緩和といった行政の側面からも、慢性病患者への継続的支援や終末期の緩和ケアなど、病院に行かなくてもできることが増えており、現在の医療の現場が大きく様変わりする可能性が高まっている。

- 人口の90%をカバーする保険会社から払い戻し可能
- パーソナルヘルスレコード(PHR) 病院、薬局ごとに保存している個人の医療データ利活用
- 診療データ連携に挑む米スタートアップ9社
- 「アフターGDPR」におけるプライバシー保護のグローバリゼーション
- 早期発見
- 血液1滴でがん検査 東芝、21年にもキット実用化

- ドイツ議会はDVG(Digitale-Versorgung-Gesetz)を可決
- 新型コロナウイルス対策として、遠隔医療ソリューション「ehCOS Remote Health」の機能強化を実施：NTTデータ
- Want to See the Future of Digital Health Tools? Look to Germany.
- リモート心電図
- リモート聴診器

- 薬局の役割
- 薬剤師の役割
- 薬をターゲットにした対物業務から、薬を渡した後に患者の状態を見る対人業務に変える
- 改正薬機法

図I-15 先端事例の兆しを集めて仮説を考える

出典：KOEL Design Studio「未来のヘルスケア」リサーチ資料より（2021）
※2021年に実施したデスクリサーチの情報です

こういった病院のあり方の変化に併せて、薬局もそのあり方が従来の「薬を受け取る場所」から、よりパーソナルな健康相談や遠隔治療をうけられる「ヘルスケアのハブ」へと変化している。

03
健康データは病院で計測するものではなくなる
ウェアラブルを通じた治療・予防医療が一般化する

2010年代からウェアラブルデバイスが普及し、一市民でも自身の行動・健康データを日常的に取得することが可能となってきた。近年、さらなるウェアラブル技術向上と健康管理に対する意識向上により、医療提供者、保険会社、IT企業などを含む医療業界において、ますますウェアラブルデバイスの開発・利活用が盛んになっている。

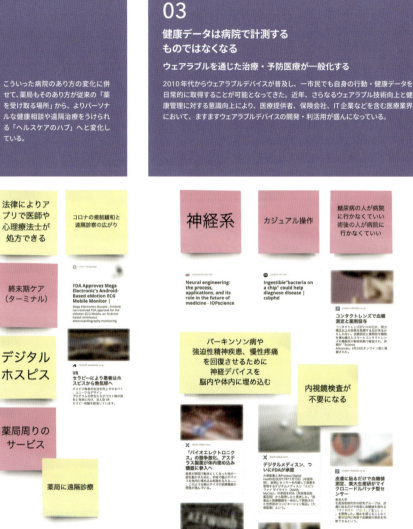

しくない未来」について考えやすくなるはずです。

　また、仮説は思いつきでなく、エビデンスを伴う必要があります。そのため、簡潔なキャッチフレーズとともに参考にした事例や兆し、そして「なぜその変化が起こりそうだと考えたのか」の理由を併記しておきます。こうすることで、他メンバーに共有するときや、のちに仮説を修正する必要が生じたときにも便利です。情報が整理され、変化のポイントが明確化できたら、それが一言で伝わりやすいようにキャッチフレーズを書き換えます。

　「未来のヘルスケア」のリサーチでは、様々な兆しをもとに「10年後には当たり前に行われている医療活動・健康行動にはどのようなものがあるか」という問いに対して、3つの仮説を導き出しました。ひとつは、健康データは病院で計測するものではなくなるという兆しから、より多くの医療データが蓄積されることを想定し、「病気は治療するものではなく、発症を防ぐものになる」という仮説や、薬機法改正などの動向から薬剤師の役割の変化の兆しを見つけ、「薬局は薬を買う場所ではなく、地域密着型のカジュアルな健康相談の場所になる」といった仮説を立てました。

10年後のヘルスケア

01 病気は治療するものではなく、発症を防ぐものになる
遺伝子情報、血液情報などから、疾患を診断する精度が上がり、病状が出る前から疾患を予測できるため、ウェアラブルなどのデバイスを活用して、気になる疾患の症状を発病前から把握したり、予防手術を行うことで、発症自体を防ぐことが普通になる。

02 薬局は薬を買う場所ではなく、地域密着型のカジュアルな健康相談の場所になる
検査機器や治療器具の自動化が進み、医師の診断が必要なくなるような現在の医療行為は薬局で実施できるようになる。薬局は、地域密着型の健康相談のハブとしての機能が、薬の販売よりも重要な役割になる。

03 小さな病院でも精度の高い健診、治療ができるようになる
医療機器の小型化や、ウェアラブルデバイスの発達により、検査のために大きな病院まで足を運ぶ必要がなくなる。そのため、頻度の高い健診、経過計測が実施できるようになり、どんな場所に住んでいても、効果の高い治療が受けられるようになる。

❯ STEP 2-2　未来の社会のなかの人の暮らしを構想する

　仮説策定の次は、その仮説で描いた社会での人々の暮らしに思いを馳せます。
　衣食住のそれぞれのシーンで、今の暮らしと大きく変わるのはどんなところ
か。そこでは、人々はどんな価値観に基づき、どんな選択をしているのか。そ
んなことを想像しながら、複数のアイデアを出し合って、未来の社会と暮らし
のイメージを立体的に立ち上げます。

　「未来のヘルスケア」のプロジェクトでは「10年後のヘルスケア」について、
現在の暮らし方の変化の兆しを捉え、兆しの先にある「今と違う常識」と「今
と違う暮らし方」について想像を膨らませています。例えば、未来の医療が発
症を防ぐ場所になるとしたら、病院という場所はどのように使われるのだろう
か。薬局が健康相談の場所になるなら、どのような建物になるんだろうか。そ
してそのような「新しい常識」が浸透した社会の姿はどのようなものだろうか
──と「妄想」を働かせていきます。

STEP 3　検証：仮説を検証し、未来像を精緻化する

　次は、仮説の検証です。思い切り想像力を働かせて未来を「妄想」した仮説
を冷静な視点で検証します。その仮説の実現性を改めて調べ、仮説の内容をよ
り具体化するのが検証です。その際に最も重要なことは「仮説は間違っている
かもしれない」という前提で取り組むことです。検証の目的は、「仮説」の精度
を上げることであって、その正しさを確かめることではありません。そのため、
仮説の検証では、次の2つを行います。

　　1　仮説の誤りの特定
　　2　仮説を改めるための情報収集

　あまりにも現状との乖離がある仮説や、「起こってもおかしくない未来」を抽
出できていない筋の悪い仮説を見つけ、除外したり修正したりする大切なプロ
セスです。

▶ STEP 3-1　仮説の評価

　仮説の策定をする過程で、特定の内容に必要以上に焦点を当ててしまうことがよくあります。そのため、複数の仮説を客観的に見直すために、以下の観点から評価をしていきます。

> 1　仮説が、現状の課題の指摘にとどまっていないか
> 2　「起こってもおかしくない未来」を示す本質的な要素を含んでいるか
> 3　未来感と現実性のバランスがいいか

　検証の結果、仮説の精度を上げる必要がある場合は、挫けずに再度「STEP 1 情報収集」のプロセスに戻って、追加の情報収集を行い、より妥当性の高い仮説の策定をめざします。このように、デザインリサーチは、行ったり来たりのプロセスです。

　仮説の評価のポイントは様々なものがありますが、私たちのプロジェクトでは、特に以下の3つの基準を重視して検証を行っています。

1　仮説に新しさがあるか

既に同じようなアイデアが存在していたり、実用化されている場合には、その仮説は新規性が低く、現在に「近すぎる」と言えます。10年後、20年後のビジョンを考えるための材料としては不十分なため、より革新的な視点で仮説を見直す必要があります。

2　仮説のスケールは妥当か

仮説が想定する未来の行動をとる属性の人が、一定数いるかどうかを検証します。類似事例の現在の顧客数と成長予想、想定するターゲット層が現在どのくらいいるのかなど調査し、仮説が一部の稀にしか存在しない人を対象にしていないかどうかを確認します。またビジネスモデルとして成立しそうかを考えてみると、実現性・持続可能性についても考察することができます。

3　仮説に一般性がありそうか

抽出した「兆し」が適切か、広がりがありそうかという観点から検証します。仮説の関連業界やターゲット層の間で起こりはじめている事例を調べてみます。その事例が特定の人や場所に強く依存する特殊性の強いものである場合は、将来的にも一部の人にしか受け入れられず、社会の変化に結びつかない可能性が高くなり、未来の社会像を構想する材料としては不十分であると考えられます。

> STEP 3-2　有識者インタビュー

　テーマによっては、十分なデスクリサーチをしても本当のところを把握しきれないこともあります。その場合、知りたいことを実際に行っている人、当事者の話を伺います。これを「有識者インタビュー」と呼びます。有識者は、テーマについて研究している専門家、テーマに近い仕事を実際にしている人だけでなく、仮説で立てた行動を既に実践している人、仮説で立てた行動をとる可能性の高い人なども含まれます。医療のテーマであれば、医師や病院関係者、患者、健康意識の高い人などが有識者になります。特定の地域について知る必要があれば、地域に関わる仕事をしている人だけでなく、その地域に暮らす人も有識者です。

　こうした有識者、当事者のインタビューを通して、仮説の信憑性や、行動のモチベーションの理解が深まり、仮説を具体化、詳細化することができます。

インタビュー成功の8割は準備が握っている

　話を聞くと言っても、ただ話を伺うだけでは仮説の検証に必要な情報を集めることはできません。インタビューは事前に綿密に設計します。

　インタビュー設計で大切なのは、事実としての現状と、対象者の常識や考え方を汲み取るつもりで設計することです。仮説を「よいですね！」と認めてもらうことが目的ではありません。立てた仮説に対してどう思うのかを直接聞くのではなく、仮説の周辺の情報を収集するつもりで設計し、対象者のテーマに関する普段の行動パターンや「なぜそのような行動をとるのか」という「Why」

を汲み取ることに注力します。

　まず、知りたい内容とその観点を整理し直してから、どういう人に話を聞くのが適切なのかをよく考えて対象者を選びます。例えば、立てた仮説に近いことを日常的に行っていそうな人、知りたい専門分野の知見のある人、仮説で立てた行動をとりそうな属性の人などが対象者になることが多いです。対象者が決まったら、まずは、その対象者のことを調べていきます。対象者に関する理解を深めるための情報源は、WEBや書籍だけでなく、FacebookやX（旧Twitter）などのSNSで発信された情報など様々です。事前に対象者について調べることで、実際に話を聞かないと得られないことが明確になるため、インタビューでのより濃密な情報収集につながっていきます。ただし、事前調査で大切なのは、対象者のことをすべて知った気にならない、ということです。

インタビューガイドをつくる

　事前調査はあくまでも、当たり前の話を聞きすぎないようにすることと、会話を円滑に進めるための事前情報の取得を目的とした調査です。ここで調べた情報を元に、深く聞いてみたいことや、記事からは読み解けない背景やモチベーションについて質問できるようにインタビューガイドを設計していきます [図I-16]。インタビューの内容で、テーマに関する行動やモチベーションを見出し、立てた仮説との相違を確認したり、仮説が間違っていそうだったら、実際のところはどうなのかを聞き込み、仮説の修正をする材料も同時に集められるように、質問内容を作成します。

　インタビューガイドの設計では、対象者への質問の内容や順番、時間配分などを意識してまとめていきます。こちらが聞きたいことをただ羅列するのではなく、「その対象者から得るべき情報をしっかりと獲得できる表現になっているか」「対象者が回答しやすい問いかけになっているか」「会話の流れとして違和感のない順番になっているか」といった点に注意しながら、インタビューを組み立てていきます。

　また、ひとつのリサーチテーマで複数人にインタビューすることがよくあり

ます。そこでインタビューガイドの構成を比較できるようなものにしておくと、全員に共通で聞くことと各対象者に特有の項目を把握しやすくなり、フィールドワーク全体を通した抜け漏れを防ぐことができ、フィールドワーク後の分析でも比較しながら進めていくことができるようになります。

基本的にインタビューは、事前に準備したインタビューガイドの内容に沿って進めていきますが、対象者との会話の流れによってはインタビューガイド通りに進まないことは多々あります。その場合はインタビューガイドの順番を気

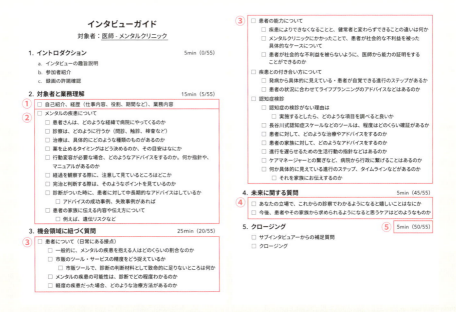

図I-16 インタビューガイドの構成要素

① 対象者が回答するための準備運動も兼ねて、自己紹介の形式で始める
② テーマに関する基本的な情報を獲得できる質問を、対象者が回答しやすい順番で構成する
③ テーマを徐々に深く掘っていくための質問を構成する
④ 未来の話を聞くことで、対象者が現状に対して求めていることを探る
⑤ 時間の配分を記載する

出典：KOEL Design Studio「未来のヘルスケア」リサーチ資料より（2021）

にしすぎず、対象者の話しやすさを重視して臨機応変に対応する一方で、聞くべきポイントの抜け漏れがないようにインタビューガイドにチェックをつけたりしながら進めていきます。会話とメモとインタビューガイドの確認を同時に全部ひとりで行うのは難しいので、インタビューは2〜3人程度の複数人で行うのがよいでしょう。あまり人数が多くなると対象者が話しにくくなることもあるため、多くても4人程度で行うことが一般的です。

対象者と対話する

インタビューで最も重視することは、対象者と対話することです。相手が話しやすい雰囲気を作ることを心がけ、一方的な質問だけで進めるのではなく、対象者が話しやすいことからインタビューを進めていきます。話題の流れに添いつつ、準備した質問をすべて聞けるように、質問の順番を入れ替えたり、相手の話した内容を受けて回答を深める受け答えをしたりして、自然な会話を心がけ、本音を語ってもらえるように全力を尽くします。用意したインタビューガイドの質問を淡々と上から順番に聞いていくと「尋問」のようになってしまったり、「ところで」と、会話の途中で話の内容を大きく変えることが頻出してしまいます。そうすると、対象者にとって「会話」ではなくなり、「質問に正しく答えなくてはいけない」と身構えることとなり、当たり障りのないことや建前だけの受け答えになってしまいます。知りたかった「本当のところ」が聞けなくなってしまうので、インタビューでは、会話のキャッチボールを感じられるような自然な質問の投げかけを行うのがとても大切です

このような対話を意識したインタビューを行うと、終了時に対象者から「こんな話でよかったですか？」と言われることがあります。この瞬間、私は「このインタビューは成功だ！」と心のなかでガッツポーズをとっています。この言葉は、対象者が考え込まずに自分のことを自然に話すことができたということで、的確なインタビュー設計・実施ができたということです。こんなインタビューにするための鍵は、まさに準備が握っていると言えます。

また、質問をしているとき以外の「オフ」の時間を逃さないことも大切です。

インタビュー中の対象者は無意識に「しっかりと話そう」としているものです。インタビュー前後、特に終了後のリラックスした状態での自然な発言に、大切な発見があることはよくあります。聞き手にとって、インタビューはガイドで作成した会話時間だけでなく、対象者と別れる瞬間まで続いています。

STEP 3-3 フィールドワーク

ビジョンデザインのリサーチでは、テーマによっては先進事例の地域や現場に出かけるフィールドワークを実施することもあります。フィールドワークで行うことは、インタビューと観察です。言葉にしてしまえば簡単にできそうな気がしますが、実際にやってみると決して簡単なものではありません。「なんとなくはできるけど期待する効果を得るのは難しい」のです。

フィールドワークを行う最大の理由は、「背景を観る」ためです。デザインリサーチは、現場でないとわからない対象者の行動の背後にある「Why」を汲みとるものなので、フィールドワークも重要な情報収集のアプローチになります。

フィールドには、いつどこに行ってもよいというわけではありません。必要な情報に出会うために、事前に綿密な計画を立てる必要があります。テーマに適したフィールドはどこか、季節の変化などを観察する必要のある場合には、それぞれの季節で生活者の状況がみられる時期を複数選び、何回かフィールドに行く必要がありますし、深夜や早朝に観察しないとリサーチ対象の現場に立ち会えず、本質がわからない事例もあります。

また、フィールドに行くだけでは有益な情報は得られないので、立てた仮説をもとに、事前に観察する場所、話を伺う人などを決め、アポイントをとることも大切です。事前に計画した訪問場所やインタビューと、場所の構造を理解する視点で観察することの両方ができると、周辺情報から得られる文脈が広がり、対象者の行動の背後にある「Why」の理解が深まります。

フィールドワークでは、人々の普段の行動を調べて「何(What)を、どのように(How)行っているか」を明らかにし、その背景や文脈にある、対象者の思考、最近の関心、価値観の変化、生活様式、特徴的な行動の理由などの「なぜ(Why)そうしているのか」を明らかにしていきます。対象者の側の「Why」を

図I-17 フィールドワークにおける3つの発見

Step 1	Step 2	Goal
What **How**	**Why**	
普段の行動、やりかたを発見する	**理由、背景、文脈を発見する**	**新しい発見、新しいアプローチを発見する**
インタビューや観察を行い、人々の考えや行動を深く調べる	現在の流行や価値観の変化、ライフスタイル、特徴的な行動の理由などを明らかにする	これまでの自分の思い込みや、固定概念にとらわれない「もう1つの視点」を、自分の中に作る

共感 (empathy) とともに知ることで、自分の思い込みや固定観念にとらわれない「もうひとつの視点」を自分のなかに作ることができます。この「もうひとつの視点」を持って発想を広げ、新たなアイデアを生み出していきます [図I-17]。

　インタビューに関しては、基本的には前述の「有識者インタビュー」と同様の準備をして実施します。フィールドでインタビューを行うときには、インタビューに加え、対象者の生活や仕事などの現場を見ることで、「Why＝なぜそうしているのか」を読み解いていきます。町のつくり、気候、人の動き、生活様式、物価、家族構成、動線、文化など、場所のもつ様々な特徴を歩き回って収集することも重要です。

　例えば、人口減少と高齢化が進む地域をフィールドワークした際のインタビューで、「地域のスーパーがお店まで来られない地元の高齢者のために移動販売を始めた」という話を伺いました。言葉通りに受け取るだけでなく、場所の環境・様子を観察してみると、町の構造や交通手段の選択肢や商店そのものの少なさから、高齢者がお店まで来られない状況が「買い物」だけの問題ではないことが見てとれました。

　また、お話だけを聞くと「移動が難しい高齢者が日用品の買い出しに出かけずに済むライフラインになっている」ように思われるのですが、実際の移動販売車を見ると、その商品数の少なさに気がつきます。この車で売っているものだけでは、日々の暮らしで必要なものが全部そろうとはとても思えません。そ

こで質問を重ねて改めて話を伺うと、高齢者が買い物よりも、販売員さんとのおしゃべりを心待ちにしていることがわかってきます。スーパー側もそれを自覚して、本来は1名でよいドライバーを2名体制にして、十分なおしゃべりを提供できる工夫をしていることがわかりました。移動販売の本当のニーズは、これまでスーパーで行われていたお店の人との雑談なのだと気がつきます。そしてスーパーが移動販売を始めた本当の理由は、「地元の高齢者の方と定期的・日常的な会話を持続するため」だということがわかると同時に対象者の背後に、人との関係を大切にする価値観があることが見えてきます。

このように、現場で実際に観ることで、当事者が敢えて語らない状況を観察し、行動に対しての「なぜ」を読み解くことができます。これが物ごとの背後の意味を汲みとる「インサイト」です。

また、フィールドに行くことは、インタビューで聞いたことを、より相手の文脈に即して考えることができる利点があります。部分的な話だけを聞いていると、自分の「常識」に当てはめて理解してしまうことも多く、「自分の文脈や視点」にとらわれた解釈をしてしまいがちです。実際に場所に出向くことで、その場所のルールや常識を踏まえて、対象者の行動の背景にある「なぜ」を考えやすくなります。これこそが、デザインリサーチで重要な態度、共感（empathy）の本質です。つまり、自分の視点からではなく、相手の側から物ごとを見て理解する姿勢です。

さらに、フィールドワークでは、環境そのものが人々の行動にどのような影響を与えているかも観察できます。これは「アフォーダンス」と呼ばれる概念で、場所や環境が自然と人々に特定の行動を促す仕組みのことです。このような環境要因の理解も、人々の行動の背景を知るうえで重要な意味を持ちます。

STEP 4　ビジョン策定：未来の姿を伝える

▶ STEP 4-1　インサイトをまとめる

デスクリサーチやインタビュー、フィールドワークを経て得られた兆しを通じて、新しい未来の方向性が見えてきたら、ここからビジョン策定のステップ

に進みます。インタビューやフィールドワークで得た情報は、一度、「インサイト＝洞察・深い理解」という形にまとめ直します。インサイトを抽出するためにやることは、まず、「聞いた話」「聞いた話からの解釈」「気づき」の3種類の情報を、平たく並べて俯瞰してみることです。

　これまでの情報収集や、仮説検証で得られた情報を並べてみると、類似した内容があったり、情報同士の規則性・関係性が見えることがあります。類似情報をグループにまとめ、気づいた内容を言い表す短いタイトルをつけてまとめていきます。

　この作業は1人で行うこともあれば複数人でのワークショップ形式で行うこともあります。人数や形式は状況に合わせて選択しますが、重要なのは「複数の視点で捉える」ことです。リサーチテーマに真正面から向き合いながら考えるだけでなく、「別の観点で考えたらどうだろう」「逆の方向に進むとしたらどう考えたらいいだろう」と様々な角度から考えることで、近視眼な偏ったインサイトになるのを防ぎ、よりよいインサイトの導出に近づくことができます。

　ここまでに得られた多くの情報をまとめてみてみることで、一つひとつの事

図I-18 未来のヘルスケアのインサイト

2. 病院外での診察・治療　　　　　　　　　　　　　　　　　　KOEL

薬局という場所の役割が変わる

2020年9月に改正薬機法が施行され、服用期間を通じた継続的な薬学的管理と患者支援が義務付けられた。全国の薬局の数はコンビニより多く、上手くサービスを提供すれば、地域の人々の健康相談の場として役割を拡張できる。
高齢化による医師不足などが懸念される中、薬局が自動化が進んだ高機能・高品質なスクリーニングやヒーリングを提供できる場となると予想されている。ウェアラブルデバイスによるデータから薬の効果を測ったり、遠隔治療のハブになったりと、多様な可能性を秘めている。

※2021年に実施したデスクリサーチの情報です

Beyond Pharmacyプロジェクト
https://project.nikkeibp.co.jp/behealth/atcl/feature/0...
日経BP社 Beyond Health による Visionary Flag Project では、2030年の社会実装を目指し、今後自動化される部分、薬剤師が担っていく部分などを想定し、未来の薬局像を描いている。

薬局を起点にフレイル改善・予防
https://www.meti.go.jp/policy/mono_info_service/he...
地域密着型の薬局を起点として、高齢者向け生涯学習、栄養サポート、シニア運営スタッフ育成、体操教室などを組み合わせたサービスでフレイル改善・予防を目指すと共に、往診前訪問サービスなどで医師との協働を図っている。

薬を宅配する「とどくすり EXPRESS」
https://www.holdings.toppan.com/ja/news/2020/08/...
凸版印刷株式会社は服薬指導から処方せん薬の受け取りまでを在宅で可能にする処方せん薬宅配サービスを開始した。リモート診療に対応のプランでは、近隣にリモート対応病院が無くても受診でき、薬代と医療費がWebで一括決済できる。

出典：KOEL Design Studio「未来のヘルスケア」リサーチ資料より（2021）

例に注目してきたときには気がつかなかった、大きな流れ・大きな動きが見えてくるはずです。テーマに対する全体の理解度が上がり、情報をまとめたときのグループの大きさなどから、主流の動きなのか、小さい動きなのかを判断することもできるでしょう。

　ここでいう「流れや動きの大きさ」は、変化の大きさや影響を与える分野・範囲の広さと考えたらわかりやすいでしょう。もちろん、ある特定の分野で起こる大きな変化にも着目しますが、デザインリサーチを用いた未来洞察でより着目するのは、社会のあり方や人々の暮らし・価値観を大きく変える変化や動きです。例えば、「ある技術が、一見するとかけ離れた業界や分野で取り上げられている」といった場合は、主流の動きであると捉えることができます。小さな動きだけを拾ってしまうと、それらが私たちの未来にとってどのような意味があるのかを捉えきれず、よいビジョンをつくることが難しくなるため、大きな流れ・動きを捉えることが重要なポイントです。

　集めた情報をインサイトとして整理することで [図I-18]、注力するべき情報を拾い上げ「傾向」を理解しやすくするだけでなく、新たな気づきをもたらし、アイデアの創出につながっていきます。

❯ STEP 4-2　未来の暮らしを構想する

　未来の暮らしを考えるために、まずは抽出したインサイトを踏まえ、未来の社会がどのように変化していくのかという観点で情報を整理していきます。注力したいインサイトについて、現在と未来で変わっていく「変化」のポイントを明確化します。現在の状況、描いた未来の状況を平たく並べ、どの部分がどう変わっていくのかを整理します。ギャップ分析などのフレームワークを使って整理すると、現在から未来の変化を明確化することができます [図I-19]。

　未来の人の暮らしを考えてみるときに大切なのは、現在と未来で「変わる部分」、「変わらない部分」を意識することです。例えば、朝ごはんを食べるという「習慣」は、この先10年程度で変わることはなさそうです。一方、朝ごはんの「内容」、食べるものは、10年後にはある程度変わっているかもしれません。未来の朝ごはんは、より栄養効率のよい飲料やタブレットが主流になったり、肉

の代わりに昆虫のような思いもよらぬものが食材となったりと、社会の変化に伴って変わることもありそうです。こうした、「変わらない」日常と「変わる」行動が掛け合わさることで、現在からの継続としての未来を構想することができます。

　インサイトで見つかる社会の変化を、情報収集したテーマの領域に限られた変化と見てしまうことがよくあります。未来の社会を描くためには、もっと広い要素が含まれる「社会」を描く必要があるので、「PESTLE分析」のようなフレームを活用しながら、テーマ以外の領域も含む全体を視野に入れてインサイトで見つけた変化やギャップが、他の領域にどのような影響を与えるかを考えていきます。

　例えば、人口減少と分散化が進む未来の地域では、「生活必需品は地域内で調達できるが、一定の水準以上のものは近隣の小都市に頼る」のが未来の社会構造だという仮説がある場合、この変化が交通や医療といった他の領域にどのような変化をもたらすかを考えます。

　「交通」の文脈では自動運転の増加だったり、「医療」の文脈だったらリモート診断だったり、「電力」だったら地域内発電だったりと、仮説に対する各領域の具体例を想像することができるでしょう。シナリオに使わない項目についてもしっかり考えておくと、より「起こりそうな未来」のストーリーを作ることができます。

　この時、マクロな視点から社会の状態を考えるだけでなく、「未来の社会での人の暮らし」に注目すると、シナリオ作成の筋書き作りに役立ちます。暮らしのなかの具体的な部分がどう変わるのか、それによって未来の人々の日常がどうなっているかを意識すると、未来の社会像に具体性を持たせることができます。そして、どの「暮らしのなかで起こる変化」に着目すると未来像を伝えやすいのかを考えていきます。

▶ STEP 4-3　世のなかの変化が一番伝わりやすい設定を探す

　未来像を伝えるための材料がそろってきたら、次はシナリオ作成です。どんなシナリオなら伝わるか、アイデアをできるだけたくさん出し合います。STEP

4-2で作ったギャップ分析などを活用しながら、現在との差分を意識して、どんな人を主人公にして、どんな暮らしの、どの部分を切り取ると、世のなかの変化が一番伝わりやすいかを考えます。バリエーション広くアイデアを出し、色々な未来の人の日常生活のなかから、今の常識で見ると驚きを感じるような場面を探していきます。書き出したアイデアを冷静に読み返してみると、思ったよりも現在との差分が感じられず新しさがなかったり、具体性が足りなかったりすることがよくあります。また、現在の社会の延長線にあるような設定に感じるかどうかも大切なポイントです。飛躍しすぎると非現実的なフィクションと捉えられてしまい、共感を得たり、自分ごと化して考えにくくなります。現在の常識では少し違和感があるけれど、こんな未来もありそう、と思えるアイデアを選びます。

　ビジョンの見せ方や伝え方には色々なやり方がありますが、どの方法を選ぶにしても、世界観の素案を文字で短くストーリーとして書いてみることは有効です。筋書きを考えるなかで、「起こりそうな未来」での体験を自分のなかで探索したり具体化したりすることができ、現在からの差分を明確化したり、複合的に起こっていく社会の変化を具体性を持って想像することができるようになります。こうして作った「擬似体験ストーリー」のことをシナリオと呼びます。シナリオで、未来の社会の姿を「ありえそうだ」と思えるように伝え、未来の社会の状況を共有することで、共感を生むコミュニケーションを作ることができます。

STEP 4-4　シナリオを書く

　デザインリサーチを用いた未来洞察を行うときには、10年〜20年後くらいの未来を構想しシナリオとすることが多いです。未来という「ここにないもの」を抽象的に語られてもなかなか想像できないものですが、ストーリーにすることで、未来の暮らしを具体的なイメージとともに共有することができます。

　ストーリーの設定や背景情報がわかるような導入で想像掻き立て、ストーリーの世界の中を生きる人々の悩みや喜びといった感情を描き、登場人物が持つ、今の常識とは異なる価値観が滲み出るような場面を切り取ると、今の社会とは違

図I-19 ギャップ分析の一例「人口減少社会の働き方における、変化分析のマトリクス」

ギャップ分析

現在

社会・経済像

- 特定の企業・団体に所属、常勤
- 低い失業率、豊富な労働機会
- 生産と消費が分離された、
  近代消費社会の全国的な浸透
- 大企業は労働集約の場。
  大企業は大規模雇用を意味する存在

ギャップ

- 組織から個人へ
- 課題解決から価値の
  プロデュースへ
- ドキュメント生成から
  プロトタイピングへ

必要とされる能力・スキル

- 特定の専門性の追求による経験値
- 与えられた課題を正確・迅速に
  解決する能力
- 他者と協調して円滑に仕事を進める
  コミュニケーション力
- 標準的なツール類を使いこなし、
  アウトプットする能力。
  特にドキュメントの生成力

出典：KOEL Design Studio「未来のヘルスケア」リサーチ資料より (2021)

2035 年

社会・経済像

- 生産と消費の
  境界がなくなっていく
- 都市と地方の
  役割分化
- 労働集約から
  資本集約へ

- 複業が当たり前
- 個人、もしくは規模の小さい
  ユニットで活動
- 高い失業率、格差の拡大
- 競争の激しい都市生活と
  自給自足の地方生活の分離
- 大企業は資本集約の場。
  大規模雇用とイコールではない

必要とされる能力・スキル

- 創造的に新たな価値を生み出す発想力
- 自己と他者の能力を組み合わせて
  シナジーを生む、プロデュース力
- アイディアをスピーディに実装に
  落とし込むデジタルスキル
- 自らの手で豊かな暮らしを
  生み出す能力。脱・消費

図I-20 リサーチテーマ以外の社会の変化も考える

交通

普通になること：

`自動運転`

- 都市部と地域をつなぐ鉄道はもともとない
- 車が運転できる人は、自家用車での移動が一般的
- バスの本数が少なく、朝夕の時間帯に数本程度
- 運転できない人は、地域内の移動に
  自動運転タクシーを使用

物流・買い物

普通になること：

`移動販売` `配送受取`

- 商店街はシャッター街となり、近隣にお店がない
- 車がないと、スーパーやコンビニには行けない
- 食料品・日用品は、週に1-2回巡回する
  自動移動販売車で購入

医療

普通になること：

`リモート診断`

`病院連携`

- 地域には小さな診療所があり、都市部の病院と連携している
- リモート診断が一般化し、
  病院に足を運ぶのは対面での治療や処置が必要な時のみ
- 診療所には看護師が常在するが、医師は不在のところもある
- 一部の診察や手術がロボットによっておこなえるようになる

教育

普通になること：

`オンライン授業`

- 地域に小中学校はあるが、高校はない
- 小中学校は教員不足のため、
  複数学年をまたぐクラス構成になる
- 学区が広くなり、通学に時間がかかるため、
  在校時間は短くなる

出典：KOEL Design Studio「未来のヘルスケア」リサーチ資料より (2021)

行政

普通になること：

サービスの縮小

- 地域の中にも行政窓口があり、都市部の本庁と連携している
- 公務員の人数は減る
- 常に予算不足の状況で運営される

ゴミ処理

普通になること：

リサイクルの加速

- コスト削減のため、ゴミ収集の回数が減る
- リサイクルが加速する
- 家庭の生ゴミは、各家庭での乾燥や分解などの処理を求められる
- 家電の回収・修理の動きがすすむ

電力・ガス

普通になること：

地域内発電

- 自然リスクへの対応として、地域内で発電設備を持つことが普通になる
- ガスの運搬負担を避けるために、電化が進む

住宅

普通になること：

エコハウス

- 大工不足、資材不足のため、新築が建つことは少ない
- 既存住宅のリノベ・リフォームが主流となる
- エネルギー効率を重視した住宅が増える
- 空き家を活用した公共施設が増える

う世界に暮らす人に想いを馳せることができます。ストーリーに感情移入することができると、未来の社会を自分ごととして考えやすくなります。

　ビジョンデザインは往復のプロセスです。シナリオは、望ましい未来を描く往路のゴールのひとつであると同時に、「ビジョンを実現するためのアクションプランをデザインする」復路のスタート地点です。シナリオを「叩き台」として、一人ひとりに「どのような未来を生きたいか」を問いかけ、対話を始める出発点となるものです。そのため、シナリオは、様々な関係者や実務者とできるだけ広く共有します。シナリオは、関係者それぞれがリアリティを持って未来を想像、共有、創造するためのツールです。シナリオは、どういう社会を選びたいのか、選んだ選択肢の先にどんな社会が広がるのかを判断する材料になります。

シナリオ作成のコツ

　未来の社会を描くときには、生活の様々な側面における変化を複合的に捉えることが重要です。STEP 4-2で示した「暮らしのなかで起こる変化」の要素のなかから、「交通」「医療」「教育」などの複数の要素を含んだ社会の姿を描けると、社会像としての立体感が生まれ、暮らしを想像しやすくなります。[図I-21]

　また、10年後を考える際に見落としがちな視点があります。それは「何が変わらないのか」という視点です。私たちは往々にして「何が変わるのか（変化する要素）」に注目しがちですが、「何が変わらないのか」という視点をも含めてシナリオを考えることで、現在と未来の接続がイメージしやすくなります。

　例えば、自動運転の普及によって交通システムは大きく変わるかもしれませんが、私たちの身体のサイズや既存の道路幅といった物理的な制約は変わりません。そのため移動車両の基本的なサイズが今と大きく変わることはなさそうです。また10年後くらいの未来であれば、大半の人は今と同じ家に同じ家具を使って住んでいるのではないでしょうか。

　このように、革新的な要素（見たことのない未来のもの）と継続的な要素（今と同じもの）が共存する未来像を描くことで、2つの利点を得られます。ひとつは、

現在の延長線上の自然な発展として未来をイメージしやすくなること。もうひとつは、実際に起こる変化をより具体的に認識できるようになることです。

STEP 4-3で考えたストーリー設定をもとにシナリオを具体化する段階では、以下の要素に特に注意を払いながらストーリーを詳細化していきます。

- 主人公の置かれた環境や背景設定
- 登場人物たちの状況や関係性
- 具体的な行動や出来事の連鎖
- 登場人物の内面的な変化や感情の機微

まず、現在との価値観の違いが明確な「新しい世界観」が描けているかを確認します。シナリオに描く変化は単なる技術的な進歩だけでなく、価値観や生活様式の変化を含みます。この「ギャップ」が読み手に未来を考えるきっかけを与えます。

次に、ストーリーの骨格となる要素を丁寧に描きます。

重要なのは、単なる未来社会の描写ではなく、その世界で生きる人々の具体的な経験、主人公の行動や心情を通じて、未来の状況を語ることです。そうすることで、読み手の共感を促し、より深い理解を導くことができると思います。

設定によっては、行動の変化が見せずらかったり、現在の価値観からの飛躍がなく未来の世界を感じずらかったり、設定に普遍性がなく多くの読み手の共感が得られなそうだったりするため、ストーリーの骨格は複数作成し、以下の視点から見直します。

- 社会や暮らしの変化が具体的に描けているか
- 価値観の変化が表現できているか
- 読み手に投げかけたい「問い」が明確か
- 想像力を刺激する要素が含まれているか

このような点検を経て、読み手の想像力を刺激し、未来について考えるきっ

図 I-21 リサーチテーマ以外の社会の変化も考える

人口減少・高齢化が進んだ社会での働き方

| 状況 | ・自分の住んでいる地域がどんどん過疎化していく
・生活必需品は地域内で調達できるが、一定の水準以上のものは近隣の小都市に頼る |

医者の話	2020	・30歳、医師。 ・地域の診療所で勤務。高齢者が多く、手が回らない実情。
	2030	・40歳になって、リモート診察ができる環境をセットアップ。 ・患者さんが自宅にいながら診察を受けられる端末を貸し出ししたり、より診断設備の整った無人診断室を設置したり、集落内での実用化を始める。
	2040	・50歳になって、ロボット遠隔手術の資格を取得。 ・数年間、都市部の大学病院に勤務して、実践を通じてノウハウを理解。 ・投資を募って、自分の集落にも、遠隔手術室を設置。

農家の話	2020	・30歳、農家になりたくて田舎に移住。 ・近隣では最若手で、高齢化した地域で今までの制度ではやりずらい。
	2030	・40歳、引退する先輩農家の農地を譲り受けることが度々あった。
	2040	・50歳、農地のオーナーが減ってきたので、数人の農家でコミュニティ経営に乗り出す。 ・みんなの土地を合わせてオペレーションを整備し、農協の役割を果たす。 ・農地のオーナーで共同で資金を投入して、農作業ロボットを導入。まずは植え付け機から。

Uターンの話	2020	・30歳、大企業のサラリーマンだったが親の介護が発生し、早めに地元の地方都市に帰る。 ・最初はリモートワークをしていたが、難しさを感じてフリーに転向。
	2030	・40歳、副業として自分の経験をもとに介護周りの情報やサービスをまとめたサイトを個人で運営。
	2040	・50歳、介護施設・サービスの提供者になっている。

出典：KOEL Design Studio「未来のヘルスケア」リサーチ資料より (2021)

- ずっと好きな環境で生きていくために、地域のためにできることを探し始める
- 自分が老後に必要なサービスを事業にしておく

**ガソリン
スタンド
オーナーの話**

2020
- 30歳、ガソリンスタンドのオーナー。
- 高齢化により車に乗る人も減り、利用者が減ってきている。

2030
- 40歳、自動運転と電気自動車が普及し始め、車の利用者が増える。
- FabLabで太陽光発電のソーラーパネルの作り方を学び、
  太陽光発電での電気自動車の充電の実用化に取り組む。

2040
- 50歳、クリーンエネルギーと電子工学について学び直す。
- 近くに流れている川から水力発電ができそうなことに気づき、
  地域の人に投資や協力を募って水力発電を作る。
- 中規模のクリーンエネルギー発電を行い、行政から町の電力として
  買い取ってもらっている。

**飲食店
経営者
の話**

2020
- 30歳、親の飲食店を継ぐ。
- 最近は地域の会社や人も減ってきて、売り上げが下がってきている。

2030
- 40歳になって、自動運転の配達ロボットを導入。
- 注文の入ったお弁当を積むだけで、自動で配達し、戻ってくる。
- 配達する人手がなくても、配達範囲を広げることができた。

2040
- 50歳になって、近くの農家と協力して、
  近隣都市に販売拠点をオープン。
- 品出しは配達ロボットがやってくれ、専用のボックスから
  お客さんが自由にお弁当を購入できる。

**自動車
ディーラー
の話**

2020
- 30歳、自動車ディーラー勤務。
  もともと整備系だったが営業に転向したばかり。

2030
- 40歳、営業所が閉鎖。クルマ関係の仕事は続けたいと思った。
- 町の自動運転タクシーの保守管理の仕事を作り、それを始める。

2040
- 50歳、自動運転タクシーの保守管理を続けつつも、
  次のことを始めようとしている。
- 自動運転タクシーを活用した新規事業を準備する。

かけを提供できるシナリオが完成します。これが、未来像を共有するための第一歩となります。

このプロセスの核心は、単なる未来予測ではなく、人々が共感し、考え、対話するためのきっかけを作ることにあります。技術的な変化や社会システムの変革といった要素は、あくまでもそのための舞台装置として機能するのです。

読み手の想像力を掻き立てるようなシナリオだと感じられたら、描いた未来像を共有する最初の準備が整います。

「みらいのしごと after 50」では、変化する世のなかの価値観を10年刻みの3つのストーリーで表現し、変わっていく様子に注意が向きやすいように策定してみました [図I-22]。

▶ STEP 4-5　シナリオから対話の場をつくる

シナリオは、描いた未来像を共有する最初のステップです。シナリオを通して新しい世界観を説明することはできますが、より詳細なイメージを共有するために、シナリオで描かれた世界のなかで使われる道具や日用品を「アーティファクト」という形で制作したり、イラストや映像で世界観を表現することもあります。共有したい相手やテーマによって、より共感が得られるように、適切な表現方法や媒体を選び、議論が深まる方法を考えるのも大切です。

どの方法を用いたとしても、一番重要なのは他者に未来の姿を伝えることです。描いた未来像が伝わると、自分たち以外の様々な立場・役割の人たちを巻き込みながら、ビジョンデザインの復路である「アクションプランのデザイン」として具体的な実現方法を考えることができます。

シナリオは、ビジョンデザインのゴールではなく、むしろ出発点です。ひとつの理想的な未来像をトップダウンで掲げるのではなく、ボトムアップで複数の未来を持ち寄り、「私たち」の未来を考えるプロセスがビジョンデザインの復路となります。

シナリオは「起こりそうな未来」とは異なる「望ましい未来」を、もうひとつの選択肢として提示するものです。このような未来も「ありうる」ことを示すことで、関係者一人ひとりに「どのような未来を生きたいのか」を問いかけ、

未来を複数化してゆきます。シナリオを見て、いいなと思ったこと、嫌だなと思ったこと、その理由のなかに、自分の「望ましさ」の要素があります。シナリオを叩き台として、一人ひとりが「私」にとっての「望ましい未来」を考え、表現する機会をつくり、対話と議論の場をデザインすることが、ビジョンデザインの往路の最後のステップになります。

図I-22 シナリオの一例

シナリオ A：過疎地域で診療所を営む医者の話

2020

人口減少が進む小さな町の診療所で医師をやり始めて数年が経った。人の少ないところではあるけれど、高齢者が多く、外来の診察業務も忙しかったが、週に2回在宅診療もしていて、なかなか細かいところに手が回らない実情があった。それでも、昔から優しくしてくれた地元のおじいちゃん、おばあちゃんの顔が見られるのは、仕事の楽しみだった。

2030

診療所に勤めて十数年もすると、患者さんの中には診療所まで来られない人も増えてきた。在宅診療も続けてはいたが、訪問件数に限界もある。

最近、新しい高速無線ネットワークが町にも届くようになったので、家の設備の古い高齢者の住宅でもインターネットへのアクセスができるかもしれないと思い、通院が厳しい患者さんに、自宅と病院をつなぐ端末の貸し出しを開始した。介護に当たっているご家族の方の同席も簡単だし、生活環境が見える部分もあり、患者さんに寄り添った診察ができているように思う。

また、町の診療所では足らないような疾患の診断のために、診療所の中に、近隣の都市部の病院と連携したリモート診断室を設置した。都市部で行った手術の術後の経過診断など、遠くまで診察に出向く必要があった患者さんにも好評で、遠隔診療の大事さを実感した。

I-2 | これからのデザインの使いかた　未来洞察型デザインリサーチ　079

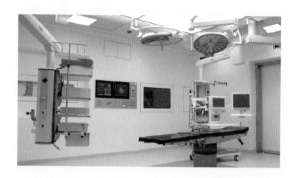

2040

リモート診断が当たり前になり、AI診断の精度と対応範囲が広がってくると、実際に診療所に来る患者さんも減ってきて、医師としての診察業務の負担も軽減した。その反面、地域の人との接点が減り、みんなの健康状態が見え難くなっていたので、診療所の一部を近隣の住民が集まれる場所にしていくことにした。手始めに、趣味の手芸を活かして、地域の人たちと編み物コミュニティを作り、診療所内のスペースを拠点として活動した。診察のない時間には自分も編み手として参加し、編み物をしながら、雑談したり簡単な健康相談を受けたりすることで、また地域住民の健康状態を把握できるようになった。お喋りや手先を動かす作業をすることで、参加者の生き生きした暮らしが続いている実感もあり、医療行為以外でも地域の健康維持に貢献できている気がして嬉しくなった。

編んだセーターは、オンラインで販売している。都市部のお店からのオーダーが入ることもあり、地域の人の仕事にもなっている。

出典：KOEL Design Studio「未来のヘルスケア」リサーチ資料より (2021)

II

人口減少・高齢社会の未来の暮らしを考える

デザインリサーチ
プロジェクト

3
デスクリサーチ
統計データに見る
「小さくなる社会」

5
フィールドワーク②
豊かな町のはじめかた

4
フィールドワーク①
みらいのしごと after 50

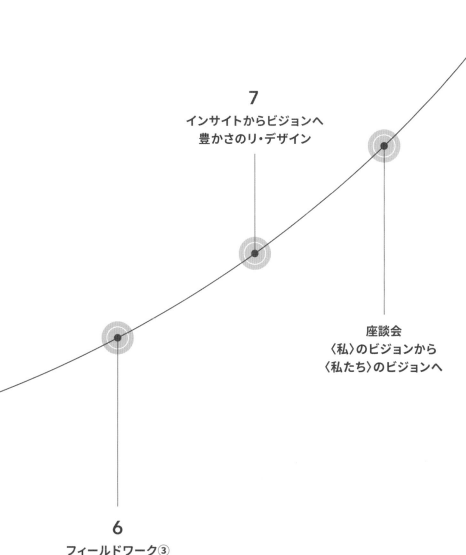

7
インサイトからビジョンへ
豊かさのリ・デザイン

座談会
〈私〉のビジョンから
〈私たち〉のビジョンへ

6
フィールドワーク③
多彩な文化のむすびかた

3 デスクリサーチ

統計データに見る「小さくなる社会」

第2部はビジョンデザインの実践編です。KOELが2021年から3年の間に実施した「人口減少・高齢化」に向かう社会の未来を考える未来洞察型のデザインリサーチの実際を紹介します。第3章ではまず、デスクリサーチの一環として、人口動態の主要な統計データをもとに「起こりそうな未来」を考えます。

3.1
高齢化問題は「自分問題」

人口減少・高齢化社会の「望ましい未来」を考えるデザインリサーチ

　KOEL Design Studioが携わる大小様々なプロジェクトにおいてビジョン策定を行う際に、どんな業界、どんなテーマについて調べるときにも、必ず念頭におく必要があるのが「人口減少・高齢化」の未来です。統計を見ていくと、この問題が近い将来の私たちの暮らしに大きな変化をもたらすことは明らかです。「人口減少・高齢化」は現在の先進国がこれから遭遇する共通した問題ですが、日本はそのなかでもこれまでにない速さで高齢化が進んでおり、これからの日本は、世界が経験したことのない超高齢社会を迎えることになります。

　つまり、先進国の未来を考えるにあたって、日本の少子高齢化の現状はまさに「先端事例」にあたります。実際に「高齢化社会」が国際的な会議のアジェンダとなるとき、課題先進国としての日本の取り組みは注視されています。日本の「人口減少・高齢化社会」の未来を考えることは、世界の未来を考えることにつながっているといえるでしょう。

　そこで、KOELでは、日本のみならず世界の未来社会を考える視点として「人口減少・高齢化」をテーマに設定し、その実態に向き合うことを通して「望ましい未来」を考えるリサーチを実施しました。単に「こうなってしまうだろう」という予測ではなく、実態に向き合いつつ、そこに暮らす人々がどのように幸福に（ウェルビーイングに）生きていけるのかを考えながら、ビジョンの策定をめざします。

人口動態データで実態を知る

　人口減少・高齢化社会のデザインリサーチを始めるにあたり、まずインターネットや文献を利用して既存の統計や調査データを収集するデスクリサーチを行いました。主に政府が発表している人口動態データを見ながら、人口減少・

Ⅱ-3 | デスクリサーチ 統計データに見る「小さくなる社会」 085

高齢化社会が向かう変化の方向性を大きくつかみたいと思います。人口動態を調べる際の基本的な統計データには、以下のようなものが挙げられます。

- 「人口推計」「人口動態統計」総務省統計局
- 「高齢社会白書」内閣府
- 「人口動態統計年報」厚生労働省
- 「労働力調査」総務省統計局
- 「社会保障費の推移に関する報告書」財務省／厚生労働省
- 「国勢調査」総務省統計局

　上記の多くは一般的な「白書」のように毎年発行されていますが、「人口推計」「人口動態推計」は毎月1回速報値が発表されています。また将来の人口の推移については、国勢調査の結果をふまえてほぼ5年ごとに国立社会保障・人口問題研究所が発表している「日本の将来推計人口」（令和5年版）を参照しました。ただし、未来を予測するデータについては、様々な想定外の外部要因によって発表ごとに大きく変化することも少なくありません。未来予測のデータを見るときは、「未来のことはわからない」を念頭において見ていく必要があります。

　また、これから見ていく統計データにおける「高齢者」「高齢社会」等の用語は、以下の定義で用います。

- **高齢者**：65歳以上　前期高齢者：65歳〜74歳　後期高齢者：75歳以上
- **高齢化率**：65歳以上が総人口に占める割合
- **高齢化社会**：総人口の7％以上を高齢者が占める社会
- **高齢社会**：総人口の14％以上を高齢者が占める社会
- **超高齢社会**：総人口の21％以上を高齢者が占める社会
- **出生率：粗出生率**：人口1,000人あたりの生まれてくる子どもの人数
- **特殊出生率**：1人の女性が生涯に産む子どもの平均人数

何歳以上を高齢者と呼ぶかは、時代や地域によって異なります。多くの先進国では65歳以上を高齢者としていますが、開発途上国では60歳を基準とする国が多くなっています。そのため国連や世界保健機関（WHO）等の国際比較の統計データでは「60歳以上」とするものも少なくありません。

　日本では1963年に制定された「老人福祉法」で「老人」を「65歳以上」と定義しており、今回見ていくデータもすべて「65歳以上」を「高齢者」として集計したものです。ただし、実際の年齢区分は法律や行政上の目的によって異なっています。老齢基礎年金は原則として65歳から受給できますが、道路交通法では高齢者講習の受講を義務付けているのは70歳からです。医療に関する法律では、65歳以上を高齢者としたうえで、65〜74歳までを前期高齢者、75歳以上を後期高齢者と分けて定義しています。

高齢者とは──

　データを見ていく前に、未来の自分が何年に何歳になっているかを見ておきましょう[図II-1, p.88]。「高齢者」「高齢化率」という言葉や数字がくりかえし出てきますが、当然ながらそれらは一人ひとりの個別の人によって構成されています。それはいったいどんな人たちになるのでしょうか。

　現在「高齢者」と呼ばれる「65歳以上」の日本の人口がピークを迎えるのは、今から15年ほど先の2042年頃と言われています。となると、そこに該当するのは現在（2025年）の50代から60代の人たちです。50代は65〜70代に、40代は高齢者の入り口である60代に、30代は子育てがひと段落する50代に、20代は働き盛りの40代になっています。

　人口が1億人を下回る、今から30年ほど先の2055年には、今の50代は平均寿命の近づく80代に、40代は仕事を引退する70代に、30代は高齢者の入り口である60代に、20代は子育てがひと段落する50代になっています[図II-2下]。

　一見当たり前のことながら、こうして数字を並べてみると、「人口減少」と「高齢化」の社会問題は、「自分問題」であることに気がつきます。データのなかの「高齢者」が誰なのかを考えながら、各データを見ていきたいと思います。

図II-2　人口ボリュームの推移

2023年

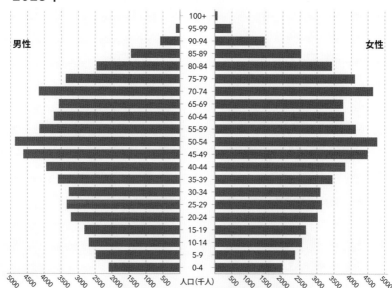

出典：総務省「人口推計」

2055年

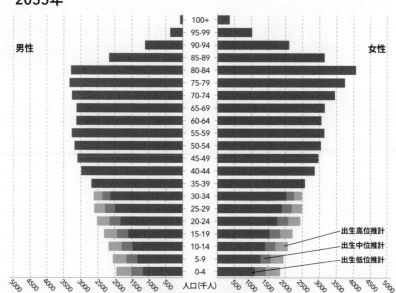

出典：国立社会保障・人口問題研究所「日本の将来推計人口」（令和5年推計）

図II-1 そのときあなたは何歳？

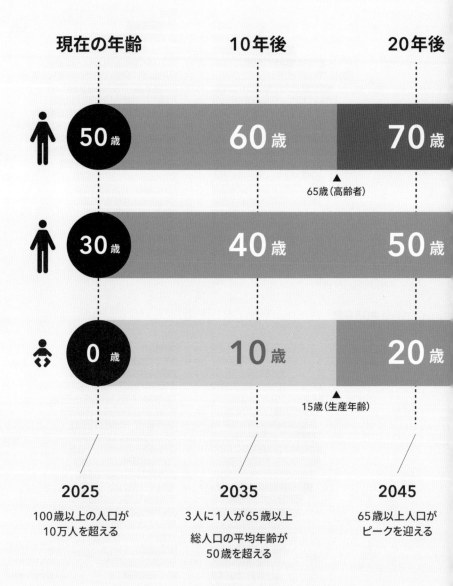

II-3 | デスクリサーチ　統計データに見る「小さくなる社会」　089

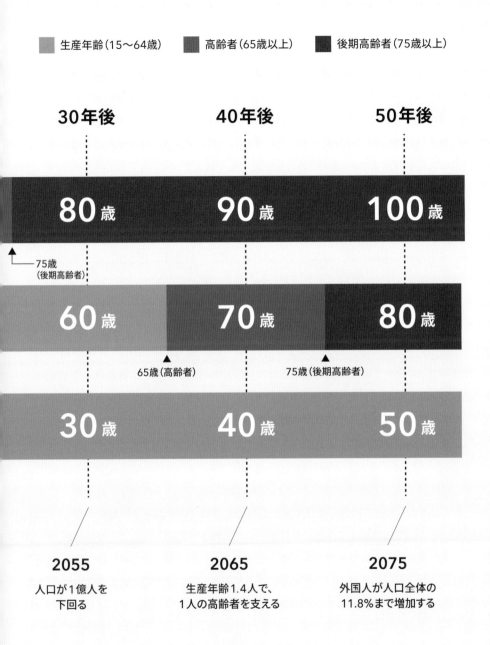

3.2
人口動態データから見える未来

急激な増加から急激な減少へ

　最初に日本の総人口の推移を見てみましょう。まず人口の減少を表す曲線の角度に驚かされます。1868年の明治維新以降のおよそ150年間で、近代化と共に急速に増加した人口が、これから150年かけて戻っていくことがわかります。

　総人口のピークは、2008年の１億2,808万人でしたが、2023年には、１億2,435万人まで減少しています。15年間でおよそ400万人の人口減です。

　１億人を下回るのが、30年後の2056年頃とされています。そこからもさらに減少が続き、2024年に生まれた子どもが65歳の高齢者になる2089年には、1945年の終戦時の頃の人口まで減少します。そして、2100年頃に、ピーク時の半分程度の人口になることが予想されています。

　高齢化率が記録されるようになった1950年は4.9%、およそ20人に１人が高齢者でした。そこから10%を超えるまでには35年ほどかかり、比較的ゆっくりと増加しました。20%を超えた2005年から、現在（2023年）までの20年程度で９％以上の上昇となっており、高齢化が加速していることがわかります。ピークを迎えるのは2080年頃、2089年の高齢化率は40.0％と予想されており、およそ2.5人に１人が65歳以上の社会になるそうです。

　20人に１人（1950年代）から2.5人に１人（2080年代）へ、これが今から予測されている130年間の社会の変化です。そしてまさに今の私たちは、歴史的にもずっと人口増加を続けてきた日本において、これまで経験したことのない急激な人口減少が起こる世界で暮らしています。明治以降のおよそ150年は、いわば急激な「人口増加社会」でしたが、これからの100年は「人口減少社会」を生きていくことがわかります。

II-3 | デスクリサーチ　統計データに見る「小さくなる社会」　091

図II-3　2100年までの日本の人口予測と高齢化率

出典：「国土の長期展望」中間とりまとめ　概要（平成23年2月21日国土審議会政策部会長期展望委員会）、
　　　総務省「国勢調査」(2020)「人口推計」、国立社会保障・人口問題研究所「日本の将来推計人口」
　　　（令和5年推計）より作成

止まらない「少子化」

2023年、日本では1年に何人の子どもが生まれたでしょうか。図II-4を見ると72万7,288人です。終戦直後の第1次ベビーブームでは、1年におよそ260万人、いわゆる「団塊の世代」（1947〜1949年）と呼ばれる3年間で、805万7,000人の子どもが生まれました。この団塊の世代から生まれた子どもたち「団塊ジュニア世代」（1971〜1974年生まれ）は816万2,000人、これがグラフの2つ目のピークになっている1971〜74年の第2次ベビーブームです。しかし、1990〜2000年代に第3次ベビーブームは起きませんでした。

第2次ベビーブームでは、毎年200万人が生まれていましたが、団塊ジュニアが子どもを産む年齢に達した1995〜2000年代でも生まれてくるのは100〜110万人。人口ボリュームは生じていません。そこから2005年まで5年連続減少し、2016年には100万人を切り、97万人になりました。その後も減少を続け、2023年の72万7,288人となります。これは過去最小の人数です。

人口減少の直接的な原因のひとつは、継続的な出生率の低下です。1950年に1人の女性が生涯に産む子どもの数（合計特殊出生率）は3.65人。今の基準で考えると、かなりの子沢山です。ここでベビーブームが一度終わり1960年には2.0人まで低下します。第2次ベビーブームで1973年に再び2.14人まで上昇しますが2年後の1975年に2.0人を切って以来、一度も2.0人を上回ることはなく現在に至ります。2023年の出生数は1.20人。出生率が2人を切ると人口は減っていくため、つまりこれからますます急激に人口は減っていくことがわかります。2023年は、東京都の合計特殊出生率が0.99と「1」を下回ったことも注目されました。

日本は老いていく「先進国」の「先端事例」

人口減少・高齢化は、先進国に共通する課題です。図II-5を見てみると、どのグラフも右肩上がり、これからの40年で世界的にも高齢化が急速に進むことがわかります。

図II-4 出生数と出生率の推移

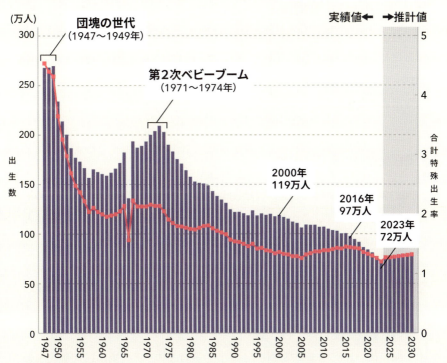

出典：（実績値）厚生労働省政策統括官付参事官付人口動態・保健社会統計室「人口動態統計」
（推計値）国立社会保障・人口問題研究所「日本の将来推計人口」（令和5年推計）より作成

2023年の世界の総人口は約80億9,170万人。前年から0.9%増加して初めて80億人を突破しました。2061年には100億人を超えると見込まれています。そのうち、65歳以上の人の割合（高齢化率）は、1950年には5.1%でしたが、2023年は9.99%と倍増しており、2061年には18.7%に上昇すると見込まれています。

　そのなかで、群を抜いて高いのが日本の高齢化率です。グラフをみると、1980年代までは欧米の先進国と比べても日本の高齢化率は低かったことがわかります。これが2000年を過ぎた頃から急速に上昇して1位となり、2023年には高齢化率29.1%となりました。2位のドイツ22.8%、3位のフランス21.7%と比べてもひときわ高く、日本が迎えつつある超高齢社会は、世界にとっての「先端事例」であることがわかります。その実態を知ることで、超高齢社会がどのような未来になりうるのか、様々な「兆し」が見出せるはずです。

高齢化はいつまで続く？

　2023年の日本の65歳以上の人の割合は、現在すでに約3割（29.1%）。2000年は17.4%だったので、この20年で急上昇しています [図II-6]。75歳以上が総人口に占める割合は16.1%、世界の高齢化率の平均は9.3%（2020年）ですから、これと比べてもかなり高くなっていることがわかります。そして今からおよそ10年後、2037年というそう遠くない未来には、日本の人口の約3分の1が65歳以上となると予測されているのです。

　この日本の高齢化はいつまで続くのでしょうか。データによれば、今からおよそ60年後の2085年まで高齢化率は上がり続けます。その頃に1970年代生まれの第2次ベビーブーム世代は100歳を超え、65歳以上の人口は減少に転じるのですが、総人口も減るため高齢化率は下がりません。予測では、2085年の人口が7,424万人で高齢化率は40.1%、およそ3,000万人が高齢者という社会になります。この頃の総人口は、ちょうど第2次世界大戦終結後の1945年当時と同じくらいです。高齢化率の記録はありませんが1950年の4.9%とさほど変わらないと考えてみると、高齢者が350万人程度の社会だったといえます。同じ人口でも、1945年は20人に1人、2085年はざっと2人に1人が高齢者という社

図 II-5　世界の高齢化率

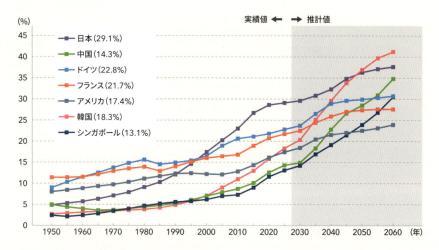

出典：日本 総務省「国勢調査」(2020)、各国 United Nations, Population Division (2024)
　　　 World Population Prospects 2024: Highlights より作成

図 II-6　高齢化の推移と将来推計

出典：(実績値) 総務省「国勢調査」(2020)
　　　(推計値) 国立社会保障・人口問題研究所「日本の将来推計人口」(令和5年推計) より作成

会です。未来の社会構造は全く違ったものになりそうです。

地域差のある高齢化の速度

高齢化が進む速さは、地域によって大きく変わります [図II-7]。

2022年に最も高齢化率が高かったのは秋田県で38.6%、約4割です。2番目に高かったのが高知県の36.1%です。高齢化率がすでに35%を超えている都道府県は4県あります。今後も高齢化は進み、秋田県では2045年に高齢化率50.1%、若い世代の人口流出が多い、青森県、岩手県でも2050年に高齢化率45%以上になると予測されています。

一方、日本で高齢化率の最も低いのは東京都で22.8%となっており、沖縄県23.8%、愛知県25.7%と続きます。生産年齢人口が都市部に集中することによる地域差が今後も広がると思われます。

1.6人で1人の高齢者を支える時代

「生産年齢人口（15〜64歳）」も減っていきます。引退後の多くの高齢者の生活を支えている年金制度について考えてみても、これまでの仕組みが成り立たなくなることが想像できます。

国民年金法が全面施行され国民皆年金となったのは1961年、昭和の時代には若いうちに頑張って働けば、老後の生活は国が保証してくれる雰囲気がありました。1961年当時の高齢化率は6%程度でした、平均寿命は男性65.32歳、女性70.19歳、年金支給開始年齢が60歳だったことを考えると、人口に対して64%程度の生産年齢人口（15〜64歳）で、人口の6%の高齢者の10年間を支える仕組みだったことがわかります [図II-8]。働く世代11.2人で1人の高齢者を支えるという状況です。

2023年の高齢化率は29.1%、平均寿命は男性81.09歳、女性87.14歳です [図II-9]。年金支給開始年齢が65歳、人口に対して59%程度の生産年齢人口で、29.1%の高齢者の20年間を支える仕組みです。これは、働く世代2.0人で1人の高齢者

II-3 | デスクリサーチ　統計データに見る「小さくなる社会」　097

図II-7　地域別高齢化率のランキング

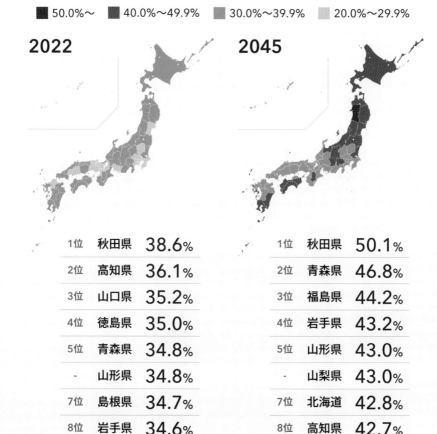

出典：2022年は総務省「人口推計」、2045年は国立社会保障・人口問題研究所「日本の地域別将来推計人口」（平成30年推計）の資料をもとに作成

を支えるという状況であることを考えると、かなり苦しい構成です。

　約15年後の2040年になると、高齢化率34.8%、平均寿命は男性83.57歳、女性89.63歳になると推計され、人口に対して55%程度の生産年齢人口で、34.8%の20年間を支える仕組みになっていきます。これは、働く世代1.6人で1人の高齢者を支えるという状況です。数字で見ても、支えきるのには難しさを感じます。

「大きくなる社会」から「小さくなる社会」へ

　こうして統計情報をじっくりと眺めてみるだけで、これからの社会が、これまでの社会とは違うことになりそうだということがよくわかります。「これまでの社会」は、人口増と経済成長を前提とした「大きくなる社会」でしたが、「これからの社会」は、人口減と経済の縮小する「小さくなる社会」となることがわかってきました。そして、2025年の今は、その急激な変化のとば口に立っていることが見えてきました。

　少なくとも、今まで自分が見てきた高齢者の暮らしの延長線上に、自分の世代の将来の暮らしを考えることは難しそうです。現在40代の私の世代には、「住むところさえあれば、年金でなんとか暮らせるだろう」という親や祖父母の世代の「当たり前」の余生はやってこないことが想像できます。現在の40代、30代、20代の方は、どう思われたでしょうか。

図II-8　生産年齢人口の推移と将来推計

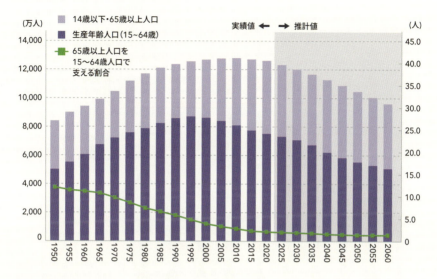

出典：(推計値) 国立社会保障・人口問題研究所「日本の将来推計人口」(令和5年推計)
　　　(実績値) 総務省「国勢調査」

図II-9　働く世代と高齢者

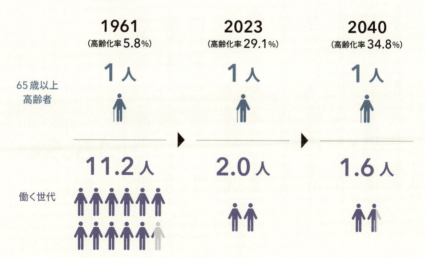

出典：1961年・2023年は総務省「人口推計」、2040年は国立社会保障・人口問題研究所
　　　「日本の将来推計人口」(令和5年推計) の資料より作成

図II-10 人口100人でみた日本

出典:「厚生労働白書」(2022)「100人でみた日本」の資料をもとに作成

データから見えてきた
「小さくなる社会」で「起こりそうな未来」

1　生活インフラの維持の困難

生産年齢人口の急減によって「人手不足」が常態化し、物流・介護・医療・教育・公共交通機関といった、生活を支えるインフラを担う基本的なサービスの維持が困難に。既に始まっている公共交通機関の運転手不足が加速し、電車やバスの減便・廃止が続く。同様に宅配サービスは縮小を余儀なくされる。道路や公共施設の修繕ができず、通れない道や使用できない施設が増加。

2　社会保障制度の維持の困難

高齢者人口は増え続ける一方、介護・医療職に就く人材は減少。従来の介護施設や介護サービスは働き手がいないため、高齢者は満足な介護サービスを受けることが難しくなる。財政的にも、高齢者の基本的な生活保障は様々な面で困難な状況が生じ、健康や貧困の格差が拡大、人々の孤立が深刻に。

3　地域社会自体の維持の困難

過疎化が進む地域では、後継者の不在による商店の廃業、教育機関の閉校、医療機関の撤退等が進み、生活インフラが維持できなくなることで都市部への人口流出が進む。地域のコミュニティの存続が難しくなり、都市部と地域の格差が拡大する。

4　機械によるサービスの代替の進展

テクノロジーの進展により、社会の様々な領域で人に担われてきたサービスが、ロボット等のテクノロジーによって代替され、無人化・自動化が進む。「人によるサービス」は高級で希少価値の高いものとなる。

生産年齢人口の激減をふまえると、そもそも現在の介護サービスを提供できるほど生産年齢人口（働き手）がいるのでしょうか。ないとすれば、自分はどんな介護を受けることになるのでしょう？

　そもそも今、当たり前に使っている宅配やタクシーなどのサービスは10〜20年後にも提供されているのでしょうか。

　そこで老いた自分が受けられるサービスには、どんなものがあるのでしょう……と色々な疑問が湧いてきます。そして、改めて私たちの現在の暮らしを見回してみると、人口減少・高齢化の影響が既に社会に浸透してきていることにも気づかされます。

　60歳を定年と定める企業が一般的だったものが、65歳までの雇用機会確保が義務に、70歳までの就業機会確保が努力義務になったりと働く期間が制度面で長期化しています。そんなに長く働けるのかな？　病気になったらどうすればいいのだろう？と心配にもなってきます。

　日常生活では役所や銀行などの窓口の担当者の話し方がゆっくりになっていたり、契約書や説明書の文字のサイズが大きくなっていたり、「オレオレ詐欺」のような高齢者をターゲットとする犯罪への注意喚起を目にする機会が多くなっていたり、スーパーで介護用品の販売スペースが大きくなっていたり……と、街のなかで高齢者を対象としたサービスやプロダクトが増えていることに気づかされます。今後は、高齢者向けの商品に限らず、様々なプロダクトやサービス、まちづくりなどのデザインの前提も変わってくるはずです。人口減少と高齢化が進行するなかで、上記のような未来が訪れる確度は相当高いといわざるを得ないでしょう。

　統計から想像される「起こりそうな未来」は、決して明るい未来とは言えません。それは、現在の社会システムが破綻するということに気を取られて、つい悲観的に考えてしまうからです。しかし、そこに今は見えていない「起こってもおかしくない未来」はないか、そして、そのなかに自分たちが選択しうるより「望ましい未来」が隠れていないか、考えていくのがビジョンデザインです。

　現状の直線的な延長上にある「起こりそうな未来」と比べて、すこしでも"よさそう"な、より「望ましい（Preferable）」未来の選択肢はないでしょうか。た

だ現実を受動的に受け入れるのではなく、「どんな未来の社会で暮らしたいか」を各々考え、未来を主体的に選択することで、少しでも「望ましい未来」に向かって踏み出すことができます。

　日本の超高齢社会は、世界の先端事例です。2085年の高齢化率40％は人類がまだ経験したことのない未知の領域と言われます。続く第4〜6章は、既に高齢化率が35％を超える課題先進地域で新たな生き方を探る人々をを訪ねたフィールドワークの記録です。4つの地域で出会った彼ら・彼女らの暮らしのなかに、より「望ましい未来」の「兆し」を見つけることで、「小さくなる社会」のビジョンを探ります。

4 フィールドワーク①

みらいのしごと
after 50

未来の働きかた編

山口県・阿東で
50歳以降の働きかたを学ぶ

ここ半世紀のあいだ、人々が想定してきた「60代で仕事を引退し老後を迎える」というライフステージは、平均寿命が60代だった時代に整備された年金制度が前提でした。2020年代の平均寿命は80代、30年後の2050年は女性に限れば90代と予測されています。実際に、定年は、年金制度開始時の55歳から65歳へと延長され、現在は70歳が議論の俎上に上がりつつあります。「もはや引退はない」という声も聞かれます。既に60代を迎えている人たちはともかく、今、50代を迎えつつある世代以降は「60代で仕事を引退し老後を迎える」というわけにはいかないようです。では50代以降の人々は、この後、どんなふうに、いつまで働けばよいのでしょうか。

　私たちは、そのような問いから「みらいのしごと after 50 ——50歳以降の働き方を地域で創造的に暮らす人々に学び、構想する」という、後半生の働き方や社会との接点の作り方を探索するフィールドワークをRE：PUBLICと山口情報芸術センター[YCAM]との共催で実施しました。本章は、この「未来の働き方」にフォーカスしたリサーチの報告とインサイトを収めたレポートです。

4.1
「50歳以降の仕事をどうしよう?」
という出発点

> STEP 1-1　リサーチテーマの設定

　「引退のない社会」になるのだとすれば、私たちはどのように働き続けることになるのでしょうか。これからの社会は労働力も社会保障の資源も圧倒的に不足する社会です。高齢者も一定の労働市場への参加を余儀なくされると考えざるをえませんが、一方で、老化や病気による心身のパフォーマンスの低下は避けられません。では一体どんなふうに働くことができるのか。若い時からの仕事を続けていくことが難しい場合、「定年後」は、どのように働き、収入を得ることができるのか。また、どんなスキルを身につけるべきなのか、統計データを見れば見るほど、リサーチチームの間でも不安と疑問が湧いてきました。

II-4 │ フィールドワーク① みらいのしごと after50　107

そのような不安を抱えつつ、それぞれの日常のなかで現在の街中の高齢者の仕事に目を向けてみました。街中で目に留まる高齢者の仕事といえば、放置自転車の取り締まり、街路の清掃といった、いわゆる行政による「シルバー人材センター」を通じて提供される「シルバーワーク（「定年後」の仕事）」です。しかし、メンバーの間では、こういった仕事が今後も政府や自治体の公的サービスとして提供できるのだろうかという素朴な疑問が共有されました。

現在のシルバーワークの目的は「生きがいを得るための就業」であり、所得を保証するものではないとされます。しかし、今後は多くの人が「定年後」にも仕事を通じて一定の収入を得る必要があることを考えると、3分の1を高齢者が占める社会で、行政が高齢者の仕事を「生きがい」として提供する公的サービスは成り立たないように思います。

また、シルバーワークの限られた職種のなかで、高齢者のそれまでの多様な経験やスキルが活かされていないようにも思える点も気になりました。若い時と同じように働けなくなるとはいえ、それまでに培った経験やスキルは、まだまだ社会に提供できるはずです。高齢者自身にとっても、それまでの経験を活かす仕事につく方が、より幸福（ウェルビーイング）を感じやすいのではないでしょうか。

とはいえ、現状の労働市場におけるシニア向け求人職種は限られ、専門職や職人のような手に職のある人でなければ、定年後の会社員が経験やスキルを活かした仕事につくことは容易ではありません。定年後の仕事を60代になってから探すのでは遅く、少し手前の「50歳」から準備する必要があるのではないか。50歳であれば、定年まで10年程度時間があり、準備ができそうです。

そこで私たちはリサーチテーマを「みらいのしごと after 50 ──50歳以降の働き方を地域で創造的に暮らす人々に学び、構想する」に設定し、超高齢社会の未来における50歳以降の働き方、暮らし方を探索するデザインリサーチをスタートさせることにしました。

4.2
社会の変化の方向を探る

> STEP 1-2　デスクリサーチ

> STEP 1-3　先端事例を整理し、兆しを見つける

変わる社会

　リサーチテーマが決まったら、テーマに関わる情報をできるだけたくさん集め、広く浅く目を通す「デスクリサーチ」を行います。デスクリサーチでは、人口減少・高齢化社会やシニアの仕事に関する公的機関や調査会社発行の白書、関連分野の論文・専門書から一次情報を得たのち、人口減少・高齢化、未来の働き方等のテーマで広く読まれている一般書籍、新聞・テレビ・インターネットのニュースに「広く浅く」目を通しました。

　デスクリサーチでは、テーマに直接関係する情報だけでなく、一見関係のない外部の社会変化に関する情報にも目を配り、世のなかの変化の方向感を広い視点から得るようにします。ここで得られた変化の方向性は、インサイトを導く段階でも重要になってくるものです。本リサーチでは、第3章で見た人口動態の基本的な統計データと種々のデスクリサーチから、人口減少に向かう持続可能な社会に求められる社会変化の長期的なトレンドとして、以下の3つの方向性を導き出しました。

社会の変化

1　気候変動による災害の増大と「脱炭素社会」への移行

2　人口減少による小極集中の「分散型社会」への移行

3　技術の進展による「循環型経済」への移行

社会の変化 1
気候変動による災害の増大と「脱炭素社会」への移行

　地球規模での気温上昇に伴い、世界各地で異常気象や自然災害が急激に増加しています。日本においても、その影響は顕著に表れており、2018年には土砂災害の発生件数が3,459件と過去最多を記録しました[6]。こうした災害の頻発は世界の政治経済構造に大きな変化をもたらしており、気候変動対策やエネルギー政策は、こうした構造変化への対応と一体的に推進していく必要があるという認識が国際社会で広がっています。このような状況を背景に、持続可能な社会システムへの変革をめざす動きが加速しており、特に「脱炭素社会への移行」の重要性が強く認識されるようになっています。

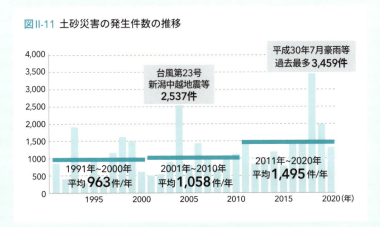

図II-11　土砂災害の発生件数の推移

出典：土砂災害の発生件数の推移「国土交通白書」国土交通省（2021）より作図

110

社会の変化 2
人口減少による小極集中の「分散型社会」への移行

　分散型社会への移行の必要性は、人口動態の急激な変化によって明確になってきています。2014年に日本創生会議が発表したレポートでは、2040年までに全国の約半数にあたる896の自治体で若年女性人口が東京などの都市部に流出することで50%以上減少し、100年後には人口が現在の10%程度になると発表したことで[7]、各界に衝撃を与えました。この分析では、持続可能な自治体は全国のわずか20%程度に限られるとされ、残りの地域は存続の危機に直面していると指摘しています。この予測に対しては、地域の自助努力を否定し、女性の移動を制限する発想の問題点など様々な批判がなされましたが、数値に基づく分析が地域における危機感を高め、分散型社会への移行に向けた具体的な取り組みを促す契機になりました。

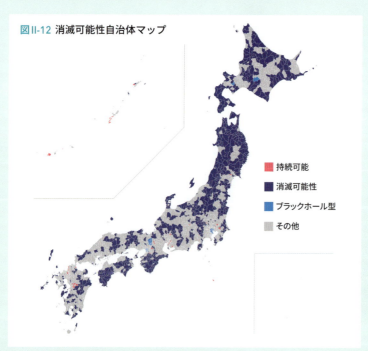

図II-12 消滅可能性自治体マップ

出典:「人口戦略会議」国立社会保障・人口問題研究所　資料（2024）

社会の変化 3
技術の進展による「循環型経済」への移行

　循環型経済への移行は、地域社会の自立性と持続可能性を高める重要な転換点となっています。この動きを象徴するのが、電力の地産地消を実現するマイクログリッドの普及であり、これにより災害時の大規模停電リスクが大幅に軽減されると期待されています。また、自動運転車の普及によって人口減少に伴う地域の移動手段不足という課題の解決に貢献することが期待されています。さらに、2054年を目標に都市で消費する製品の50%以上を都市内で製造するという「Fab City」の取り組みが世界的に広がっており[8]、素材や資源の地域調達とデジタル技術を活用した知識・データのグローバルな共有を通じて、地球規模に拡大した生産・消費モデルを地域に取り戻す試みが始まっています。

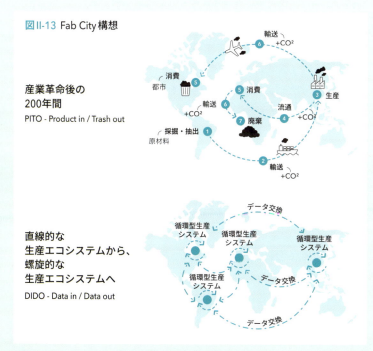

図Ⅱ-13 Fab City 構想

産業革命後の
200年間
PITO - Product in / Trash out

直線的な
生産エコシステムから、
螺旋的な
生産エコシステムへ
DIDO - Data in / Data out

出典：Fab City Foundation ホワイトペーパー (2016) より改変

変わるライフステージ

人口の3分の1が高齢者という社会では、従来の「現役世代が高齢者を支える」という構造では社会全体を支える生産活動を十分に維持することは難しいため、労働市場から高齢者が完全に退く「引退」というステージはなくなってゆくと思われます。どの年齢でもいくらかの「生産活動」に携わる社会の姿が見えてきます。

このような長寿社会の仕事とライフステージを扱った世界的なベストセラー書籍に『LIFE SHIFT　100年時代の人生戦略』[グラットン他：2016]があります。リサーチの最初に、この書籍をチームの課題図書としました。「未来の仕事」の専門家として知られるロンドン・ビジネス・スクール教授のリンダ・グラットンによる本書は「人生100年時代」の働き方の提言書として先進国を中心に大きな反響を呼びました。刊行から数年を経ていましたが、各国の政策にも影響を与え、実際にデスクリサーチで触れた公的機関の白書でも多くの言及がなされていたため、リサーチの基礎文献に位置づけました。『LIFE SHIFT』の主張は、長寿化によって「教育→仕事→引退」という従来の3ステージの人生モデルがもはや適用できず、複数のキャリアや学び直しを含むマルチステージ型の新たなモデルに移行する、というものです[図II-14]。新しいモデルでは、「生産性資産（キャリアやスキル）・活力資産（健康や人間関係）・変身資産（自己理解やアイデンティティ）」の3つの「資産」をそれぞれ活用する3つのステージが存在し、このステージの間を年齢を問わず移行し続ける能力が求められます。従来のモデルは「就職と引退」という2つの主要な移行期間のみだったのに対し、新たなモデルは様々な変化を前提として移行回数が増えるため、この変化に対応する「移行期間」の過ごし方が重要になります。「移行期間」は、活力を充填する「レクリエーション」と新しいスキルや知識を得て自己を再創造する「リ・クリエーション」の期間です。「after 50」の定年までの10余年は、このモデルにならえば新しい仕事を探す重要な「移行期間」といえそうです。「LIFE SHIFT」という書名が表すように、50歳以降の「みらいのしごと」に求められるのは、変化する市場のニーズに合わせ、それまでの経験やスキルを「付け替えていく能力」にあるのではないかと思われます。

図II-14 『LIFE SHIFT』の新たな3つのステージ [グラットン：2016]

ステージとは

人生100年時代では従来にはなかった新たなステージを生きる必要が出てくる。それは「エクスプローラー（探検者）」「インディペンデント・プロデューサー（独立生産者）」「ポートフォリオ・ワーカー」という新たな3つのステージである。

今まで	教育 ～20代前半	就業 ～60代後半	引退 70代～
	誰でもAgeとStageが一致していた		
新規	エクスプローラー （探求者）	インディペンデント・プロデューサー （独立生産者）	ポートフォリオ・ワーカー
	主に変身資産を形成	主に生産性資産を形成	主に有形資産を形成

「資産」とは

そもそも資産とは、長期的に価値を産むもの、使用や放置によりその価値が減少するものを指す。資産は大きく2つ、有形資産と無形資産に分けられる。有形資産はお金に換算できるもの、またはお金そのものを指し、無形資産は家族や友人関係、知識、健康といった目に見えない資産を指す。人生100年時代では、有形資産を作り出す補助する役割としての無形資産が重要になってくる。

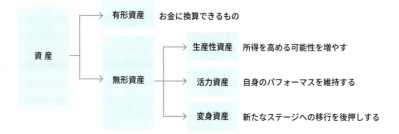

変わる高齢者像

またリサーチ前にイメージしていたものとは違う高齢者の姿も見えてきました。リサーチ前は、高齢者といえば、どこかで介護や医療などのケアの対象として「支えられる存在」であることをいつのまにか前提として考えてしまうところがありました。しかし、デスクリサーチで触れた情報を読み解くと、平均寿命だけでなく、健康寿命（健康上の問題で日常生活が制限されることなく生活できる期間）も延びていることがわかってきました。医療の高度化によって、今後も健康寿命の延長は続くとも想定されます。

そのようなシニア像を捉えた言葉に、マーケティングや社会政策の用語として用いられる「アクティブシニア」があります。アクティブシニアは、仕事や趣味に対して意欲的で、健康や自立への意識が高く、新しい価値観を積極的に取り入れようとする65〜75歳前後のシニアを指します。医療費増大への対応として2006年に法制化された高齢者区分における「前期高齢者」と概ね重なりますが、この世代の多くは、「体が衰えて自由が利かない」「新しいテクノロジーに興味がなくついていけない」といったひと昔前の高齢者像では捉えきれない多様な姿をしています。

リサーチで得た文献やネットの情報のなかから、「after 50」の新しい働き方の「兆し」を感じる先端事例をメンバーそれぞれが持ち寄り、それぞれの共通点、相違点を探りました［図II-15］。

それぞれの共通点と相違点をみていくと、各事例に共通するのは、一人ひとりの固有性に即して、それまでの経験やスキルが仕事に活かされていること、そして何らかの収入に結びついていることでした。

高齢者は、一方的に「支援・ケアされる」対象ではなく、「支援・ケアする」主体としても社会の担い手に位置づけられています。先端事例にある「銀木犀」は、軽度の認知症でも高齢者の存在感を活かして駄菓子屋の店員として子どもたちと関わることで、社会のなかで主体的に存在しています。葉っぱをつまものとして販売する"葉っぱビジネス"を展開する「いろどり」も「いつ・どこで・どんな葉っぱが取れるのか」という知識と経験が活かされており、「うきはの宝」も食と料理という高齢者女性が暮らしのなかで培ってきたスキルを収入に変換しています。兆しを感じた事例は、高齢者が人生のなかで獲得してきた経験や技術を転

図II-15「みらいのしごと」の先端事例

高齢者住宅「銀木犀」の駄菓子屋さん

サービス付き高齢者向け住宅「銀木犀」には駄菓子屋さんが併設されている。接客や会計を務める店番は入居者。近所の子どもたちが訪れ、月の売り上げは数十万になることも。地域とつながり、認知症のある入居者たちも役割をはたしている。一階の共有部では駄菓子を買った子どもたちが自由に過ごし、入居者との自然な交わりが生まれ、新たな居場所にもなっている。

高齢者の得意と特性を活かす働く場 "ばぁちゃん＆じぃちゃんビジネス"「うきはの宝」

福岡県うきは市では、75歳以上の高齢者が体は動くが、年金だけでは生活がままならない状況に生きがいを失っていた。そこで、高齢者が働く仕事、働く場を創る会社「うきはの宝」を設立。設立にあたって行なった3000件以上のインタビューから年金にプラス月2〜3万円の収入があれば暮らしが豊かになることがわかり、やりがいだけでなくきちんと収入が得られるよう事業を行なっている。YouTubeのチャンネル「ユーチュー婆」も活動中。

高齢の生産者がITを駆使して働く「いろどり」の"葉っぱビジネス"

徳島県上勝町は、65歳以上の高齢者の割合が50％と人口の半分を占める。町の産業であった木材や温州みかんなどは局地的な異常寒波の影響で、大打撃を受けた。そこで町の半数近くを占める高齢者や女性が活躍できる仕事はないかと模索した結果、葉っぱをつまものとして販売する「葉っぱビジネス」がスタートした。パソコンやタブレット端末で自ら受注を行ったり、売上順位をシステム上で公開し、やる気の出る"ツボ"をついた情報を提供している。

換し、社会に還元することで有償資産（収入）を得ている点が共通していました。一方、働き方のスタイルは様々で、オフィスや工場に一定時間勤務して労働を提供する従来の働き方とは異なり、高齢者の固有性に合わせた独自のスタイルとなっています。グラットンのいう仕事の「リ・クリエーション（再創造）」とは、このような固有性に即して仕事を仕立てなおすことなのではないかと思われます。

4.3
仮説策定

> STEP 2-1 仮説を立てる

　デスクリサーチと先端事例の兆しから「50歳以降の仕事は、これまで培ってきた経験・知識を社会に合わせて再定義したものになる」という仮説を立てました。シニアワークという形で公的なサービスによって一律に与えられるものではなく、自身がこれまで培ってきた経験や知識・スキルを活かした、仕事を再創造することで、主体性を持った活動から収入を得ることになるのではないかと考えました。

50歳以降の仕事は、これまで培ってきた経験・知識を社会に合わせて再定義したものになる

No.1
高齢者も守られる・支えられるだけの存在ではなく、主体性を持って活動し、社会の一員として活動する

No.2
若い世代の力は今以上に貴重なものとして認識され、生産的・創造的な活動に使われるようになる

No.3
高齢者は、自身がこれまで培ってきた経験や知識・スキルを活かして社会に貢献することを、仕事の意義として感じる

4.4
阿東（山口県）を訪ねる

> STEP 3-3　フィールドワーク

> STEP 3-2　有識者インタビュー

山口県 山口市 阿東地区

面積	**293**㎢
総人口 (2022)	**5,019**人
高齢化率 (全国平均29.1%) (2022)	**58.9**%

山口市公式ウェブサイト（統計情報）

　今回のフィールドワーク先の選定にあたっては、「人口減少が著しく高齢化率が高い地域」であること、そのうえで創造的な働き方を実践している人と出会えるか、先端事例や場所が存在するか、そしてそれらの人や場所にアプローチできるコネクションを持つ現地のモデレーターに協力を依頼できるかという観点からフィールドワークの実現可能性を検討しました。その結果、以前から関わりのあった山口情報芸術センター［YCAM］の紹介のあった山口県山口市の阿東地区をフィールドとすることにしました。

　フィールドワークでは「誰に会い、どんな話を伺うか」が重要です。現地に住む人々との対話を通じて、地域での暮らしやその根底にある価値観を見出す必要があります。その土地の土地勘や関係性のない私たちにとって、そのような人と出会うことは難しく、地域とのつながりのある協力者の存在が欠かせません。その点、地域に根差した芸術活動を多様な分野の市民と共に実践している［YCAM］は、阿東地区にも強いつながりがあります。これまでの活動を通してこの地域でクリエイティブな働き方を実践する様々な人と接点があったことも、阿東地区をフィールドとする決め手となりました。

山口市阿東地区は、山口県の北東部、島根県津和野町との県境に接するエリアです。紅葉シーズンに賑わう阿武川の渓谷・長門峡など豊かな自然に囲まれた山間の集落からなり、山口市の中心部からは車で40分ほどの場所にあります。かつては「阿東町」という独立した自治体でしたが、急速な人口減によってインフラ整備の負担が増大したため、2010年に山口市に合併されました [図II-16]。

阿東の高齢化率は58.9%（2022年）、日本全体の上位に入るかなり高い地域となります。日本の人口がピークを迎えた2008年の時点で既に43.2%に達しており、他に先駆けて超高齢社会に突入した地域と言えます。1999年には財政負担の増大を避けるため市営バス事業が撤退、学校の廃校が

図II-16 山口県阿東地区の人口減少とそれに伴って起こった出来事

年	人口	高齢化率	出来事
1999年	8,566人		●赤字による財政負担の増大を避けるため、市営バス事業から撤退
2000年	8,422人		●小学校が2校廃校（阿東町立篠目小学校、阿東町立三谷小学校）
2004年	7,829人		●中学校が1校廃校（阿東町立生雲中学校廃校）
2008年	7,397人	43.2%	●小学校が1校廃校（阿東町立亀山小学校）
2010年	6,634人		●山口市に合併される。地域内のスーパーが完全撤退
2011年	6,405人		●高齢化社会が進展する中、自治体の向き合い方を模索。「山口アクティブエイジングシティ構想」を取りまとめる
2012年	6,198人		●地域拠点「ほほえみの郷トイトイ」オープン
2018年	6,021人	51.8%	●小学校が1校廃校（山口市立嘉年小学校）
2021年	5,296人	58.5%	

始まり、2010年には地域唯一のスーパーが閉店するなど、20年間にわたり社会システムの不全という課題に向き合い、自律分散の仕組みを先駆けて考え始めている地域です。

　今後、阿東のような、現状の社会システムでは機能しない地域が、全国に広がると考えられます。その時の社会のあり方はどうなるのか、そこで人々は何を必要とし、どのように生きるのか。先進的な取り組みによって注目されるサービスを生み出している阿東地区を訪ね、新しい仕事と暮らしを切りひらく人たちを訪ねました。

　今回のインタビューでは、[YCAM] の推薦を受けた3名の方にお話を伺いました。廃校となった小学校を活用した私設図書館「阿東文庫」の代表を務める明日香健輔さん、多くの高齢者が働く「ほほえみの郷トイトイ」代表の高田新一郎さん、レザーショップ「前小路ワークス」を営む清水博文さんです。

　通常、複数人にインタビューするときは、共通とする大きいテーマを定め、対象者の属性によって、個別にテーマの捉え方、属性に特化した注力領域を決めていきます。今回は仮説に即して「どのように自身のスキルを仕事として、人口減少・高齢化の進む地域社会に還元しているのか」を共通のテーマとし、3人それぞれに特化した質問内容を設定しました。それぞれインタビューガイドを作成し、これらをもとにインタビューを実施しました [図II-17]。

▎「阿東文庫」を訪ねる

　阿東地区の様々な世代が集う場のひとつに、廃校になった小学校を活用した私設図書館・阿東文庫があります。この文庫の代表を務めるのが明日香健輔さんです。阿東文庫は、発起人の吉見正孝さんが廃品回収で捨てられる大量の本を譲り受け、廃校となった小学校の空き教室に収蔵したことから始まった私設図書館です。次第に空き教室がカフェやスタジオ、ギャラリーなどに活用されるようになり、今では様々な世代の集まる地域の拠点になっています。明日香さんには、阿東文庫の活動を始め、これまでの仕事、現在の働き方を中心にお話を伺いました。

図Ⅱ-17 インタビューガイド

インタビューガイド

《目的：高齢者にとって学ぶ、遊ぶ、集うことの意味を獲得する》

イントロダクション　5min (0/55)
- ・インタビューの趣旨説明
- ・参加者側の紹介
- ・録音録画の確認

対象者と仕事の理解　8min (5/55)
- ・自己紹介、経歴（仕事内容、役割、期間など）、業務内容
- ・これまでの人生変遷、ライフプランニング
- ・今の仕事を始めよう・携わろうと思った経緯は？
- ・今の仕事に関する準備（スキルや知識など）について

阿東文庫について　9min (13/55)
- ・阿東文庫はどのような場所か
- ・どんな人たちが関わり、彼らは阿東文庫にどんな価値や魅力を感じていると思うか
- ・その関係をどのように構築してきたか
- ・地域と連携するにあたって感じている不安・不満・課題感はあるか
- ・阿東文庫がうまく回っている秘訣・仕掛けはどう言ったところにあるか

地域について　9min (22/55)
- ・阿東文庫という場所や活動があることによって、地域に対してどんな変化や価値が生み出されているのか
- ・地域の特徴、強み、魅力

高齢者の学び、遊び、集いについて　9min (31/55)
- ・特に高齢者の方はどんな思いや意図を持ってやってくるのか
- ・高齢者が新たに学ぶモチベーションはどこにあるのか
- ・高齢者が集まる、他の世代と交わることにどんな意義を感じているか

Ⅱ-4 ｜ フィールドワーク① みらいのしごと after50 121

仕事のやりがいについて　5min (40/55)
- 今の仕事のどんなことにやりがいを感じるか
- これから阿東に来てビジネスを始める人にアドバイスをするとしたら。(準備や心構えなど)
- 憧れている人、参考にしている人はいるか

未来についての質問　5min (45/55)
- 実現したい想い、ビジョン、チャレンジしようとしていることは何か
- そのための準備や集めている情報などはあるか
- 「10年後のご自身」はどうなっていると思うか

ラップアップ　5min (50/55)
- サブインタビュアーからの補足質問
- 御礼

役割分担

質問者	
ノート	
録音	
写真	
動画	

フィールドワークの「しおり」の制作

今回のフィールドワークでは、リサーチ先の現場で必要な情報をまとめた「しおり」を作成しました。事前のデスクリサーチで集めた情報や先端事例、スケジュール、現場で書き込めるワークシートやインタビューのポイントなど、フィールドワーク中にポケットやカバンからすぐ取り出せるA5サイズの冊子です。

インタビュー1
複業が暮らしを支える

明日香 健輔さん(57歳)
阿東文庫 代表

1964年大阪府生まれ。神戸大学経営学部卒業。株式会社Roidを経て、2002年、有限会社FirstClassを設立。ゼンリン地図システムのPDA版開発、セルシス社と共同で携帯端末向けコミックビューワ開発。その後渡米し、Amp'dモバイル (MVNO) 向け携帯端末のUI開発指揮。2007年本社を山口に移転後、パイオニア社のサイクリングナビの企画・開発を行う。現在は、地元地域で田舎アプリの企画および開発に携わり、2009年より廃校利用による阿東文庫の運営に参加。

複数の仕事をもつ「複業家」

　大阪出身の明日香さんは若い時から「田舎暮らし」への憧れがあり、43歳の時に親戚から古民家を譲り受け、阿東に移住してきました。現在は、IT関連のシステム会社を経営しながら、阿東文庫の代表のほか、和菓子屋、薪ストーブ販売、農業、さらに竹製の自転車を通じて地域の資源を活かした文化を育成する「Spedagi Japan」という社団法人に関わるなど、様々な仕事に携わっています。

　明日香さんの仕事の経歴は、とても動的です。1980年代に専門学校でシステム開発やプログラミングを学び、大学に通いながらシステム会社に5年ほど勤めたのち、知人の経営する学習塾の経営を引き継ぎます。その間にも知人からのプログラミング開発の依頼を契機に、現在も続くIT会社を38歳の時に設立。阿東に移住するきっかけを伺いました。阿東に外から移住者がくるのは実に150年ぶりだったそうです。

　2004年に当時はまだ携帯電話は日本の方が進んでいたこともあって、アメリカの会社からMVNOのサービス開発の声がかかりました。そんな機会もないからぜひ行こうということで数年アメリカに住むことにしたのですが、日本の家の荷物をどうしようかなと。そんな時に広島の親戚から阿東に家が空いてるから使いなよって連絡があって。それが阿東に住むきっかけでした。

　結婚する前から家内とはあちこち候補地を見つけては「日本海側は嫌だ」「どうせ行くなら」とか、いろんな条件を挙げて理想の移住先を探してたんですね。でも、あるとき、自分たちが移住先に多くを求めて居住地探しという名の「自分探

II-4 | フィールドワーク① みらいのしごと after50　123

し」をしようとしているんじゃないかと気づいて、それから一旦掲げた条件を白紙に戻して、今住んでいるところでできることをやって、何かご縁があったら、その時に移住すればいいと決めました。

当時は試行錯誤して、田舎のルールを学んでいきました。スローライフを夢見て田舎に来たけど、決してスローじゃないですね。都会よりもハードなことは色々あります。

　明日香さんのお話のなかで、一番のキーワードになったのが「複業」です。明日香さんは、自身のことを「複業家」と名乗っているのですが、「副業」ではなく「複業」、つまり「複数の生業」という意味です。「副業」であれば、まずは本業があってサブ的に他の仕事をする状態を思い浮かべるかもしれませんが、明日香さんは「本業」と「副業」だけでなく、そのほかに「家業」と「事業」も合わせた複数の生業を、それぞれ関連付けずに個々の仕事として取り組んでいました [図II-18]。仕事同士を密に関連づけないことで互いに影響を受けることがなく、どれかが厳しい状態になっても他の仕事で生活を支えることができ、それが暮らしのセーフティネットとなっていると言います。

今住んでいる地域でできることを生み出す

　明日香さんの仕事は、地域の誰かから「声をかけられた」ことがきっかけで始まっているものが多いようです。

　和菓子屋は、もともとは地元のお店で、家内が50歳の時から丁稚奉公のような感じで勤めていたんです。それがお店を畳むということになって、「何かやってみないか」と声をかけていただいたので事業継承させてもらいました。それまではずっと主婦で、和菓子を作る経験があったわけではなかったですよ。今は家業として主に経営の方でサポートしています。

　リーマンショックの時に、ITの仕事が一気になくなった時期がやっぱりあったんですね。でも、家賃は少ないし、自分で作った米と野菜もあったので、明日からどうする?!ってことにはならなかったです。安心感がありました。だから、複業というのはリスクヘッジなんですよね。その時いきなり始めるのでは間に合わないから、普段から複業として、儲からなくてもちょっとずつやってみる。何か変化が起きたらちょっと比重をシフトする。こういう加速する社会では、一貫し

II-4 ｜ フィールドワーク① みらいのしごと after50 125

図II-18

複業について

家業
和菓子屋

始めたきっかけ

奥さんが50歳の時に、2年間丁稚奉公した
和菓子屋を継ぐことになる。

やりがい

家業の融通が利くところが、複業家として
の土台になっている。

↕ パラレル・ワーク（兼業）

本業
IT会社
昔からの経験を活かしている

← パラレル・ライフ →

↕ ポートフォリオ・ワーク

副業
薪ストーブ販売・農業

始めたきっかけ
土地が余っていたので始めた。

やりがい
リーマンショックでITの仕事がな
くなった時に、こちらに注力する
ことができた。
家があり、自分で作った米と野菜
があり、安心感があった。セーフ
ティネットになっている。

とある日の明日香さんの一日

6〜8時　　家業の餅つき
9〜12時　 バンブーバイクのツアー
14時〜　　このツアー

家業の融通が効くからできているけど、
とても忙しい

事業
阿東文庫

始めたきっかけ
阿東文庫は吉見さんが引退される時に、
なんとなく任された。

やりがい
捨てられない本のサルベージと、それ
らの本が未来の地域の情報遺産になる
と思った。

Spedagi

始めたきっかけ
奥さんが事業主になったことで、自分
も事業の幅を広げる余裕ができた。

やりがい
家業の融通が利くところが、複業家と
しての土台になっている。

たアイデンティティは足枷になると思いながら、ライフスタイルをチューニングしている感じです。

　阿東文庫も、発起人の吉元さんが引退されるときに、なんとなくやってよと任されたという感じです。この本、このままだとバラバラに廃棄されてしまうけど、このままなんとかしてあげられないか、という気持ちがあって。

　今は13万冊ほど集まっていますね。計画したわけではなく、いつの間にか集まりました。こういう場所があり、本が集まっていく。まずやってみて、続けるからこそ出てくる価値というものがあるんじゃないかと。「場」のもつチカラというものが生まれてくる。まずやってみると言っても、地方では地域の100％コンセンサスをとらなくてはいけない部分もあるんですが、誰かがやってしまわないと進まないこともたくさんあるんですね。だから、その辺りはバランスかなと思います。本のもつリアルな存在感が、50年後とかに地域にとってのフラグシップになる可能性があると思っています。

　最近は、個人の本棚を再現しています。本をバラバラにしないで、預かった時の本棚を再現する。本というのは、とても個人的なものですよね。人にジロジロ見られると恥ずかしい気持ちすらする。でも、そこに、その人の人生や思想が宿っているなと思います。だから、自分が死んだ時にお墓はいらなくて、ここに自分の頭のなかを具象化した本棚が残っていて、誰かがたまに見てくれれば幸せだと思います。

　49歳までは、来年どうしよう？と思って生きてましたが、50歳になってから急に、どう閉じるのかを考え始めました。できるまではやる、と思っています。ただ、続けていくためには渦中にいること、モチベーションを保つことが一番大事だと思います。そして好きであること、楽しいということはモチベーションの核になりますね。

II-4 | フィールドワーク① みらいのしごと after50　127

インタビュー2
得意技を仕事にする

清水 博文さん（67歳）
前小路ワークス

ブランドの販促・宣伝・広報に携わっていたが、2012年に親の介護のため55歳で東京からUターンとして山口に移住。あらたにレザークラフトショップをはじめる。「売ってないから作る」「必要なモノを作る」を基本信念に、お客さんのわがままを具現化するアイデアと、センスで、どこにもない商品を作り続けている。

　清水さんは大学卒業後、東京と大阪で、営業などを経験し、30代半ばから、ブランドの販促・宣伝・広報に携わっていましたが、2012年に親の介護のために山口にUターンすることになりました。その時、55歳。山口で新たに企業に就職するのではなく、自分自身のスキルと今までの会社員時代の経験を活かして、小商いのスタイルのレザークラフトショップ「前小路ワークス」を始めました。

　「売ってないから作る」「必要なモノを作る」を基本信念に、お客さんのわがままを具現化するアイデアとセンスで、どこにもない商品を作り続けています。介護と仕事の両立のためにも現在の仕事を長く続けていきたいと思っていて、そのため商圏も経費も利益もできるだけ小さくというコンセプトで、手頃な値段設定にしています。

商圏も経費も利益もできるだけ少なく

　前小路ワークスのWebサイトには「まるで村の鍛冶屋さんのように」というコンセプトが掲げられています。このコンセプトには「商圏も経費も利益もできるだけ少なく」という意思が込められています。商品価格は清水さんご自身の日当分だけを考えていて、利益はほぼないけれど、「お客さんにも自分にも正直に商売をしたい」という信念だけで価格設定しているとのこと。余剰利益をうまない価格設定なのです。

　僕の商品の値段は、例えば18,000円だとしたら、時給2,000円で6時間かかるから12,000円、材料費が2,000円、経費が2,000円。それで18,000円でどうですか？っていうものです。

Ⅱ-4 ｜ フィールドワーク① みらいのしごと after50 129

これって資本主義じゃないよね、絶対。利益ないですし。僕の日当だけあれば いいって感じです。だからそういう正直な値段、ちゃんと理屈で説明できるでしょ う？　クラフト店で「8万円です」という鞄があったとき、「どうしてですか？」 とたずねたら「手縫いだから」って言われたことがあるんです。僕は何の価値も ない、手作りの情熱だけを、売り物にする度胸はないなと思って。基本小心者だ から正直にやりたい。だからそういう値段にしました、ということですね。

でもこれも基本的に徳地（徳地町、現在は山口市）だから可能な価格設定であって、 別の土地でやるならもっと高くなりますよね。徳地というか、都市部じゃない、土 地代が安い中山間地域ならどこでも可能だと思いますが、徳地は都市に比べて生 活にかかるコストが少ないから、この価格設定ができることも、この地域だから こその大きなメリットだと思います。

仕事を長く続ける、という意志

価格が高くなる印象がある手作りの革細工ですが、なぜ価格を最低限に抑えて いるのでしょうか。

それは、この仕事を長くやりたいから。価格の低さのせいでお客さんが増えす ぎて注文を作り切れなくなるかもしれませんが、それはその時に考えます。

2012年に父の介護で帰ってきたんですが、前の仕事を積極的に辞めたわけじゃ なかったんですね。徳地での仕事がなくて、ちゃんと稼げるか、不安がありまし た。でもコロナ禍の影響もあったけど、2021年の夏にテレビ取材を受けてから、 少しずつ客足が増えてきて。「前小路ワークス」は圧倒的にリピーターが多いんで すよ。時間が経てば経つだけ、お客さんは増えてくるので、この仕事は続けてい ける、と思えました。いまは不安なシナリオは書いてないですね。雪だるまがを ちょっとずつ回して、大きくなっていくってことしか考えてないです。

「得意技」を仕事に

2012年に徳地にUターン後、最初は店舗を構えず、仕事として革製品作りを始 め、知り合いに商品を置いてもらっていましたが、なかなか取り扱い店が増えず、 元々父親が営んでいた酒屋だった店舗を改装して営業を始めたそうです。

広告の仕事から革職人に転職したのはなぜだったのでしょうか。

最初に革細工を始めたのは1986年頃です。その頃流行っていたシステム手帳は 定型ではなく縦長で使いにくかったので自分が使いやすいようにB6定型の手帳を

自作したんです。東急ハンズに行って、店員さんに「こんな手帳カバーを作りたいんだけど、材料と作り方を教えて」ってたずねて、針の種類や縫い方を教えてもらうところから始めました。でも、そんなに難しくなくて簡単にできたので「こんな誰でもできることは絶対商売にならないな」っていうのが最初の印象ですね。でも、他の人に教えてみると、みんな案外上手にできるわけじゃないんですね。「あ、これは自分の得意技なんだ」とその時気づきました。

　最近、強く実感するんですが、こうやって2つ目の仕事はじめて、どんどん新しいアイデアやら、商品ができてきて、商品の完成度も上がってきて、商売のコンセプトやらも浮かんできます。年取っても、全然成長できます。これ、どうしてだか、いま分析中。

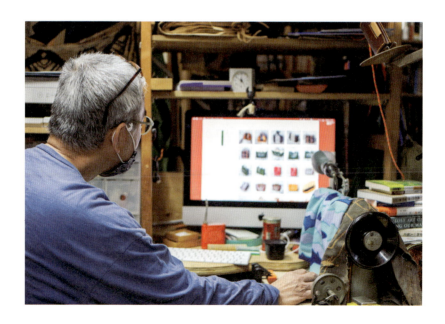

インタビュー3
地域と向き合い仕事をする

高田 新一郎さん（54歳）
ほほえみの郷トイトイ　事務局長

山口市阿東地区の地福で唯一のスーパーが撤退した地域でスーパー跡を交流拠点とし、地域の将来構想「地福ほほえみの郷構想」を提案。地域拠点型スーパーの開設に尽力した。現在、持続可能な地域運営実現に向けて地域を元気にするソーシャルビジネスの構築に取り組んでいる。

「ほほえみの郷トイトイ」は、2010年に地域で唯一のスーパーが撤退した後、その跡地を活用して交流拠点として誕生しました。移動販売車による地域を巡回した買い物支援と見守り、様々な世代が交流する地域食堂、さらには空き家のリノベーションなど、多様な取り組みを通じて「笑顔で安心して暮らせる地域づくり」に取り組んでいる場所です。ここで、創造的な働き方を実践する高田新一郎さんにお話を伺いました。

「ほほえみの郷トイトイ」を訪ねる

高田さんは、買い物環境が厳しくなった地福地区において「トイトイ」の設立に尽力した方です。地域の将来構想として「地福ほほえみの郷構想」を提案し、持続可能な地域運営をめざしてソーシャルビジネスの構築に取り組んでいます。

できて10年が経つ「ほほえみの郷トイトイ」にある店内のミニスーパーには、地域住民が自ら野菜を出荷できるスペースがあります。持ち寄った野菜に自分で値札をつけて置くことができ、地元の人同士の会話が生まれる場所になっています。また、送迎付きの介護サービスがあったり、放課後の子どもたちが勉強をしに来たり、ただのスーパーではないその賑わいは、まさに地域の人と声が集まる拠点となっています。

高田さんは阿東で生まれ育ち、長年町役場に勤めていましたが、2010年に阿東町が山口市と合併し、町役場が市役所に統合されたのをきっかけに退職、起業の勉強を始めました。このとき40歳の高田さんを突き動かしたのは、生まれ育った阿東町への思いでした。合併と同じタイミングで、地福地区に唯一存在していた

Ⅱ-4 ｜ フィールドワーク① みらいのしごと after50　133

スーパーが撤退するという出来事が起こります。地福に暮らす人の多くが高齢者ということもあり、自家用車で遠方まで買い物に行くのが難しい彼らの生活に大きな影響を及ぼしました。そこで高田さんは、スーパーの跡地でコミュニティづくりを目的とした事業「NPO法人ほほえみの郷トイトイ」を始めることにしたのです。

場所ではなく"拠点"

2010年当時、スーパーが撤退から1年が経ち、建物は廃墟となっていたそうです。当初、地域の人の間では、他のスーパーの誘致や補助金の活用を考えていましたが、高田さんは「補助金頼りではなく、一歩踏み出してから補助金をもらうことを考えなければ」と行動を開始しました。建物の修理・改装の予算がなかったため、壁の工事などは地元の大工さんに材料費だけを払って、作業は高田さん自身も手伝いました。

かつては地福地区にもお弁当屋さんなどがたくさんありましたが、この地域で商売として成り立たなくなりやめていく人が多いため、「需要はあるがやる人がいない」という状態が続いていました。高田さんは、そうした状況でも回る仕組みを模索し、今の形になっていきました。

どんな地域であってほしいか

阿東地区が山口市と合併される前は、行政（町役場）と住民との距離が近かったのが、合併後は山間部ということもあり物理的にも心理的にも距離が遠くなってしまったそうです。そこで高田さんは、行政に依存しない、行政から自立した運営をめざし、「トイトイ」を始めました。

行政に勤めていた経験上、地域からの要望の声を、行政が"クレーム"と捉えることがある、と知っていた高田さんは、まず住民が一緒に知恵を出し合い、それを「トイトイ」が地域の声として集め、その声を「トイトイ」が行政に提案として伝える、とスタイルを考えました。「交渉の時は生の声という情報が大切」と語る高田さんには、地域を自分たちの手で運営していく熱意が感じられました。

「トイトイ」では、週に1回、地域食堂を開き、高齢者と子どもが一緒に食事をしています。「トイトイ」が子どもを迎えに行き、無料で食事を提供する。その代わりに子どもたちは配膳や皿洗いの手伝いをする。その様子を見た高齢者が子どもたちを褒める。そんな地域食堂に子どもが通っていると、その親が興味を持っ

てボランティアに来てくれる……こうした仕組みができあがり、地域のコミュニティが広がっているそうです。

「教育は学校で、躾は家で、社会性・人間性は地域が育てる」という高田さんの言葉の通り、「トイトイ」は社会性・人間性を育てる地域であるためのハブになるという意志が伝わってきました。

閉じゆく地域と向き合う

トイトイの事業のひとつである移動販売車ですが、その経緯を伺うと、人口減少と高齢化が進む阿東地区のリアリティが見えました。阿東地区を訪問してみると、町の構造や、交通手段や商店そのものの少なさから、高齢者がお店まで来られない状況にあることがわかります。では、移動販売車が「移動の難しい高齢者が日用品の買い出しに出かけずにすむライフラインになっている」のかというと、それだけではなさそうでした。

実際の移動販売車を見ると、その商品数は思ったよりも少なく、この車で売っているものだけで日々の暮らしで必要なものが全部そろうとは到底思えません。色々と質問しながらお話を伺っていくと、高齢者の方は買い物ができることよりも、移動販売車がやってくることや販売員さんとのおしゃべりを心待ちにしてい

ることがわかってきました。スーパー側もそれを自覚して、本来は1名で十分な
ドライバーを2名体制にして、十分なおしゃべりを提供できる工夫をしています。
移動販売の本当のニーズは、これまでスーパーで行われていたお店の方との雑談
ができることであり、スーパーが移動販売を始めた本当の理由は「地元の高齢者
の方と定期的・日常的な会話を持続するため」というものでした。採算性や効率
化とは別の視点によるこの姿勢は、高齢化の進む地域に寄り添う眼差しが感じら
れます。

　「この地域の人が増えて以前のようになるなんて考えていない。最後の1人がい
かに幸せに暮らせるか、いかに地域を閉じていくかを考えている」──新しい技
術や若い移住者が地域活性化の一端を担うのかもしれないと無邪気に考えていた
私たちは、高田さんの一言に、自分たちの浅はかさを思い知らされました。日本
全体で人口減少が進むと、どうしても人が足りなくなる地域は出てきます。「再
生」でなく、「終末」を見つめる姿勢に、人手不足の現実に直面している地福地域
の現状が、人口減少・高齢化のリアリティを突きつけてきました。
　一方で、高田さんの言葉には悲壮感がまったくありませんでした。トイトイで
お弁当やお惣菜を作っている主婦の方々のほとんどは70歳以上で、「自分がやれ
る間はやるけど、できなくなったら若い人らがお惣菜持ってきてくれるんでしょ」
と話されているそうです。高田さん自身も、自分が移動販売車を運転できないく
らい歳を取ったら、次の世代の人に届けてもらおうと考えています。そこには次
の世代に背負わせたり押しつけたりする姿勢はなく、むしろ逆に、「次の世代が負
担なくできるような仕組みを今の自分が作っておく」という想いが感じられまし
た。

インタビューから見えてきたもの

　3名のお話には、いくつかの共通点が見えました。

　まず、それぞれ独自の価値観で働いているということ。三者とも従来の一般的な価値観、特に「短期的な投資・回収」というサイクルからはみ出した長期的な視点に立って、何に価値を置き、どう生きていくかを自らの力で設計していました。

　次に、自身の持つ強みを仕事に活かしていること。三者とも、現在携わっている仕事では、以前の仕事で身につけた知識・人脈や趣味で身につけたスキルを活かし、以前の仕事とは違う今の環境での強みとしています。

　また、自らが関与する触れられるモノや集まれる場所を起点としたコミュニティを持ち、地域に関わっているのも三者の共通点でした。最も印象的だったのは、将来の老いた自分を仕事の対象として捉え、その未来の自分が幸せに暮らすために今の仕事を仕立てていたことでした。

　これらの要素は、50歳以降の働き方という枠に収まらず、未来の社会や暮らし方につながる要素に思えます。まずはこれらをヒントにしながら未来の社会について考え、その上で「未来の仕事とはどのようなものなのか」を考えていきました。

変わるのは社会システムそのもの：リサーチテーマの見直しへ

　フィールドワークの前は、「50歳以降の仕事は、これまで培ってきた経験・知識をどのように新しい仕事に活かしていくのだろう」と考えていましたが、フィールドワークで訪問した阿東地区で目にした「人口が減少した社会のリアリティ」により、大きく考えを揺さぶられました。「デスクリサーチで調べた情報をもとに考察した仮説が、フィールドワークに行ってみたら間違っていたことがわかった」という、実際に先進地域を訪問し、町を観察し、人の話を聞いたからこそ得られた知見が、人口減少が進んだ社会について構想する核になりました。

　フィールドワークからの気づきを紐解いてみると、働き方の変化は、加齢によるというよりも、人口減少による社会のシステムが変容することにより、価値観や生き方が大きく変わるから起こると考えるほうが、本質的に思えました。そして、この社会の変化（トランジション）のなかで

起きる問題は、高齢世代だけでなく、すべての世代の人に関わるものだと思われました。

　チームの議論でも、「自分たちが年齢という概念にとらわれすぎていたのではないか」「個人の老いよりも、人口減少・高齢化による社会の変化の大きさのほうが、暮らしや仕事に与えるインパクトが大きいのではないか」、だとすると、「大きく変容していく社会に、私たちはどう向き合えばいいのだろうか」と考えを深めていきました。いち早く過疎化が進む地域では、既に経済システムや公共福祉サービスに頼ることは難しくなっており、社会の変化が起こりはじめていました。そこで、私たちはリサーチテーマを「トランジションの時代に働くということ」に再設定し、そこから、未来の社会システムがどう変化するのかを考えていきました。

▎企業中心の社会の崩壊に伴う変化

　3つのインタビューから見えてきた働き方を考察すると、「企業中心」のこれまでの働き方とは大きく異なる点が見えてきます。企業中心の世界では、効率や生産力を高めることを優先した制度やルールの上に労働が成り立っていることがわかります。就労時間や時給という概念もそのひとつで、就労時間に自分の時間を合わせる、いわば「自分の時間を企業に売る」こと、働く時間の保有権は企業にあるものと認識されていることに気がつきます。

　この企業中心の働き方がなくなると、就労者には「時間を売る」という感覚はなくなり、自らの暮らしのなかに、仕事をする時間が組み込まれていく、生活中心の働き方に変化します。ひとつの組織、ひとつの場所に縛られず、自分の価値観や社会の状況に合わせて複数の仕事を掛け持ちする「複業」や、複数の地域と関わって仕事をする「多拠点」の概念が、働き方に大きく影響を与えるのではないでしょうか。阿東地区で見た三者のしごとには、これから社会システムが大きく変化していく兆しが見えました。

三者の「しごと」に見た「6つの共通点」

01
独自の価値観で動いている

三者とも従来の一般的な価値観と違う世界で生きている。特に「短期的な投資・回収」というサイクルからはみ出して活動している。何に価値を置き、どう生きていくかを自らの力で設計している。

02
プロトタイプマインド

長期的な計画を立て、その実行に注力するのではなく、やりながら考え、やりながら修正していく。一見場当たり的にも見えるが、より長く続けるために意識的・無意識的にそのスタイルを選択している。

03
強みを"異なるところ"で活かしている

以前の仕事で身につけた知識・人脈や趣味で身につけたスキル。それらを以前の仕事と違う場所・環境で活かし、今の環境での強みとなって現在の生活・活動を下支えしている。

04
セーフティネットをもっている

身につけたスキルや幾つかの食い扶持、コネクションやパートナー。これらの存在が「どうにかなる、どうにか生きていける」という姿勢につながり、新たなことに挑戦する余裕を生んでいる。

05
場／モノを通したコミュニティ

大なり小なり、自らが関与するコミュニティを持っている3人。触れられるモノや集まれる場所を起点としたコミュニティ。

06
キャリアを人生の"後ろ側"から見ている

老いた自分をしごとの対象として捉え、みらいの自分に必要なものを、みらいの自分の幸せのために仕込むように仕事をしている。

4.5
「未来の社会システム」についての6つの気づき

▶ STEP 4-1　インサイトをまとめる

▌01　分散化が進み、社会システムは細分化される

「いまの社会」は、単一システムを複数箇所へ展開することで効率化を図り、多くの人が恩恵を受けられることを目的とした、中央集権的な制度を基調としています。

「みらいの社会」では、それぞれの地域で起こる異なる社会課題が顕著になるため、単一のシステムでは対応できず、多様性を受容するために社会システムが細分化し、社会の分散化が進むと考えられます。細分化した社会システムは、地域の人々によって必要なものが作られるため、地域に暮らす人々にとってより身近なものとなっていきます。

▌02　生産者と消費者の距離が近づく

「いまの社会」では、大きな組織としての生産者が、グローバルなサプライチェーンで生産を行い、ブランドや広告によって価値をつけ、消費者の購買を促す構造になっています。こうした社会では、生産者と消費者の距離は遠く、顔の見えない関係性を持ちます。

「みらいの社会」では、コミュニティ内での交換、地産地消が進むことで、生産者と消費者が、物理的にも心理的にも、「身近であるかどうか」が選択の材料となります。また、消費者が生産に関わるようになることで、関係者として生産の責任の一部を担うこともあり、生産と消費の距離が近づき、境界線が曖昧になります。

▌03 投資が小さくなり、回収のサイクルが短くなる

「いまの社会」は、今日と変わらない明日が来るような定常を前提とし、巨額投資を長期的サイクルでの回収を試みるモデルが主流です。

「みらいの社会」では、人口構成の変化や自然災害の影響で定常的な明日を期待できないため、投資額が小さく回収のサイクルが短期もしくは

01

いまの社会　　　　　　　　みらいの社会

全体の効率化を目的とし、単一のシステムで広い範囲（物理的だけでなく関係性も）をカバーする。

地域や人々に合わせて細分化された社会システムが狭い範囲をカバーする。

02

いまの社会　　　　　　　　みらいの社会

「生産する側」と「消費する側」の境界線がはっきりと存在し、役割が固定化されている。生産側と消費側の距離が離れている。

「生産する側」と「消費する側」の距離が近く境界線が曖昧で、自分の役割（生産側⇄消費側）が入れ替わる。

03

いまの社会　　　　　　　　みらいの社会

事業のスケールを目的とし、投資と回収のサイクルを大きく回し、「いくらの投資をいつまでにどう回収するか」「いかに早く回収し次の投資に移すか」を計画・遂行する。

回収を前提とせずに手持ち（補助金含む）でできる範囲で動き、状況に合わせて修正しつつ次に進む、いわゆるプロトタイプベースの動き方になっている。

回収しなくても成り立つ大きさで、複数の事業を立ち上げるようになります。短期的な事業を何回も繰り返す、プロトタイプ的な方法が普通になります。

04 投資と回収における主要プレーヤーが変化する

「いまの社会」では、民間企業による設備投資、建設などの公共投資など、大規模投資・長期回収を前提とした事業拡大のために、大きな組織がプレーヤーとなっていました。

「みらいの社会」では、少額投資・短期回収を前提として、プロトタイプ的に事業を起こすことも多いため、投資と回収の両フェーズで個人が主要プレーヤーとなることも増えています。また、必ずしも回収を必要としない助成金やクラウドファンディングの存在も大きく、複数の投資案件を同時に進行し、すべてを失うリスクを回避することもあります。

05 個人として社会課題に向き合う

「いまの社会」では、多くの人が企業などの大きな組織に所属することで、有事の判断・アクションを大きな組織に委ね、社会課題に対する捉え方が他人ごとであることも多くあります。

「みらいの社会」では、大きな組織を通して社会に関わるのではなく、個人として投資をし、個人として社会に関与する人が増えるため、社会課題を自らが解決できるものと捉え、自分ごととして向き合い、関わっていきます。

06 個人は自らを公共の一部として認識し活動する

「いまの社会」では、公共と個人の境界線がはっきりと存在し、「公共は個人に対して何かを提供する役割」という一方通行な関係性が成り立っています。

「みらいの社会」では、個人として社会課題に関わる人が増え、自らが公共のために行う仕事は自分自身も恩恵を受けられるものであり、自らのために行う仕事の一部は公共の利益として社会に還元される、という意識のもとで活動することが当然となります。公共と個人の境界線は曖昧になり、双方向の関係性が生まれます。

04

いまの社会 　　　　　　　　　みらいの社会

大きな投資回収サイクルのなかでは、大きな資本を持つ国や銀行、大企業が主要なプレーヤーとなる。

小さな投資回収サイクルのなかでは、大きな資本を持たない個人が主要プレーヤーになりえる。

05

いまの社会 　　　　　　　　　みらいの社会

「社会に何かあった時にどうするのか」の判断・アクションを自身の所属する大きな組織に委ねている。

個人として社会に関与する人が増え、社会課題に対する姿勢が「大きな組織がやってくれる」から「自分たちの問題を自分たちで解決する」に変化する。

06

いまの社会 　　　　　　　　　みらいの社会

公共と個人の境界線がはっきりしており、「公共が個人に対して何かを提供する」という一方通行な関係性として認識されている。

公共と個人の境界が曖昧になり、両者の関係性が双方向になる。

阿東でのフィールドワークから見えた6つの社会システムの変化は、人口減少・高齢化によって社会の構造が変わること、それによって、仕事に対する価値観・それに起因する生き方・働き方の変化を示唆していました。そして、社会システムの変化（トランジション）によって起こる変化は、高齢世代だけでなく日本に暮らす、すべての世代に関わるものであることもわかりました。

4.6
フィールドワークから見つけたインサイト

▶ STEP 4-1　インサイトをまとめる

▌企業中心から個人と地域中心へ

フィールドワークでみた過疎の進んだ地域での仕事から、人口が減少すると、資本主義を前提とした仕組みが崩れ、インフラが行き届かず、暮らしのなかで地域内のコミュニティの重要性が増してくることがわかりました。そこから、「未来の仕事は、地域の関係のなかから生まれる」という社会の変化がみえてきました。

お話を伺った3名の方々は、仕事における最も重要な指標を「稼ぐこと」とせず、お金とは違う別の豊かさ、「自分が幸福感を得られる仕事や暮らしができるか」を大事にされていました。清水さんは自分が納得のいく革製品を本当に欲しい人に届ける、高田さんは閉じていく地域が最後まで幸せでいられるようにできることをやる、明日香さんは自身のチャレンジしたいことに取り組みながら地域に「場」のもつ力をつける。それぞれの「豊かさの価値観」はお金に引き換えられるものではなく、また自分ひとりだけで実現できるものでもありません。三者とも、仕事で関わる他者との関係性のなかで自分の経験や知識・スキルを活かした仕事をすることで、特有の役割を作り出しています。清水さんの作る革製品には、「ここの革製品じゃないと」とわざわざ遠方から店舗を訪れる固定のファンがおり、「ほほえみの郷トイトイ」の移動販売やお惣菜は、地域のなかで住民の暮らしを支えるインフラとして、替えの効かない役割を担っています。

「ほほえみの郷トイトイ」の高田さんが語った「この地域に人が増えて以前のようになるなんて考えていない。最後のひとりがいかに幸せに暮らせるか、いかに地域を閉じていくかを考えている」という言葉はとても重く、今と未来に向き合った覚悟や強さを感じさせられました。それは、企業における事業のように四半期、1年、数年と区切られた中で収益をめざすような活動とは違い、もっと長い時間のなかでの役割を見据えているように思えます。「ほほえみの郷トイトイ」の惣菜や移動販売は、高田さんや従業員の女性たちが「将来的に自分も利用したい、そのために今この仕事をしている」と言うように、長い時間のなかで、地域における自身の役割を意識して今の仕事に取り組むことが、結果として、自分を含む、地域の人たちの暮らしを可能な範囲で持続させることにつながっています。また、複数の仕事を掛け持ちする複業の仕組みも、地域のなかでの役割の見つけやすさにつながっています。"複業家"である明日香さんは、他業種に渡る5種類の仕事を持ち、社会変容や老いなど予想のつかない環境の変化のなかでも、自分や家族の生活を持続させられるセーフティネットを作っています。

地域の関係のなかから生まれた仕事を行うこと、地域のなかで役割を持つことが、人口減少の進む社会では重要なことに思えました。

フィールドワーク前に集めた先端事例を改めて見てみると、「銀木犀」は介護される立場の高齢者に駄菓子屋の店番という仕事を通して地域の子どもとの関係性を作り、高齢者自身にも役割が生まれています。徳島の「葉っぱビジネス」も、葉っぱが採れる地域と葉っぱを商品として求める都市を結ぶことで、葉っぱに価値が生まれる関係性を作っています。都市と地域を結ぶ関係性のなかで高齢者に役割が生まれています。市場によって測られる属人的な「スキル」ではなく、地域のなかで関係性が生まれることで「役割」が生まれ、それが「仕事」となっています。先端事例にも、そのような「仕事観」の変化の兆しを見ることができ、「だから先端事例として琴線に触れたのか」と気づかされました。

▶ フィールドワーク①のインサイト
「未来の仕事は、地域の関係のなかから生まれる」

5 フィールドワーク②

豊かな町の
はじめかた

未来の暮らしかた編

長崎県・小浜と秋田県・五城目で
"豊かさ"の意味を問いなおす

2014年に「まち・ひと・しごと創生法」が施行され、東京圏への人口の過度な一極集中の解消とそれぞれの地域での持続可能な環境の確保を目的として、それぞれの自治体が主体的に行う取り組みを国が後押しする形で移住支援や雇用創出などの施策を展開してきました。10年の時限立法として施行された創生法は、2024年に役割を終え廃止されることとなりましたが、都市への人口集中の緩和には至らず、課題解決には限界も見えました。

今、地域が直面している問題は2つあります。1つは、人口減少と高齢化が進んでいく社会で持続可能な都市・地域を形成しなくてはならないこと、2つ目は、地域産業を成長させて地域内での雇用を創出することと言われています。つまり、少ない人々で地域社会を維持していきながら、地域ならではの産業を定着させていくことが求められているのです。この課題に対する現実的で継続可能な施策が必要とされています。

私たちは、この2点の課題を踏まえて「豊かな町のはじめかた──人やまちの豊かさとは何か　地域で共有される知識や資源から読み解き、構想する」というテーマを設定し、持続可能な地域における「豊かさ」の条件を探索するフィールドワークをRE:PUBLICとの共催で実施しました。本章は、そのリサーチとインサイトを収めたレポートです。

5.1
「そもそも"豊かさ"とは？」という出発点

> STEP 1-1　リサーチテーマの設定
> STEP 1-2　デスクリサーチ
> STEP 1-3　先端事例を整理し、兆しを見つける

2014年、「まち・ひと・しごと創生法」の施行と同年、「人口減少問題検討分科会」（日本創生会議）が報告書のなかで「消滅可能性都市」という言葉を用いました（第4章 p.110）。この報告書は、急速な人口減少が進む地方都市の将来的な消滅の可能性を訴えるもので、大きな反響がありました。特に若年女性の流出が続く地域の危機感を強調したため、「子育て支援」や地方移住の促進などが「地方創生」の重要な課題として改めて

位置づけられることになりました。

　「地方創生」の名のもと、様々な地域で多くの施策が試みられてきましたが、都市的な要素を持ち込むだけに見えるものもあり、地域の内部に目を向けるのではなく、外部の人々に希望を託す傾向が強い点が気になっていました。大規模な都市開発や巨大商業施設の建設といった、都市的な施設を地方に移植するような創生プランも少なくありません。そのような地域創生の事例を見ていくと、「取り組みの結果として地域がどのように活性化するのだろうか」「外部の人に頼った施策にはどの程度の持続性があるのだろうか」という疑問が湧きます。

　人口減少が進む地域において、都市ならではの豊かさを移植することには自ずと限界があります。むしろ、「東京」にはない地方ならではの「豊かさ」に立脚した施策が求められるはずです。では、地域ならではの「豊かさ」とは何なのか。もっと地域に根差し、今後も続く人口減少の事実を受け入れ、土地の人々で継続していくことができる施策を考えるには、何を考慮すべきなのか、どんなポイントを押さえるべきなのか。そのなかで暮らす地域の人々が「豊かさ」を感じる暮らしを送るには、どんな要素が必要なのか。

　地域社会が培ってきた人々の営みや文化、自然とのつながり、脈々と続けられてきた生活の知恵を活用することで、「豊かな」生活が営まれてきた地域があります。そこでの「暮らし」をフィールドワークすることにより、そのなかにある豊かさをひもとき、持続可能な地域に必要不可欠な要素について考えていきます。

　リサーチの実施に当たっては、今回も RE:PUBLIC との共催で、両社の探究心を掛け合わせたリサーチチームを編成しました。

　「地方創生」とは、「まち・ひと・しごと創生法」とともに打ち出された、地方活性化をめざす政策または一連の取り組みのことです。2024年の創生法廃止後も、国を挙げての地方創生の取り組みは類似した法案や戦略を基に引き続き推進されています。デスクリサーチでは、まず地方創生にまつわる概略を白書や関連分野の論文等に目を通し、地方創生をテーマとする一般書籍、新聞・テレビ・インターネットのニュース等から情報を収集しました。

地域の豊かさを基盤に関係人口を創出

　「地方創生」の一連の政策のなかで重視されたのは、「地方移住の促進」と「関係人口の創出」です。「関係人口」とは、「移住した『定住人口』でもなく、観光に来た『交流人口』でもない、地域と多様に関わる人々」のことで、総務省によって「地域外からの交流の入り口を増やすこと」を目的とした「関係人口創出事業」が各地で実施されました[9]。

　次に、地方創生・地域活性化の現状を知るために『日本列島回復論──この国で生き続けるために』[井上岳一：新潮社：2019]をチームの課題図書としました。著者の井上岳一によれば、これまで日本が比較的平等な社会を築いてきたのは、公共事業を通じた地方と低所得層への再分配と、所得があることを前提に成立した社会保障システムがあったからだと言います。このモデルが破綻することで、地方と低所得者層への再分配は困難になり、セーフティネットにしてきた従来の社会保障システム自体が機能しなくなりつつあります。

　新しいセーフティネットとして著者があげるのが「山水郷」です。「山水郷」とは、“山水”の恵みと人のつながりから、豊かな営みが生まれている“郷”を意味する著者による造語ですが、この山水郷には、お金がなくてもセーフティネットを得られる安心があると言います。現在の地方の経済基盤は脆弱であるため、これからの地域を持続可能にするには、その土地の記憶や風土、アイデンティティと深く結びつき、その土地に住むことの意味を再認識させる古来のテクノロジーの復権と、最低限のインフラを維持し、外から人を呼び込みつなぎ止めるための未来のテクノロジーの導入という双方を融合させ、次の社会を紡ぐための“はじまりの場所”として、山水郷を活用することができると言います[井上：2019]。

　この本から読み取った要点は次の2つです。「山水郷では、①薪や川の水などがそのままセーフティネットとして機能する。②自然の力を活用するために構築される人間関係は、損得勘定抜きにつながるコミュニティとなり、その人間関係もまたセーフティネットとなる」。山水郷での活動を通じて、山水の恵みと人の恵みを得て、社会的・心理的セーフティネットを構築することが、今後の日本で安心して生きるポイントだと著者は主張しています。

「山水郷」に興味を持った私たちは、山水郷の現状を広く知るために、Webサイト「山水郷チャンネル」[10]で100件近く取り上げられている日本各地の山水郷で、その土地でしかできない仕事や生き方を愉しみながら創る取り組みを見て、通り一辺ではない地域活性化の現状を知ることとなりました。「地域固有の自然や文化」といった共有資産と人と人のつながりに支えられたセーフティネットのある暮らしが養われることが、地方創生において重要な要素であることが見えてきました。

デスクリサーチで調べた事例のなかから、地域ならではの「豊かさ」に価値をおいた先端事例をメンバーそれぞれが持ち寄り、共通点、相違点を探りました。

美濃和紙 丸重製紙企業組合　みのまちや株式会社代表　辻晃一さん

「美濃の歴史的資源を未来に残す」ことを目的として、懐紙作家としても活動する辻晃一氏が中心となって、地場産業の美濃和紙の衰退と少子高齢化によって増えた空き家問題の解消のために、地域と連携しながら様々な事業を展開している。古くから残る商家だった空き家を古民家ホテルとして改修・運営したり、古民家シェアオフィス「WASITA MINO」としてコワーキングスペースとプライベートオフィスを提供して美濃のまちで働くことと暮らすことをサポートしたりすることで、いきなり移住者がやってくることを期待するのではなく、街全体の取り組みを通して美濃市の関係人口を増やすことをめざしている。

NPO法人グリーンバレー　大南信也さん

徳島県の中部に位置する神山町は、創造的人材の誘致により、町内に続々とIT・農・食などの新ビジネスが生まれている地域活性化の先端事例。過疎化の現状を受入れて過疎の中身を改善するために、多様な働き方が可能なビジネスの場としての価値を高めることで、持続可能な地域をめざすというコンセプトを掲げ、NPO法人グリーンバレー理事長の大南信也氏が仕掛け人として牽引している。過疎地における一番の問題である「雇用がない」という状況に対して、「ワークインレジデンス（仕事を持った移住者の誘致）」、「サテライトオフィ

ス（場所を選ばない企業の誘致）」などのプロジェクトに力を入れ、仕事を持った人や仕事を創り出す人を集めて、問題の解決をめざしている。

　これらの事例に共通するのは、その地域固有の自然・歴史に由来する自然や文化を「豊かさ」の基盤として、そこから「仕事」を作り出し、地域の外からの「関係人口」を獲得しようとしている点です。リサーチを行った2022年はコロナ禍の影響で、リモートワークのできるコワーキングスペースや2拠点生活の受け皿となるシェアオフィスなどの施設が各地で作られた時期でした。上記の事例も、地域の自然・歴史に由来する「豊かさ」を基盤として「仕事」を作り出し、地域の外の人との関係を作り出そうとしています。地域固有の自然や歴史的資源という豊かさを活かすことで、移住者や地域の外の目線を持った人が訪れ、地域の人を巻き込んでいく、という共通のパターンが見えてきました。

5.2
仮説策定

▶ STEP 2-1　仮説を立てる

　関係人口や移住者がその地域に関わる理由を考えてみると、自分の思い描く「豊かな暮らし」を送るためであるように思えます。ここでいう豊かさは、お金や経済的な資産が潤沢であることとは違う豊かさであり、都会でのお金を中心とした価値観に違和感を覚えて、別の「何か」を求めて田舎に移住しているように感じました。そして、この豊かさこそが人口減少・高齢化が進む地域を活性化させる重要な要素になるのではないかと考え、地域の豊かさを読み解くための視点として、移住者と、移住者が地域の暮らしで見つけている豊かさや資源に着目することにしました。

　また、多くの先端事例からは、土地の恵みや地域特有の資源を活用していくことは、持続的に地方を活性化することにつながることがわ

かります。しかし、地域の資源というものは、地域のなかにいる人たちにとっては存在することが当たり前すぎて、資源があるということを見つけづらいこともあります。そのため、外の視点を持つ、移住者やUターン者を受け入れていくことで、地域特有の資源を見つけ、活用の方法を考え易くなることが多いようにも見えました。

そして、地域の内と外を繋ぐという視点では、地域で生まれ育った経験、親やその上の世代との地域内での繋がりを持ち、さらに地域外で暮らした経験から、地域の内にあって外にないものが何かを知っている、Uターン者の存在が重要な役割を果たすのことも想像できました。内と外、両方の経験を持つことで、地域住民とも移住者ともよい関係も作り、俯瞰した視点で地域のよさを発見し、地域の資源を活用するような取り組みをしているUターンの方が始める取り組みが、事例のなかにも多いように感じました。そして、こうした地域に強い想いを持つ人が起点となった自発的な活動が、行政からのトップダウンで始まるような施策に比べ、地方創生・地域活性化の取り組みとして成功しているように見えました。

先端事例として紹介した美濃市も神山町も、こうした強い想いを持つ「仕かけ人」から町の活性化が始まっています。デスクリサーチで収集した情報と集めた先端事例をもとに、地方創生・地方活性化に何が必要かをチームで議論し、「地方創生には、地域固有の資源が必要である」という仮説を立てました。

そして、この仮説を持って、地域資源を活用した地方創生に取り組んでいる地域を訪れ、町の様子を観察し、仕かけ人や関係者の方々からお話を伺うためのフィールドワークを行うことにしました。

地方創生には、地域固有の資源が必要である

No.1	No.2	No.3
地域にあるものに価値を見つける	お金以外の資源を見つける	地域の固有性に気づくのは、移住者やUターン者である

5.3
小浜（長崎県）を訪ねる

▶ STEP 3-2　有識者インタビュー

▶ STEP 3-3　フィールドワーク

長崎県雲仙市小浜町

面積	**51** ㎢
総人口 (2021)	**7,398** 人
高齢化率 (全国平均28.8%) (2020)	**42.0** %

雲仙市・住民基本台帳（令和2年）

　今回のフィールドワーク先を選ぶ上での条件は、「移住者が地域活性化に関わっている」「地域の資源を活かした地域活性化の取り組みがある」という2点です。今回のリサーチでは、「豊かな暮らし方を模索する移住者」を中心に話を伺い、人口減少・高齢化の時代を豊かに生きるために地方に求めたこと、新しい土地で見つけた「豊かさ」についてひもといてみました。

　フィールド先に選んだのは、それぞれユニークなやり方で、町の本質的な価値を持続していると思われる2つの土地です。1つは、外から入ってきた新しい流れと中の土着性が寄り合い、独特の豊かさを形成している、長崎県雲仙市小浜町。2つ目は、地域の持続性を高めるために、スタートアップを支援する仕組み「ドチャベン」を成功させたりと、地域密着型を意識したビジネスの多い、秋田県南秋田郡五城目町。この2つの町で出会った、豊かな暮らしを実践する移住者の方々、移住者に影響を受けて価値観の変容を遂げた方々にお話を伺いました。

▌デザイナー城谷耕生と「刈水庵」

　小浜町は長崎県の西部、有明海に面した島原半島の西側に位置し、小

Ⅱ-5 | フィールドワーク② 豊かな町のはじめかた 155

浜温泉で有名な観光産業が盛んな町です。背後には雲仙岳（普賢岳）の山々が迫り、その山麓と海岸線の間の狭い平地に市街地があります。小浜町の地域活性の取り組みのひとつとして知られているのは、2013年に小浜温泉街そばの刈水地区にオープンした「刈水庵」です。刈水庵は、小浜出身のデザイナー故・城谷耕生氏によってオープンしたギャラリーショップ＆カフェで、現在も長崎県内外からの訪問客がやってきます。

　小浜で生まれ育ち、ミラノでのデザイナー活動を経て、2002年に再び小浜に拠点を移した城谷氏は、2012年に、刈水地区を調査し提案するためのワークショップを実施し、「空き家や自然などのすでにあるものを活用して若い住人を増やすとともに、ものづくりの工房や店舗を開いて温泉街に来た観光客を呼び込むことで地域を活性化しよう」という考えを「北刈水エコヴィレッジ構想」としてまとめました。ワークショップを通して住民と交流を重ねるうちに人々の期待が高まり、刈水地区の空き家を借りて、人の集まる拠点として「刈水庵」をスタートさせました。そんな城谷氏の活動に影響を受けて小浜町に移住したインテリアデザイナーの山崎超崇（きしゅう）さん、グラフィックデザイナーの古庄悠泰（ふるしょうゆうだい）さん、自然エネルギー研究者の山東晃大（さんどうあきひろ）さんのお話を伺うことを、小浜町でのフィールドワークの中心に据えました。

長崎空港から諫早市を通り、島原半島の西側を橘湾を回り込むように南下していくと、小浜町に辿り着きます。小浜の町の構造は、海側から見るとわかりやすく、南北に細長い平らな土地は、海から順番に国道251号線、温泉宿や飲食店などが並ぶ商業エリア、居住エリア、山と、層を成すようにあります。傾斜地を登っていく細い道に民家や畑、そして空き地が点在し、だんだんと緑が多くなり、山につながっていきます。

　小浜の中心エリアと言える「小浜温泉」は、北端から南端まで真っ直ぐ、20分程度で歩いてしまえるほどコンパクトです。小浜町は古くからの温泉街で、歴史は古く、小浜は『肥前国風土記』(713年)にも記されている古湯で、江戸時代には多くの外国人観光客も訪れていました。当時の外国人観光客の目当ては、山の向こうにある雲仙温泉で、小浜はその中継地点として多くの人で賑わう温泉地だったそうです。1900年代からは湯治場として利用され、温泉の放熱量（湧出量×湯温）は日本一を誇ります。その放熱を活かした地熱発電が2013年から稼働しているのも小浜の特徴のひとつです。　人口は7,000人強、高齢化率は40%を超える「超高齢社会」です。

▍「刈水庵」を訪ねる

　温泉街の裏手の傾斜地にある細道を上がっていくと、民家の立ち並ぶ中に「刈水庵」が見えてきます。車の入らない狭い路地や急な坂道がつづくため今は空き家の目立つ過疎集落ですが、近隣の原生林からの湧水に恵まれた自然豊かな場所でもあります。「刈水庵」は、空き家となっていた築80年の大工の棟梁の元屋敷を「エコヴィレッジ構想」の活動の広がりのなかから集まった人々の手で改修され、今では小浜内外の人が集う、小浜でも重要な意味をもつ場所となっています。

インタビュー1
暮らしの文脈を絶えさせず、
営みとしての風景を残していきたい

山﨑超崇さん
インテリアデザイナー

熊本県出身。福岡県の不動産会社に勤務後、福岡デザイン専門学校に進み、デザイナー城谷耕生に出会う。退職後、インテリアの専門学校に通っていたときに城谷さんに出会い、2012年に小浜に移住してStudio Shirotaniのスタッフになる。2019年に独立し、デザイン事務所「目白工作」を設立。

　刈水庵の改修が始まる前年、城谷さんのデザイン事務所「Studio Shirotani」のアシスタントとなり、刈水に移り住んだのがデザイナーの山﨑さんです。城谷さんのデザインの考え方に惹かれ、小浜を訪ねたのが2012年。まずは小浜にやってくるまでのお話を伺いました。

誰のためのデザイン？

——小浜にこられたきっかけは？

　高校を卒業して、3年間は測量の仕事、次の3年間は不動産の仕事をしていました。「建物の勉強ができるから」と誘われた不動産会社でしたが、「ちゃんと考えて物を作り、長持ちするように運用する。そして作った物の周辺にいる人たちがみな幸せになる」という思い描いていたイメージとは違って、そこではたくさんのお金を生むために、とりあえず早く作り、早く壊れれば早く修理するというサイクルのなかで、入居者やオーナーから支払われたお金が巡り巡って私を含め、大勢の働く社員の生活の糧となっている。そんな現実を目の当たりにして、本当にこのようなサイクル（経済）のなかで生活するしか生きていく道ってないのだろうか、もっと考えるところがあるんじゃないか……と葛藤の末に、この気持ちを抱えたまま勤めることができず、辞表を出したのが24歳の時です。

　それから、農業や漁業、大工など、現代的な仕組みが介在しない、理に適った仕事をしたいと思い、周囲の人に色々話を聞いてまわりました。でも、みな口をそろえて「食っていけない、継がせられない」とぼやくんです。ただ、そのなかで大工さんだけは「デザイナーと一緒に仕事をしているけど、ずいぶん助けても

らっている。悪くないよ」と教えてくれました。それで、デザインという言葉に興味をもって、その場の勢いで手元のお金でいける学校を探して福岡のデザイン専門学校に入学しました。でもそこでの教育も不動産会社のときと根本の考え方が一緒で、「誰かのために作る」という目線が抜けていました。「やばい、これは堂々巡りだな」と思って入学3カ月後に先生にやめる相談をしたところ、「今度外部のすごいデザイナーを呼ぶから、その人の話を聞いてから考えてみたら」って。

そこで出会ったのが城谷（耕生）さんです。城谷さんが「イタリアでは馬車馬のように働くのではなく、必要な分だけ働いて、あとの時間は家族と美味しいもの食べたり読書したり、音楽聴いたりしてすごすのが普通だよ」と言うのを聞いて「すごく健全で理想的な暮らしをされてるんだ」と思いました。すぐ連絡をしたところ「じゃあ小浜にくる？」と言われ、最初は2〜3日の滞在のつもりでしたがどんどん期間が長くなり、卒業する頃には小浜に押しかけようと決めていました。

暮らしの営みとしての風景を残したい

——山﨑さんは、山の上の急な勾配の斜面地に住んでいます。なぜ、あえて不便なこの地を選んだのでしょうか。

最初に参加した「刈水デザインワークショップ」の目的が、小浜の過疎化地区の問題を解決し、小浜の暮らしの向上や小浜温泉街の観光目的に寄与することでした。ワークショップを経て、城谷さんと「この場所でまず何をすべきか」を考えたとき、ひとつは新しい交流を生むために小浜に人が訪れる目的を作ること。もうひとつはこの土地に若者を"投入"すること。最初の目的のほうはのちにお店を開くことになるんですが、「若者」のほうは当時自分しかいなかったんです。それで空家のひとつを借りて、自分がその地区に住むことにしました。住みはじめてみたら、私が借りた場所よりさらに登った斜面地に、当時93歳のおばあちゃんが住んでいた。普通に考えると90歳を超えたおばあちゃんがそこで生きるのは相当無理がありますよね。「どうしてここに住んでいるんだろう？　車も通らないし、足腰丈夫でなければ住み続けられないし、おばあちゃんこそもっと住みやすい場所に移動すべきなんじゃないか」と最初は思ったのです。一方で「おばあちゃんが住み続けられるということは、僕たちにとっても90歳まで生きていける土地なんだ」という希望になりました。おばあちゃんの話を聞いてみると「私ひとりでは無理だ」って言うんですね。共助の関係があってこそ、なんです。僕や古庄くんも含めて、みんなでこの土地で生きていこうとすれば90まで生きていけるのか

もしれませんが、その関係がなくなってしまったら、この斜面地では生きられなくなるということ。なぜおばあちゃんはここに住みたかったのか、生きていけたのかを考えました。小浜の温泉街は200年ほどの歴史です。この短い時間のなかで人がここに住み始めて、次の世代には住む人がゼロになる可能性もある。ここに住み続けられるかどうかは、壮大な実験なんだと思います。

　斜面地は、車が入らないので暮らしにくいと思われてますが、騒音もなく景色はいいです。昔は自分にも「たくさんあるのが豊か、大きくて広いほうが豊か」という考えがあったと思います。でも以前、北欧を訪れたら、土地は広いけど家は小さかったんですね。私は家にいるとき、肌身から壁までは近いほうが落ち着きますが、窓からの視線は通るほうが気持ちがいいです。地区のみなさんが困っている空地や空家で草刈りや片付けをして管理するかわりに、安く空き家を借りられました。暮らしに活かせる植物も植えさせてもらいました。ここでの暮らしの文脈を絶えさせず、世代世代で試みを積層させていくことで、ここでの営みとしての風景を残していけたらいいなと思ってるのです。

──ひとりで草刈りをしようと思ったんですか？

　もちろんひとりです。地区全体の草刈りも時々ありますけれど。ただ草刈り機の音が鳴れば、「誰かが今日頑張ってるね」と思うんだそうで、それに呼応して草

刈りを始める人もいれば、見に来て差し入れしてくれたり、道でばったり会ったときに「あそこきれいにしてくれとったね」と声をかけてくれたり、住む人間が何か土地の空気でつながっているような気がして1人で住んでいるという感覚はいい意味でないです。

　もともとこの地区の人たちは全員で地区を守っている慣習があります。例えば、普通塀の内側は自分たちで守っても外側は無関心になりがちですが、おばあちゃんたちは自分が歩く道もきれいに掃除します。「道もうち」という感覚。「どこに住んでるの」と聞くと住所ではなくて「うちは刈水」という言い方をするんです。「私はこのテリトリーのなかの1人です」という感覚が自然と芽生えるのかなと。「私がわからないことは他の刈水の人に聞けばわかるよ」って。

暮らしを通して文化を受け継ぐ

——10年小浜で暮らして、町や地元の人との関係の変化をどう感じていますか。

　最初の5年間は「外から来た」移住者です。当然ですが、その場所の采配を預けられるような存在ではありませんでしたし、そんなつもりもなかったです。でも5年も経つと元気だった方も衰えて施設に入られたり、周囲の状況も変わってきました。代わりに僕らはだんだん小浜のことがわかるようになってきて、色んな役割を担いつつ、移住者から定住者という認識をもってもらえるようになっていったかなと思います。経済を回す仕事とは別に地域の「役割」を担わなければ「外から来た」というイメージは変わりません。ただの移住者で終わってしまいます。そうなると土地の暮らしを続けてきた地元民がいなくなったとき、この地区もただの移住者の地区になってしまいます。人はいるけど刈水の文化を誰も継承していないことになっちゃう。

　生まれた時代のせいなんでしょうか、地元の戦後世代の方たちは、その土地で暮らしをたてるために、自分と周囲の環境から問題を解決する技術と精神を培ってきたように思います。ただ、その後の世代は、その暮らしを実体験として継承できても、「なぜそれが必要なのか？」という理由にまで至る方は少ないように思います。暮らしに必要なことは「誰かに任せる」姿勢が定着している。有事の際に発揮されていた「なんとかなる」という気持ちや自分で最低限窮地を凌ぐ生活力が失われているというのか。外から来た私たちはちょうど戦後世代を生きた人たちと姿勢が似ている。若さゆえにまずはやってみる、自分なりにやってみる、できない理由を考えるより勢いでやってみる。ネットで調べたり、地区のことは地

区の人にたずねたりして、草刈りや家の修理なども自分たちの体を使って経験を重ねていきます。その姿勢が、地域で交流のある継承世代の人の記憶を刺激しているようで、図らずも自分たちの暮らしを通して、この土地の文化が編みなおされようとしている気がします。

「どこでどんな自分の時間を過ごしたいか」

　デザイナーの仕事としてクライアントワークももちろんやりますが、お金をもらわないとデザインの効果を発揮できないということではないと思ってます。お金が欲しくてデザインの仕事をしているのではなく、そういう暮らしがしたいからデザインする。「デザイン＝そういう暮らしの哲学」というのでしょうか、健全な暮らしを送ることがデザインの仕事につながると思っています。日々暮らしを楽しみ、それを積み重ねることが"豊かさ"を生むと思います。仕事を通して得た経験も再度自分の暮らしのなかに落とし込んでいきたいし、できれば隣近所に伝播させたい、それが連綿と続いて無事に楽しく90歳になっても、そういう暮らしのできる町になってくれていたらいいな、と思う。

　とはいえ、みんなに自分のような暮らしを勧めたいわけではないです。都市が合う人は都市で暮らしを立てたらいい。自分のなかでは仕事やお金よりも、まずは「どこでどんな自分の時間を過ごしたいか」、その「どこ」が決まれば、そこで暮らすために必要な経済を回すための「仕事」、地区を維持するための「役割」を自分なりに考えて持てばいい。私の場合、現在の自分と相談したとき、それが今住んでいる場所だと、健全で幸せな状態にいられて、周囲ともそういう関係が築けそうだなと感じているから、できる限りここにいたいなと思っています。

山崎さんの家の前にある畑。様々な野菜やハーブを育てている。

インタビュー2
いろんな個性が混ざり合う、小浜の凸凹をつくっていきたい

古庄悠泰さん
グラフィックデザイナー

福岡県出身。2013年に移住。九州大学芸術工学部に在籍中、授業を通じて城谷さんと出会い、大学を卒業した2013年に「Studio Shirotani」で勤務開始。グラフィックデザインの他に Studio Shirotani が運営するデザインショップ、「刈水庵」の店長を務める。2016年に喫茶を備えた事務所「景色デザイン室」を設立。

　小浜温泉街の国道251号線から山川に一本入った通りは、地元の人たちに裏通りと呼ばれる道で、観光客があまり歩かない、古い本屋や酒屋などがある少し落ち着いた雰囲気のある道です。日が沈み夜になると、バーや居酒屋、スナックの看板が光り、昼間とは全く違う表情を見せる通りでもあります。この裏通りのとある一角に、大きなガラス張りの窓が特徴的な建物があります。以前は商店街組合の事務所だった建物で、一階には「景色喫茶室」、中の階段を上がった2階は「景色デザイン室」があります。2つの代表を務める古庄悠泰さんに話を聞きました。

「デザインってこういう風に役立つんだ」

——小浜を訪れたきっかけは。

　出身は福岡の糸島市です。九州大学でプロダクトデザインを勉強していたのですが、3年生のときに城谷耕生さんの授業を受けて、そこでの出会いが人生を180度変えてしまいました。同級生はみんな大手メーカーのデザイナーをめざすムードがあって、私も東京で毎日面接に行くような就活をしていた頃でした。「何か違う気がするな」と思いながらも自分の道を自分で切り開く自信も勇気もなかったんですね。そういうときに、城谷さんの生活の根本を考えるところから始めるデザインに出会って「デザインってこういう風に役立つんだ。社会にも役立つし、人の生活を豊かにするものなのだ、それが自分が勉強をしているデザインというものなんだ！」ということがつながった瞬間でした。僕のなかで未来は決まったと思いました。ゼミの先生に城谷さんの居場所をたずねたら「長崎県の小浜ってい

うところにいるよ」と。それで授業のすぐ後にバスを乗り継いで会いにいきました。ちょうど山﨑超崇さんがアトリエで働き始めていた頃で、1年違いで私も2人目のスタッフになりました。

小さいことの豊かさ

――そこから小浜で「景色デザイン室」を始められることになる。

　小浜に来たときは、城谷さんからしっかり仕事を学んで福岡に帰るつもりでした。でも働いてるうちに、小浜での関係性が増えてきて、独立するなら小浜が一番自然で無理がないなと思いました。最初のクライアントも、家が隣りの人でした。城谷さんも、KINTOの器などグローバルな展開のプロダクトデザインもしていましたが、小浜のクライアントも多かったですね。小浜では、クライアントに打ち合わせのときだけ会うということはなくて、スーパーや銭湯でばったり会う。小浜は、コミュニティも、物理的にも小さい。みんな歩いて生活するし、その生活のなかで道端で会って立ち話する。その小ささが小浜らしさだと思います。立ち話すれば打ち合わせでは聞けない本音が聞けたり、そこからプロジェクトが生まれることもよくあります。城谷さんから学んだ、みんなで食卓を囲んで話を聞いたりする関係性も好きだったので、自分が独立するのならそういうやり方がいいなと思いました。物理的な小ささ、経済圏の小ささが、僕の仕事のスタイルになっている。自らそうしたというよりは、環境によってそうなっています。

――小浜は町をよくしていこうという当事者意識が強いですね。

　それも小さいことが関係していると思います。小さいから、町がよくなることと自分の生活がよくなることがダイレクトにつながって感じられる。国の政策だと距離が遠くて実感湧きにくいですよね。雲仙市でもちょっと大きい。でも小浜なら自分の家の近くに美味しいお店ができたら、すぐに通えるから自分の生活が楽しくなる。そういう小さな積み重ねが町になってる。よりよい町にしていけば、そのなかに自分がいる。自分の生活がよくなることをイメージしやすい。そういう経験をした人も多いから、町をよくしようという当事者意識が高いのだと思います。小ささ、狭さゆえに、よくなっていくことが見えやすい。

　生活も、仕事とプライベート、オンかオフかというよりも、グレーにつながっている感じです。「景色喫茶室」の営業は土日だけなんですが、平日でもお茶くらいならできますよって出したりしますし、仕事場もガラス張りで外から見えるので「あ、古庄くんおる」としゃべりにくる地元の人もたくさんいる。仕事の話も

あれば、「友だち連れてきたから会って！」と言われたり。1日のなかで何度も切り替えがある。それを遠目でみると、白黒はっきりしない、じわーっと混ざり合った生活になっている。

——「景色喫茶室」みたいな町のハブになっている場所は他にもありますか。

ありますよ。僕みたいに個人で生業を立てている人は職種は違えどたくさんいて、観光客と地元民のハブになっている人もいるし、食というキーワードでハブになっている人もいる。いろんな得意技やバックボーンのある人たちのそれぞれのハブがあって、しかも、それがゆるくつながっているのが小浜の好きなところです。

景色喫茶室で1階で立ち飲み会を持ち寄りでやると、集まるメンバーは、漁師さん、農家さん、料理人、パティシエ、市役所の人、整体師さん…とみんなバラバラ。でも、得意技や仕事が違っていても、何かやるときに「面白そうだね、行ってみていい？」って来てくれる。そういうコミュニティは私にとってもありがたい存在です。仕事だけでなくて、みんなに助けてもらってます。

豊かさに近づくための選択に手加減をしない

——得意技というのは仕事のことですか。

仕事は一番わかりやすい得意技ですが、人としての性質みたいなものだと思います。その性質を認め合って、受け入れ合っているというんでしょうか。その性質をお互いに知っているから「あ、この人に聞いてみよう」とか、すぐたずねられる関係性にもなる。本人が気づいてない特技を見つけるのも好きです。城谷さんもそうだったかなと思います。マイナスからゼロにするというより、ゼロからプラスにするマインドセット。課題を解決するというよりは、ベースの部分をよくしていくスタイルです。日々の生活のクオリティを底上げするのも、そこから楽しいことが生まれてくるから。城谷さんが生きてたときは、誰よりも小浜を楽しんでました。そういうムードを空気のように私も吸ってたので、そのマインドが自分にもしみこんでるかもしれません。

——小浜の人の娯楽はどんなものがあるんですか。

わかりやすい娯楽は少ないですね。でも山﨑さんはその天才だけど、自分で娯楽を作る人がいる。特に名前がついた娯楽でなくても自分が好きなことをしてる。自分の家や庭でここまで遊び尽くせるのか！とびっくりします。DIYで家をどんどん改造したり、そういう自分の生活をより豊かにしていく……経済的な豊かさ

というよりは、日々のちょっとした時間の精度をあげることに貪欲で真剣。「今日の昼ごはん何を食べよう？」というときにコンビニで買わずに、みんなで温泉蒸しで食べたり、今日は天気がいいから海沿いでカレーを食べようとか、そういう「豊かさに近づくため」の選択に手加減をしない人が多い。美味しいものを食べたいなら、とことん美味しいものを食べたい。みんなで手間をかけてやろう。そうやって共有した時間は良かったな、今日は帰りたくないな、いつまでもここにいたいなという時間になっていきます。

凸凹を引き出し、関係性をつなぐ

――古庄さん自身が、人をつなぐハブみたいになっていますね。

　それは、ここ最近感じています。私を通して小浜の何かを紹介してほしいと言われることが多くなってきて、初めて自分の役回りを意識するようになってきました。だからといって、特別何かをするということはないけど、それを求めてくれているというのは感じます。小浜とつながりながら関係性をつなげる役割を、自分でやってみるのは面白いと思います。僕らが知っている小浜の面白い人がみんなに知られてないのはくやしい。それで小浜の面白い人を紹介する『OBAMA MEETUP GUIDE』をつくりました。このガイドをつくることで、僕を通して、

もしくはこういった媒体を通して、これまで見えなかった小浜の価値や楽しみ方を提供できるといいなと思っています。

　小浜のよさって、いい意味でデコボコなところ。モダンなお店もあれば、その横にコテコテの居酒屋もあって、隣りに普通の家がある……そういう小浜の長い歴史が作ったものを、何か変えようという気持ちはないです。デザイナーとして「小浜全体をモダンにデザインしていく！」なんてことは全くなくて。クライアントさんごとに想いも人となりも違うから、その人たちから引き出されたものは1人のデザインのスキルでコントロールできるものではないです。必然的に立ち上がってきたものが町のなかにある、それが凸凹なのも面白いし、それが落ち着きます。統一されすぎた空間はかっこいいけど居心地が悪い。落ち着かない。クールなものもあれば、おばあちゃん家みたいなモノとか、バラバラな器があったり……小浜のそういった入り混じった空気感がよいと思うので、そういう「混ざり合ったところ」を高めていく、可視化していくことは役割としてできることかなと思っています。引き出した個性を強調することで「凸凹を作っていく」、いろんな個性が混ざっている小浜を作っていきたいなと。『MEETUP GUIDE』に登場する人たちもみんな凸凹。それが小浜のよさ、豊かさかなと思っています。

「OBAMA MEETUP GUIDE」紙版は定期的に発行している。

インタビュー3
自分の町について考える、やってみる仕組みを作りたい

山東晃大さん
自然エネルギー研究者

兵庫県西宮市出身。関西学院大学の大学院に在籍中に小浜へ移住。小浜温泉による地熱発電と洋上風力発電などの再生可能エネルギーによる、地域の経済付加価値を分析する研究を専門とする。自然エネルギー財団上級研究員、一般社団法人OBAMA ST.。京都大学研究員。

　兵庫出身の山東さんが初めて小浜町を訪れたのは、大学院生の時でした。地域経済をテーマとした修士論文を1年目に書き上げてしまった山東さんは、2年のときに友人の小浜の実家を訪ねます。そこで出会った地熱発電のプロジェクトが小浜への移住のきっかけとなりました。

地熱発電のプロジェクトがきっかけ

——移住を決めたのは、どんな流れだったんですか。

　友人のお父さんに、事前に調べていた小浜の地熱発電について「自分だったらこうするな」という話をしたんですね。そうしたら「君、面白いね、明日時間ある?」と聞かれて、そこからいろんな人を紹介してもらうことになりました。そこで地熱を使って低炭素のまちづくりをするプロジェクトがあると聞いて面白そうだな、と。2週間ほど後に再訪して「移住したいです」と伝えました。その翌日にたまたま長崎大学と京都大学の地熱エネルギーの研究会が開かれていて、そこで後の指導教授になる京大の先生と出会いました。数ヶ月して小浜でお世話になっていた方から「せっかくだったら先生の研究室に行ったら?」と勧められて、慌てて院試の勉強をしました。そこから4年、小浜に住みながら京都大学で「自然エネルギーと地域経済」をテーマに研究に取り組みました。

　僕のスタートは、エネルギーの問題というより、日本の田舎を暮らしやすくしたいという思いから始まってます。そのためには地域経済をよくしないといけない。その手段のひとつが自然エネルギーということなんです。

今の日本は、エネルギーと食べ物をほとんど輸入しています。化石燃料を買う
だけで20兆円を海外に流している。もし地域の資源を活用して、その予算の10%
でも地域で使えたら２兆円です。その経済規模は大きいはず。それが僕のスター
トです。小浜温泉は、湯量が多くて７割近い温泉が海に流れているので、もった
いない。これをどうしたらお金に換えられるかと思っていました。

　もともとは地域経済が専門で、地熱のことは全然知りませんでした。再生可能
エネルギーは、今伸びている分野なので技術も制度もどんどん変わっていきます。
５年後と思っていたことが１年後に実現できたりする。半年勉強しないと浦島太
郎状態ですが、逆にいうと今から勉強する人でも２、３年やれば入っていけるんで
すね。

小浜の関係はつながりが「近い」

——小浜ではどんな活動に関わっていたんですか。

　研究をしながら、「一般社団法人　小浜温泉エネルギー」という事務局で地元の
人や全国から視察に来る人の窓口のようなことをしていました。「発電所を作る」
といきなり言われても、現地の人もわからないものは誰だって怖いですよね。温
泉の熱を発電所に取られないか、温泉が枯れてしまわないかという心配もあった。
そこで説明会を開いて、事業者と現地の人たちとの間に入って通訳のような感じ
で話をしていました。まさにコミュニケーションアンドコミュニケーションの日々
でした。

　その過程で小浜の人たちとぐっと仲良くなりました。「ご飯食べにおいで」って
あちこちから声をかけていただいて、楽しいからという理由だけでご飯を食べさ
せてもらってました。多い時には週に２回以上、誰かの家でご飯を食べてたと思
います。ご飯のときに頼まれて、その家の子どもたちに海外や大学で経験したこ
とを話したりしてましたね。今から思うと、あの頃の小浜での生活はすごくぜい
たくだったなと思います。当時の収入は年収100万もなかったと思いますが、元
民宿の部屋を借りて家賃は1.5万、天然の湧水使い放題、温泉入り放題でした。近
所の方が商品にならないＢ級の野菜を分けてくださったりして、無料の蒸し場で
釣った魚と野菜を蒸してワイングラス片手に食べてました。ぜいたくですよね。

　2013年当時、発電所で行っていた実証実験は先進的なものだったので、全国か
ら研究者や政治家、民間の技術者も大勢視察にきました。５年で１万人、それを
５人で請け負ったんですが、夜には一緒にお酒を飲んだりして、仲良くなった人

がたくさんいます。小さい町ですが、そういう先進的なことにたまたま携わったこともあり、色々な人に会えたのは幸いなことでした。小浜は人と人のつながりが近いから、クローズでウェットな関係になりやすい。都会ではなかなかそこまでの関係にならないし、そこは今の時代に求められているのではないかと思います。

みんなが本音で話しやすい場をつくる

――その後、発電所はどんな展開に？

　地熱発電に限りませんが、全般、行政はどうしても動きが遅くてボトルネックになりがちです。観光戦略なども行政主導で考えられてきましたが、行政主導でうまくいく事例は多くありません。だから、もうできることは民間である自分たちでやっちゃう、あとは行政がついてくると思っています。小浜の地熱発電の取り組みも地域住民主導ではじめて形になりました。他の地域の試みをみていても、最初は半信半疑だったのが、話題になると行政も後からサポートしてついてきてくれる、地元の人もついてきてくれる。これからは、自分たちのまちは自分たちで作る時代であり、いまはそういう流れがあるのだと思います。

　発電所は、実証実験が成功して民間企業の事業になりました。そのタイミングで、僕も京都で論文の執筆に専念することにしたんですが、論文を進めながら、発電所を活かしたまちづくりの活動があまり進んでいないことが気になっていました。当時、小浜だけでも観光協会などの地域の30団体と話をしていたのですが、ある程度形にはなったものの、事務局が動かないとなかなか進まなかったんですね。自分たちが動かなくなったら誰も動かなくなってしまって、これは失敗だなと思いました。それで思ったのは、委員会や円卓会議といった団体同士の話し合いは、みんなかしこまった場だということ。隣りに別の団体の人がいれば、これを言っていいのかな？とか気になるし、なかなか意見が出てこない。

　一方、小浜のお店や誰かの家でご飯を食べていると、ときどき「なるほど」と思える面白いアイディアを聞くことがよくありました。「発電所はこうしたほうがいい」とか「発電所を使った、こんなまちづくりができるかも」とか、どれもすごく面白い。それである日、Ａ４の紙の裏に「ここに公園ができたらいいですね」って描いてみたんです。そうしたらみんなが口々にアイデアを出しながら紙に書き込んできた。これは面白いと思いました。少人数で話すと意見が出やすいんです。そして同じものを見ながらどんどんアップデートをしていくのがいいん

だと気づきました。それがヒントになって、やってみたのが「OBAMA ST. 2030（おばまストリート2030）」です。

小浜の未来をたずねた「おばまストリート2030」

——「小浜ストリート」はどんな活動なんでしょう。

　論文を書き終えて、もう一度小浜に戻ったんですが、協働部会のやり方が失敗だったと思っていたので、みんなが「地域の課題だと思っていること」と「地域でやりたいこと」を合わせて、みんなの考えとして見える化できないかと思いました。それでまず、有志で「OBAMA ST.」を立ち上げました。

　最初は50人ほどに声をかけて、話しやすい5人くらいのグループを作りました。集まる時間と場所を決めてもらったら、話を聞きに出かけていきました。用意した質問は2つ。2030年に向けて小浜がどんなまちになっていてほしいかという小浜の未来についてと、小浜はこんなまちであるべきという小浜の課題について聞きました。興味のありそうな人がいたら誰でも連れてきてと伝えていたので、住民、移住者、観光客を含めて最終的に230人の話を聞くことになりました。それぞれのグループの発言やアイデアを企画書にしてフェイスブックで公開したら、そ

こからの思いつきで展示をすることになりました。1週間くらいで空き店舗を借りて、デザインは古庄くんにお願いして、それぞれのグループから出てきた話からまとめた構想や企画書を展示しました。それが「おばまのみらいのはじまり」展（2019年1月20日、旧中村屋）です。話をした人が自分の話がどんな企画書になってるのか見に来てくれましたし、宣伝していないのに120人ほどが来てくれて、そこでもまたいろんな議論ができました。

自分の町の課題を考える練習

──「はじまり展」のあとはどんな展開がありましたか。

「OBAMA ST. 2030」から生まれた構想を「12の取り組み」としてまとめてネットに上げたところ「実はこういうことをやろうとしていた」という声がかかりました。一番多かったのは「行政がこんな補助金を出しているんだけど」というお話で、実際に助成が通ったものもあります。12のプロジェクトのうち、5つの取り組みが進んでいます。「OBAMA ST. 2030」は、小浜で「何かやってみる」という文化が生まれるはじまりになったんじゃないかと思います。

民間のタクシー会社からも声がかかりました。アイデアの200番台にタクシーの企画書があったんです。お話のあったその場でタクシーの他の国の先進事例だとかをスマホで調べて「やりましょう」と。人口減少でもタクシーの需要は上がると思っているんですが、エネルギーの面でも電気自動車とすごく相性がいいんですね。小浜で3万キロ走るタクシーの燃費がかなり抑えられます。あとは、小浜温泉ワイナリーやマリンアクティビティ、まだ始めたばかりですが温泉を使った塩づくりなど。どれにも共通してるのは、僕がトップなのではなくて、ほとんどがサポートに留まっています。ただ、やってみようと言ってもその9割はうまくいきません。どんなに計画しても、実際に始めてみないとわからないことも多

いです。しかし、その失敗から得られる教訓の蓄積はとても大事だと思います。

僕が「OBAMA ST.」でやりたかったのは、普段は忙しくて小浜のことを考えることがない人でも、こういうことをきっかけにして「小浜で何かやれないかな」と思ってくれる人がひとりでも増えてきくれたら町は変わるんじゃないかなということでした。普段から自分の住む町の課題について考える練習になる。そういう癖や文化、仕組みを作りたいと思ったのです。

「小さくてもやってみる」文化を

2014年からは「小浜でやりたいことリスト」をWEBのメモアプリにずっとメモしています。今はアイデアの数が830。全部のアイデアがいいアイデアではないですが、メモを育てるというのか、後からいいものになるものもあります。後から似た情報を見たときには、情報を追記していきます。

何かアイデアについて考えるときは、まず「資源の現状把握」をします。エネルギーなら、雲仙市がガソリンや電気にどのくらい使っているのか。年間105億円を雲仙市は使っていて半分が電気、それを小浜町でどれくらい使っているのかを見る。たくさんじゃがいもを作っていても、1つを10円で売ってポテトサラダを外から100円で買っていたら90円の損失ですよね。ここまで見るようにします。次に「ポテンシャルの把握」。地熱エネルギーの可能性を調べますが、もしそれが電気として活かすのが難しかったら、塩作りに活かすとか別の可能性を考えます。そして、それを「やりたい人とアイデアをつなぐ」。小浜はそういう実験ができるフィールドです。フェイスブックも、元々は大学内の遊びでしたが今は全世界で使われていますよね。それと同じイメージです。

小浜には知り合いがたくさんいますし、しかも多様です。何かあったら、何かを始めやすい。小さくても会社やお店を経営している人が多いので、それぞれ哲学を持っている。その多様性が面白いです。その人の得意なこと、くわしいことがあるから「このことなら、あの人に相談すればいい」とわかる。あそこのパン屋さんと美容院の店主は仲がいいんだなとか、関係性も見えてきます。この間、パン屋さんの松尾さんに温泉熱を使った養殖を相談できる人がいないかたずねたら、さっそく紹介してくれた人が海だけでなく陸上養殖にもくわしいことがわかりました。そんな人をいきなり探してもなかなか出会えませんよね。雲仙市、小浜町といった単位のエリアのなかでよく見てみたら、どんな地方の地域にも、こんな多様性があると思うのです。

5.4
五城目(秋田県)を訪ねる

▶ STEP 3-2　有識者インタビュー

▶ STEP 3-3　フィールドワーク

秋田県南秋田郡五城目町

面積　　　　　　　　　215㎢

総人口(2020)　　　　8,538人

高齢化率(全国平均28.8%)(2020)　47.3%

総務省「国勢調査」(2020)

　フィールド先が小浜町に決まったあと、「別の土地も訪ねてみたい」という思いが湧いてきました。「地域による地方創生の違いや共通点はあるのか」という点が気になったからです。RE:PUBLICさんから紹介されたいくつかの候補地のなかから、小浜町と異なる属性を持つ場所として、秋田県の五城目町を選びました。日本海側特有の自然の厳しさのなかで人口減少が急激に進む秋田県には、地域にインパクトと活力を与える人材の誘致をめざして力を入れている「ドチャベン(=土着ベンチャー)」という取り組みがあり、五城目町はその取り組みの場となっています。一方で、「都道府県幸福度ランキング2022」(ブランド総合研究所 調べ)で秋田県は47位という順位、人口減少率は全国1位で、1956年に人口のピークを迎えて以降、70年近くもの間、人口が減少し続けている先端地域です。こうした地域を移住者が選んだ背景はどんなものなのか、どのような豊かさを求めているのかを伺ってみたいと思い、秋田県南秋田郡の五城目町を2つ目のフィールドとしました。五城目町では、ドチャベンを展開するハバタク株式会社の丑田俊輔さんをはじめ、地域活性化に関わりのある移住者や地域住民の方に出会うことを目的としました。

秋田県南秋田郡五城目町とは

　東京から秋田まで、新幹線で約4時間。到着した秋田駅から五城目町に向かって車幅の広い道路を走っていくと、大きなイオンに迎えられ、五城目周辺の町に入っていきます。

　五城目町の中心は、室町時代も今も「朝市通り」。室町時代から続く朝市が、今でも定期的に開催されています。朝市では、近隣でとれた魚や野菜などが売られ、東京ではなかなか目にすることができないものもあったり、買い物をすると色々なおまけをつけてくれたりと、お店の方々との楽しい交流を味わうことができます。地元のおばちゃん同士の会話を盗み聞きしてみても、秋田の方言が強くて、外からやってきた私たちにはまったくわかりませんでしたが、その会話に五城目町で暮らす方たちの日常を感じることができました。

　朝市通りを少し歩くと、「一白水成」という日本酒で有名な福禄寿酒造が経営する「下タ町醸し室 HIKOBE」というカフェがあります。ここでは、日本酒を仕込むのと同じ地下水を使ってコーヒーを淹れたり、麹を使ったデザートがあったりと、お酒が好きな人もお酒が飲めない人も、五城目の日本酒を楽しむことができます。私たちは、このカフェをひらいた福禄寿酒造の16代目蔵元・渡邉康衛さんにお話を伺いました。なぜ酒蔵がカフェをひらくことになったのでしょうか。

インタビュー4
何を先人から継承しているのかを考えるようになりました

渡邉康衛さん
福禄寿酒造株式会社 16代目蔵元

五城目町出身。2002年にUターン。福禄寿酒造株式会社16代目蔵元。東京農業大学醸造科卒業後、父親から会社の危機を知らされUターン。造り・火入れ・貯蔵・流通などにわたり思い切った社内改革を断行した。2004年に新しい門出の証として社名を「福禄寿酒造株式会社」に変更し、代表取締役社長に就任。2006年に「一白水成」を完成させ全国新酒鑑評会金賞を獲得。

「一白水成」という純米酒で知られる「福禄寿酒造」の蔵元・渡邉さんは、五城目の水と米を使った地域の豊かさを活かすお酒造りに取り組んでいます。五城目のよさを伝えることを意識し、蔵見学に訪れた人には、蔵よりも五城目の田んぼや周辺の町を案内するとのこと。しかし、五城目にUターンで戻ってきた当初は、蔵のことで精一杯で地域のことを考える余裕はなかったそうです。

こんなんでいいのかなと悶々としていた

── 五城目にはいつ戻ってこられたんですか。

　東京農業大学の醸造学科で、4年間お酒の勉強をしました。東京で2、3年勉強してから帰省しようと思っていたんですが、親父から「人が1人でも欲しいからすぐに帰れ」と連絡が来て、卒業した次の日に車に家財道具一式積んで帰ってきました。次の日から蔵に入って働き始めたんですが、さっぱり、わかるわけがなかったです。

　最初は営業で地元の酒屋さんを回りました。当時はほとんどが普通酒という安い酒を造っていたので、「10本買ってくれたら1本つけます」「来月はティッシュつけます」といった話ばかりでお酒の話をすることはほとんどありませんでした。それで年々売上も下がり、ついに危ないとなって自分も蔵に入り、酒造をすることにしました。でも、自分が入ったからといって劇的に変わるということはなかったです。

　当時はボタンを押したらお酒ができるというような機械化された環境で、こん

なんでいいのかなと悶々としていました。どこかで、いつかは山形の「十四代」や青森の「田酒」みたいになりたいと思っていた。けどどうすればいいのかわからない。全国新酒鑑評会の金賞酒を連続でとればいいのかなと思いましたが、取れませんしね。

　その頃、父が五城目の町長になったんです。そのタイミングで、完全に全部自分でやらなくてはいけないことになりました。そこからですね。収支計画を立てて、設備投資した。お酒をよくしても売り先が同じなら何も変わらないので、その改革もしました。問屋さんに卸していたのを全部やめて酒屋さんに直接売る。その代わり売り上げはひどく落ちました。そこから地道にやっていって15年ほど前に「一白水成」ができました。「一白水成」は「白い米と水から成る一番旨い酒」という意味です。当時は蔵の存続のことしか頭になくて、五城目のことなんて考える余裕もなかったですね。

五城目の米、五城目の水で

——酒米を五城目でつくるようになったのはいつからですか。

　最初の「一白水成」は五城目のお米でつくってはいませんでした。でも、やっていくうちに、なぜ地元のお米を使わないのか、疑問に思うようになり、農家さんに酒米をつくりませんかとお話をしてみたけれど、当時は相手にされませんでした。地元で酒米をつくることの意味はあると思います。夏の天気がよいと米が硬くなります。だからもろみをこうしようだとか、農家さんと同じ気温を体験しているからこそ計画できる。一番いいのは、誰が、どんな天候で、どんな工程を経て育った米かを知ってることですね。質が良くても悪くても、関係性があれば農家さんの事情も聞ける。10年くらい前には、そういった地元の農家さんと酒米をつくる体制が整いました。

　水は、今は森山からの地下水です。ここの水質が硬水です。硬水の方が軟水に比べて発酵の勢いがいいんですが、農大で勉強したのはほぼ「軟水のやり方」でした。なので最初の2年は軟水の水道水で造ったんです。でも、やっぱりこれもやっていくうちに「なんで“ここ”で酒造りをしているのか」と。ワインなら葡萄だけど、日本酒は、実は米でなくて水。いい水があるところで酒造りをするというのが原点じゃないかと。「この水を使ってやらなくては」と思いなおりました。俄然やる気が出てきて、麹を替えたり、色々試行錯誤をして、この12、13年で10回くらい金賞を取れるようになりました。酒造りは、蔵主がどんな酒を造りたい

かを明確にもって従業員に伝えることが大事なんですね。

2010年に、秋田の若手の蔵元5名で「NEXT 5」というユニットを結成しました。最初はみんな経営も苦しくて、酒も売れない、美味しくない……なんて、どの酒蔵にもある悩みがあって自分の蔵の酒を良くしたいという思いで始めました。自分たちの酒とその年の評判の酒を選んで定期的に利酒会を開いているのですが、ラベルを隠した酒で低評価をつけたら自社の酒でショックを受けるなんてこともありました。ダメな理由をみんなで話し合うなかから、一緒に1本造ってみようということで共同醸造をスタートさせました。リレー形式で各蔵元が製造工程を受けもって、毎年1つ、お酒を送り出してます。日本酒と全く接点のない人たちとも積極的にやっていきたくて、現代アートの村上隆さんや建築家の田根剛さんにボトルのデザインをしてもらう企画もやっています。最近は、発売と同時に予約で完売するようになってきました。

蔵自慢より地元自慢

──地元の五城目に改めて関心をもたれたきっかけはあったんでしょうか。

NEXT 5で、フランスに行ったときに気づかされたのですが、フランスのワイナリーの人たちは、蔵自慢というよりも地元自慢をするんですね。「この町を好きじゃないなら、うちのワインなんて飲まなくていいからね」というスタンス。「かっこいい、俺も言ってみたい！」と思いました。そこから五城目の町を意識するようになって、それまでは蔵見学に訪れる人には蔵ばかり見せていましたが、今は森山や田んぼを見てもらえばよくて、蔵は見なくてもいいくらいの案内になっています。そんな頃にウッシー（丑田俊輔さん p.182）と出会いました。外に出ていくと、五城目の自慢をしなくてはいけない。そんな時にウッシーからの話で五城目のよさに気づかされたり。「保育園でこんな大きい園庭のところないですよ」なんて言われて「あ、そうなの？」と。地元にいると「あれがあればいいな」とか、ないものの方を思うことが多いけど、ディズニーランドあったらいいかというと、そういうわけでもない。そういうことに気づかされました。ここに来た人が「五城目いいところだな、こんなところでお酒造ってるんだ」と言わせる町なら、品質なんかどうでもいい気すらしてきました（笑）。そもそもの目標は、地元の人がお土産に「五城目の酒だ！」って誇らしく持っていってほしいという思いで未だにやっているんですけどね。

五城目の自慢といっても、自然が豊かだとか、水が美味しいとかは、どこにで

もありますよね。だから結局は人なんだと思います。こんな街並みも、どこにでもある。でも、朝市があって、そこを行き交う人がいて、そこから文化を感じたりといったことはなかなかないことかもしれないですね。お酒からも文化を感じられたり、醸し出している雰囲気とかかなぁ。何が五城目町の文化で、何を先人から継承しているのかを考えるようになりましたね。それらを見てもらえる場の必要性を感じて始めたのが、カフェ「下夕町醸し室HIKOBE」です。もともとみんながワイワイ集まる場所を作りたかったんですよね。お酒を飲めない人も接点を持てる場所になってほしかったですし。ここが1つの文化が生まれる場所になったらいいなと思っています。

インタビューの最後に、「結局は人だと思う」という「五城目の人」とはどんな人なのかをたずねてたところ、ある人が評した東北の県民性を表す言葉を教えてくれました。「岩手は『お前がやるなら、俺応援するよ』、山形は『お前がやるなら、俺も頑張るよ』、そして秋田は『お前やるなら、俺辞めれ』」。「秋田は足を引っ張るというんです。でも五条目に関しては『お前やるなら、俺一緒にやろうよ』という感じ。昔からそう感じていたかというと、そんなことはないんですが、なんとなく変わってきたな、という印象があります」。

そんな五城目の「お前やるなら、俺一緒にやろうよ」のスピリットを発酵させる施設が、朝市通りから6キロのところにある、シェアオフィス「五城目町地域活性化支援センター」（愛称:BABAME BASE）です。廃校となった小学校をリフォームし、地域に根差したベンチャー"ドチャベン（土着ベンチャー）"の拠点となっています。廃校となった2013年に五城目町が開設、現在は一般社団法人ドチャベンジャーズが指定管理者として運営しています。教室を利用したワークホールは19室あり、利用料は月2万円。広告制作、美容院、ドローンスクール、写真家、医療分室といった、様々なジャンルのチャレンジに取り組む人々がここを活動拠点

として利用しています。1階の元給食室のスペースには「ポコポコキッチン」というカフェがあります。"食べること"を通じて交流できるスペースとして運営されていて、固定メニューはなく、ポコポコファームで育てた野菜やご近所からお裾分けしていただいたものなどを中心に日常食として提供していて、ここでは日本円の他に「ポコポコ通貨」という独自の通貨が使えます。農作業を手伝った子どもたちがポコポコでおやつを買えたり、地域の人同士の「ありがとう」がポコポコ通貨によって可視化されています。

廃校となった旧・馬場目小学校は、現建物を含めると100年以上の歴史のある校舎で、地域の中心的な学びの場でした。閉校時、町では工場の誘致などを考えていたそうですが、なかなか決まらず困っていたところ、「小さくても五城目から価値を創り出す拠点にしませんか」と声をかけたのが、今の入居者のひとりでもある株式会社ハバタク共同代表の丑田俊輔さんでした。丑田さんは五城目を拠点に地域の資源を活かした起業や学びの様々なプログラムの開発に取り組む移住者のひとりです。参加者の高齢化が進んでいた朝市を再活性化させた「ごじょうめ朝市plus+」、解体の危機にあった古民家の再生をきっかけに始まった「シェアビレッジ・プロジェクト」など、丑田さんは様々なコモンズ的な場作りに携わってきました。朝市通りの一角にある「ただのあそび場」もそのひとつです。遊休不動産だったビルの2階をリノベーションし、町の人々によってボランタリーに運営されているフリースペースです。地域の子どもや大人がいつでも遊びに来られる「大人も子どもも没頭できる自由空間」として2017年にオープンしました。

この「あそび場」づくりを呼びかけた、丑田俊輔さんにお話を伺いました。会津で生まれ、東京で育った丑田さんは、学生時代に公共施設をシェアオフィスとして活用する東京・千代田区の「ちよだプラットフォームスクウェア」の創業に関わります。「ちよだプラットフォームスクウェア」は、会社の理念や価値観への共感に基づいた「共感投資」をモデルとしており、利益を株主に再配分するのでなく、地域と事業に再投資して町の社会資本を高めようという非営利型の株式会社でした。ここでの事業を通して、人と人のつながりというお金以外の「資本」も「資本」だという認識を得たといいます。

インタビュー5
楽しく、暮らしながら、働く
楽しいというのが大事です

丑田俊輔さん
ハバタク株式会社・代表

2014年春に移住。大学在学中に公共施設を活用した「ちよだプラットフォームスクウェア」の立ち上げに携わる。卒業後、日本アイ・ビー・エム株式会社に就職。退職後、2010年にハバタク株式会社を立ち上げ代表取締役に。ゆかりのある千代田区から姉妹都市である五城目町に出会い移住。解体されかけていた茅葺古民家と出会い、シェアビレッジ・プロジェクトを始める。

つながりという「資本」

　丑田俊輔さんは、五城目で「あそび場」のような様々なコモンズ的な場づくりに取り組む、移住者のひとりです。五城目との出会いは「ちよだプラットフォームスクウェア」に千代田区の姉妹都市・五城目の出張所が開設されたときに、五城目町のまちづくり課の担当者に誘われて、最初に町を訪ねたのは2013年のことでした。その数年前に、丑田さんは学生を海外に送り出す教育事業の「ハバタク」を創業し、海外を行き来する生活を送っていましたが、東日本大震災や子どもの誕生をきっかけに暮らしを見つめなおしたい思いが強まっていたといいます。

――なぜ五城目だったのでしょうか。

　五城目だからというものが強くあったかと言われると、最初の印象は、いい意味で「ふつう」の町だったかなと思います。里山の暮らしが連綿と続いていて、観光地化されていないエリアだから、色々なことを分散的にやりやすい環境がある。山を活用するときも市場経済のなかでは値がつかないので関係性のある人から譲り受けたり。空き家もそうですし、自然資源としての山林も、耕作放棄地や遊休地も……資本主義からこぼれ落ちている潤沢な資源がもうそこらじゅうにある。これを次の時代を思って再活用していく、うまくつき合っていくことができると、いろんなことができるはずです。僕らも、さらに下の世代も資本は決して潤沢にないですが、そうでなくてもチャレンジできる、「何か」をできる余白がものすごくある。東京で真面目に何かやろうとしても資本がなければ全く手が出ません。そ

れは仕事だけでなく家も食べ物も同じで、子どもの遊びにさえ入場料だとかお金を払わないといけなかったり。五城目への移住を決めた頃は、資本主義のなかで貨幣経済の生み出す価値基準でしか物ごとの価値を測れないことに、違和感を感じ始めていた時期でもありました。

学びは町の土壌、遊びは地下水

──移住した丑田さんが、小学校の総合学習授業づくりなどを経て取り組んだのが、「ただのあそび場」。なぜ「あそび」だったんですか。

「ハバタク」で学びの授業をやってきたなかで思ったのは、学ぶこと自体が「将来の年収」や「いい会社に就職するため」といった目的に紐づくと、さらに狭くなってしまうということ。それを手放した領域にアクセスするとしたら、そのキーワードは遊びだと思いました。今、「遊び」にすごく興味が移ってます。

子どもたちを見ていると、なぜそれをやっているのか、本人もわかっていないけどなぜか楽しかったり、時間を忘れたりするようなことがあるでしょう。それが結果的に学びにつながったり、本当に仕事になっちゃったり。でもそれは最初から目的ではない。学びが町の土壌だとしたら、地下水に遊びが流れていると、いい環境、生態系が生まれるんじゃないかなと思うんです。その上に出てくる植生

は、多様であっていいんじゃないかと思っています。

「ただのあそび場」の運営は、ほぼ町の人によるボランタリーなものです。家賃は最低限のもので、遊びの素材もみんなの贈与。掃除も地域の子どもや大人たちが手伝ってくれるので、固定の支出ってほとんどないですね。環境として町にそっとあるという感じです。遊びがきっかけになって、まちづくりや社会課題解決といった目的やテーマ起点では出会えなかったような、色々な地域の人とのつながりも生まれました。

最近1階にカフェができて、周辺のエリアを子どもや若い人が歩くようになったことで、結果的に歩いていける範囲に新たなお店や拠点が増えていったりと、ちょっとしたさざなみがたっているということもあるようです。廃校を活用したシェアオフィス「BABAME BASE」や、茅葺古民家を拠点に地域内外をつなぐコミュニティ「シェアビレッジ町村」なども相互に影響し合いながら、移住・二拠点居住をはじめる人たちが増えたり、地域の人からも何かをやってみようという機運が自然と生まれてきました。それまで長い間、企業誘致実績はほとんどなかったと聞いていますが、ここ数年ほどで、20〜30社ほどは生まれていると思います。

貨幣に頼らないやりとりが関係性を育む

──「あそび場」はコモンズとして開かれた場ですが、長期的にはマネタイズ（収益化）もめざしているのでしょうか。

この場単体での狭義のマネタイズはいったん手放そうと思っているんですが、日常の暮らしのなかで、多種多様なコモンズをいかに無理なく自治していけるのかという視点も大事にはしています。ボランタリーな取り組みがベースなものもあれば、お金をめぐらせていくことでよい状態を持続できるものもあると思います。その上にいろんなものが絡まり合って、場合によってはそこからビジネスになっていくかもしれないし、ならないかもしれない……そういう感じで、コモンズという土壌が豊かにあることで、結果的にどのような変化が起きていくかを眺めていきたいと思います。

五城目で暮らし始めると、贈与の頻繁なやりとりというんでしょうか、隣りに住んでるおじさんが自分のところの敷地まで、どんどん草刈りしてくれるんですね。なんでなんだろう？と最初は思いました。それに対してお返しするセンスというのは、東京にいるとあんまり育たない。それで何でお返しすればいいのかなと思って、東京行ったときに老舗の羊羹を買って持っていったんです。そしたら

「お金で買ったものを持ってきて返すのは、ちょっとセンスがよくない」って。そうかと思って、釣りで釣った魚を持っていってみたら、すごく喜んでもらえたりもします。そういうセンスは、みなさんに育ててもらいましたね。

　小さい田畑を借りてみて、コミュニティのみんなで野菜育てるですとか、自分の暮らしの実態のなかに、別の経済圏が混ざってくるというんでしょうか。引っ越してきてから、その面白さを理論というより体感で楽しんでいると思います。仕事と暮らしを切り分けてはいないですね。これはオフだとかオンだとかという意識はあまりない。全部をお金にしようとも思ってないですし。

自分ごとの課題意識：楽しく、暮らしながら、働くこと

——暮らしのなかから様々な仕事を生み出している丑田さんですが、五城目での仕事のやりがいはどんなところにあるのでしょうか。

　楽しく、暮らしながら、働くみたいなことが一番ですね。楽しいというのが大事です。地域のなかで事業を立ち上げて自律的に回していくのは、それなりにやはり大変なんですが、そこは楽しみながらどう乗り越えていくかと捉えています。

　社会課題として抽象的なものが最初にあるというよりは、自分ごと的な課題意識というのが、やっぱり1つのキーワードとしてあると思います。「課題を何とかせねば」というより、「自分たちもこういうのあったらいいよな」っていうプレイフルな気持ちで集まって、それに向き合っていくっていうところをすごく大事にしている感じがしています。

　「シェアビレッジ」というコモンズを育てるコミュニティプラットフォームをやっているんですが、そこから生まれてきたプロジェクトも最初は遊びから始まりました。子どもをよく山に誘ってくれる山遊びの達人の「じっちゃん」が、一緒に遊んでいるときに「実は山の手入れができないことで色々な影響も出てきていて何とかしたいと思ってる」というので「この山をみんなでシェアして、遊び場にしたり漆を育ててみたり、周囲30キロ圏内ほどの森林を活かした住宅で小さい集落をつくれないかな」と。こうした、個人で所有するのではない、いろんな場所を共有する関係性をつくる仕組みを、デジタルなプラットフォームとして公開することで、五城目だけじゃなく、他の地域のコモンズを育てるツールにもしていこうとしています。これからは、何かいいものを買ったりするより、そういう自分の暮らしを自分で作ることを楽しいと感じる人が増えてくるんじゃないかと思ってます。

こんなふうに遊びのなかから自分のなかで問いが生まれていたり、そこでの関係性がまたつながって事業が立ち現れていたり……という、従来のMBA的な思考とはちょっとちがう自然発生的な事業の作り方、生まれ方がありますね。
　カフェのカウンターで何人かで雑談している時とかに、店主が「夏休み、子どもがめっちゃ家に居て暇そうにしていて大変」といって、「いろんな人が先生になって夏休みの新しい学校を作ったらママさんたちも楽かも？」と発想する。そしたら近くでコーヒー飲んでる人たちが「俺ラップとかできますよ」ってみんなが乗っかってきて、そこから、「じゃあちょっとカレンダー作っちゃうから予定を入れておいて」って。それで身の回りの人たちにチラシを配って、お母さんお父さんも子どもも楽になる、なんてことが割と断続的に起きています。
　シェアビレッジは、協同組合型の株式会社という組織形態を試行しているんですが、議決権をひとり一票で分散しているので、出資した人たちが一緒にみんなで作っていくような関係性になってきている気がしています。もちろん、一生懸命仕事はやらなくてはなりませんが、「投資する側とされる側」とか「消費者と生産者」とか、サービスを「提供する側される側」といった関係が2つに分かれ切っていない関係性になってきて、最近、ちょっと自分のなかで心地のよい感じになっています。

5.5
「地域の豊かさ」についての5つの気づき

▶ STEP 4-1　インサイトをまとめる

　小浜町と五城目町で見た景色や出会った人々の暮らしのなかに、2つのフィールドで共通した「地域の豊かさ」の構成要素だと思われる5つの特徴を見つけることができました。

▌01　移住者が作り出す「ゆらぎ」がある

　長崎県雲仙市小浜町、秋田県南秋田郡五城目町で、理想の暮らしを実践されている方々のお話を伺ってみると、移住者による新しい視点・新しい文化がやってきたときに、地域で今のような「豊かさ」を感じるようになったという共通点があります。それがきっかけとなって「ゆらぎ」として伝わっていき、地域内に暮らしの変化が伝播していく、そんな関係性が見えました。

　「ゆらぎ」が起こるきっかけとなる移住者たちは、自分本位に外の文化を持ち込むのではなく、地域社会のなかで大事にされてきたこと（文化・慣習・資源）を守る視点を持ちながら、それを楽しんだり、継続したりする仕掛けをしています。

　「ゆらぎ」は、移住者が地域住民に影響を与えて次の動きを生む働きかけのことです。この「ゆらぎ」が波紋のように地域全体に伝播し連鎖して、地域の多様な活動や挑戦につながっていきます。その活動が「新しいことを始めてもいいんだ！」という町の空気を生み、最終的にその活力が地域での暮らしの楽しさにつながっているように見えました。地域に根づいた住民だけでは、なかなか起こらない変化です。

　「ゆらぎ」を広げるには、地域と外の世界とをつなぐ人たちの存在が重要です。移住者やUターンの方々が、内側からは見えにくい地域の俯瞰的なよさにも気づいたり、それを外の価値観で定義したり、外との接点を活かして発信したり、外の情報を地域に合わせて持ち込むことで、トレンドや都会の感度を保ちながらも、地域らしい価値観を定義していく場面も多く見られました。

小浜町と五城目町では、移住者からの「ゆらぎ」が地域の暮らしに浸透していくことで、人が広くつながり、みんなのやりたいことが活性化しているように見えました。

　例えば、五城目町で出会った福禄寿酒造の渡邉さんは、移住者である丑田さんと一緒に、約300年地元住民に愛されつつも2020年にクローズした地元温泉を復活させるプロジェクトに取り組んでいます。

　小浜町にある「アールサンクファミーユ」オーナーパティシエの松尾利博さんは、長崎県外でパティシエの修業をされた後、30歳頃に小浜にUターンして実家のパン屋を継ぎました。その後、独立してケーキ屋を開くことを考えていましたが、移住者である古庄さんや山東さんたちと

図II-19

の交流を通じて「ゆらぎ」の刺激を受け、「小浜にしかない食材と自分の技術を掛け合わせたかたち」をめざし、ケーキの様なアイスと季節のお菓子を楽しめる焼き菓子のお店「アールサンクファミーユ」を開業しました。松尾さんは、移住者から様々な情報やスキルを教えてもらう柔軟な姿勢と、「Uターンだけでなく Iターンで小浜に移住した人も大事にして、みんなで仲良くやっていけば、もっと面白い町になる」と考えています。

02　人と人が得意技を知り、得意技でつながっている

　伝播していく「ゆらぎ」が起こる前提として、人と人とのつながりが必要不可欠です。地域のコミュニティとして、地域の子どもの面倒をみんなでみたり、収穫物を分けたり、それぞれの得意分野を活かして地域の活動に協力したりと、小浜町と五城目には、カジュアルに支え合う関係性を持ち、自分たちの手で自分たちの場所を良くしていけることに実感を持てる環境がありました。こうした環境のなかには、何かを始める時に仲間を見つけられる自信が、そして何かをしようとしている人を支える意志がありました。

　こうしたカジュアルに支え合う関係性の鍵となるのが「得意技」です。「得意技」とは、得意なこと、つまり、他の人よりも簡単に、上手にやれることです。自分の「得意技」を知ってもらい、他の人の「得意技」を知ることで、何かを始める時の仲間を探すことができます。こうした「得意技」を介した、必要な時に互いに助け合える関係性が地域の豊かさにつながっています。

03　何を残し、何を未来につなげるかを意識している

　基礎知識を獲得するためのデスクリサーチの時に、今回のフィールドワークのキーワードとして意識したことに「持続可能性」があります。実際に2つのフィールドでも、地域に暮らす人々が地域の今を作り、持続させていくことを、自律的に模索しているように見えました。国の施策や企業の誘致ありきで地域活性化を図るのではなく、地域住民の手でその地域らしさを中心にした暮らしを作っていたからです。少し大袈裟な表現かもしれませんが、その暮らしを明日に、そしてその先の未来につ

なげていこうとする地域に住む人々の強い眼差しが感じられました。

　小浜町の温泉や地熱、五城目町の米や綺麗な水といった自然の資源だけでなく、町の経験を通して醸成された「外の人を受け入れる気質」や文化、今現在も作られている住民同士の関係性もまた、形を変えながら未来に継承されるものとして感じられました。

▌04　ひと手間かけて、自分の思う「ちょっといい暮らし」を作る

　コーヒーを淹れる水を湧水にしてみる。釣り中心の生活をする。土地に根ざした野菜を育てる。ちょっとなら、みんなが勝手に収穫していいハーブ園を持つ。散歩のついでに小道の草を抜く。収穫物を周りに配ったり、交換したりする。

　2つのフィールドには、より自然の恩恵を感じ、もともと豊かな自然を維持するためのひと手間を地域に住む人々が自ら担い、それぞれにとって心地のいい景色を作っている方が多いのが印象的でした。彼らは土地にある環境を享受するためだけにその場所に住んでいるのではなく、やりたい暮らしの実現のために、「ちょっといい暮らし」が作りやすそうな土地を選んでいるのも特徴的でした。

　そして、ひとりで実践するだけではなく、仲間内で「こんなことしたい、こんなふうにしたい」と語り合うことで、背中を押し合ったり一緒に暮らしを作る環境を作っていました。

▌05　「べき」よりも、「楽しそう」を選ぶマインドがある

　2つのフィールドで豊かに暮らす人々には、「地域や身の回りの課題解決をしよう」という肩肘張ったスタンスではなく、自分たちのできる範囲で暮らしをより良くしようとする手軽さや、「アイデアをやってみた」というハードルの低さ、そして「ちょっとやって上手くいかなければやめればいいじゃん」という気軽さがありました。必要なことや、やるべきことという意識よりも、「あったほうが楽しそう・面白そう」「自分たちが便利になりそう」という想いを起点に行動しているように見えました。プレイルドリブン（楽しみや遊びを大切にする考え方）な要素が暮らしのなかにあるように感じられ、楽しい・便利に価値をおく豊かさを実践されていました。

5.6
フィールドワークから見つけたインサイト

STEP 4-1　インサイトをまとめる

人と人を「近づける」仕組みがあちこちにある

　フィールドワークで見つけた豊かな町の特徴についてじっくり見てみると、地域の活性化に成功している町には特別な要素や環境がそろっているということではなく、町の構造自体は、どこにでもある普通の町といった印象を受けました。これは、地域にある豊かさを享受するために必要なのは、その豊かさを見つけられる眼差しであるということを意味しているのではないでしょうか。さらに考えると、地域に豊かさがあるからといって、自然と恩恵を受けられるわけではなく、豊かさを見つけ、作り出し、広げてゆくためには、それを可能にするための地域内の多様な人の関係性、それを作り出すような町の仕組みが必要なのではないかと考えました。そこで、「持続可能な町には、関係を近づける仕組みがある」を、インサイトとして捉えました。

　フィールドワークで訪れた場所や、出会った人たちの言葉を振り返ってみると、地域のなかに巧みに組み込まれた「関係性を作る仕組み」が見え隠れします。その仕組みの成り立ちは多様で、人の手で意図的に作られたものもあれば、意図せず自然にできていたものもあります。私たちは、意識的にこうした仕組みを町のなかに取り込むことで「豊かな町」をはじめることはできないだろうか、と考えました。今回見つけた「関係を近づける仕組み」は、地域の豊かさを広げ、暮らしのなかで豊かさを実感できる町に変えていく可能性を秘めています。

仕組み 1
会話が生まれる場所をつくる

アールサンクファミーユ

　地域の豊かさを生み出す大切な要素として、周囲の人々との関係性があります。そして、この関係性を作る土台となる、最も基本的な行為が「会話」です。人口減少が進む地域では、人手が足りず、必要なサービスが行き届かないということも増えてきます。その不具合を解消するのが「地域の人とのつながり」と、「スキルの交換」です。日常的に、頻度高く会話ができていると、お互いの変化に気がついたり、困ったときに支え合う関係性が築けます。誰がどんな得意技を持っているのかも、会話を通じて発見・共有されます。それにより、暮らしのセーフティネットが醸成され、更には新しいことを始めるときの味方を見つけることもできます。

「会話の生まれる場所」に必要な特性
- 「誰がいて、何をしているのか」が外からよく見える
- 誰でも出入りしてよく、出入りしやすい
- 日常生活に溶け込み、よく行く場所の近くにある

仕組み 2
"企み"の場所をつくる

ただのあそび場

　人口が減る社会では与えられることが減り、自分でやってみる必要がある場面が増えてきます。その時に、やる場所がなかったり、相談できる人がいなかったり、一緒にやる人がいなかったりすると、それが「始める」ことの障壁になります。いつ行ってもいい、いつ行っても誰かがいる「場所」があると、始めることを後押しできます。空き家や空き地、廃校などがある地域では、こうした場所を「自由に使えることが約束されている場所」にすることで、地域の人同士がつながるだけではなく、新しいコトが始まるきっかけを作ることができます。こうした「面白そう」と動き出す地域の活動を増やすことが、地域を停滞させず前に推し進める力となります。

「企みの場所」に必要な特性
- 仲間を募れる、仲間で集える
- 維持するためのコストが低い
- 使う人が、手を入れることを許されている

仕組み 3
地域のみんなが使える共有物をつくる

無料で使える「蒸し釜」

　人口減少の進んだ地域の豊かさの要素に、自然資源の多さがあります。廃校などの広い場所を誰でも使える公共施設にしたり、湧水を汲める場所があったり、温泉を足湯として気軽に楽しめたり、公共の森や釣り場があることで、山や海からの自然の恵みを共有できると、地域の豊かさが向上します。お金が少なくても食べることができる実感が暮らしのセーフティネットになり、その安心感が新しいことを始める時の支えになります。共有物を使う時に地域の人と接点が持てるのも、地域内での関係性の醸成に繋がり、新たな動きが起こって地域の活性化につながります。

「地域のみんなが使える共有資産」に必要な特性
- 地域の人が、管理・運営している
- 地域の人が、手軽に安価で恩恵を受けられる
- 適切に手が入ることで循環・継続している

仕組み 4
歴史から引き継ぐものをつくる

五城目朝市

　古くから人が住み暮らし続けてきた地域には、気候条件や地域の特色に合った歴史と文化があります。こうした土着文化を通じて、地域の人がその土地に愛着を感じたり、お祭りなどの行事を通じて地域の人同士の交流が生まれたり、長く続いている文化の担い手の一員になることで、地域に所属している意識が高まることもあります。

　長く続く文化には土地に根ざした理由があり、先人の知恵を取り込むことで、地域の特性を活かした独自性を持つだけでなく、その場所での持続性を高めることもできます。

「歴史から引き継いだもの」に必要な特性
- 地域の歴史に根づいている
- 地域の資源で作られている
- 地域の気候環境に合っている

仕組み 5
都会人の憧れをつくる

　地方の人が都会に憧れるところがあるように、都会の人も地方に憧れます。例えば、地物や季節を味わえる、畑と食卓の近さや、海や川での釣りを楽しめる環境など、自然の恩恵にあずかる営みは、都会では得られない、地域での暮らしの特権です。

　このような「都会人の憧れ」は、ずっと暮らしていると当たり前すぎて、特別なものであることに気がつかず、「地域の外」を経験したＵターンや移住者の目線を通して発見されることが多いものです。こうして再発見された地域固有の魅力が地域内で共有されると、中の人々が自分の町に誇りを抱くようになり、自分の町の魅力、自分たちの暮らしの豊かさに気がつきます。

「都会人の憧れ」に必要な特性
- 季節、風土や、自然との関わりを感じられる
- 人の手を介した仕事が感じられる
- 効率重視ではない、人とのつながりを感じられる

関係性こそが豊かさ

　5つの「仕組み」が必ずしもすべてそろっていなければならない、というわけではありません。しかし、できるだけ多くそろっていると「地域ならではの豊かさを活かす関係性」が生まれやすい、と考えました。そこには、大きく3つの理由があります。

　まずひとつ目は、コミュニティが生まれやすい、ということ。人口が減少した社会では、人手不足から地域全体にサービスが行き届かないことも多く、地域住民が自分たちで補完しなければならない部分が、どうしても出てくると思います。その時に、相談できる人や一緒に解決してくれる人、力を貸してくれる人がいると、日々の生活が向上します。

　2つ目は、何か新しいことを始められる、ということ。何事も"ずっと同じ"を守りすぎると、周囲の変化に取り残されて時代遅れになってしまう時がきます。地域のなかで新しいことが起こり、長く続いてきたことにもアップデートされることが、町の活気を生み出します。首都圏に比べて、地域では施策と人の距離が近く、やったことの影響をすぐに体感できることが多いそうです。こうして、町の人がやってみたことが、町をよくしているという実感、自分も何かやれば町をよくできるのだという感覚が、町の豊かさを保つ大きな要素になります。

　最後に3つ目は、町を誇れるということ。自分たちの町の歴史・文化や資源などの、自分たち暮らす地域の素晴らしさを知り、語れることはとても大事なことです。地域を誇れる気持ちがあると、地域の文化を継承していくことにも、地域の暮らしを向上することにも前向きな関わり方ができるようになります。

　関係性を生む仕組みが町に広がってくると、地域内からの取り組みが増え、外の人の参与に期待・依存しすぎない持続可能な地域の豊かさが、地域の人々を介して、未来へとつながっていくのではないかと思います。

フィールドワーク②のインサイト

▶ **未来の地域には、
関係を近づける仕組みがある**

6 フィールドワーク③

多彩な文化のむすびかた

未来の築きかた編

兵庫県・長田で
"インクルーシブ" な未来を学ぶ

人口減少・高齢化に伴う生産年齢人口の減少は、人手不足という問題に直結しています。その解決策として、これからの日本は、今以上に外国人の受け入れを積極的に行うことが想像されます。現在の日本における外国人の割合は2.8%程度と、世界の人口に占める移民の割合3.6%と比べて低いですが[11]、今後は観光のような短期的な訪問だけでなく、働く場・安全で豊かな暮らしをする場所として日本を選択する外国籍の人も増え、日本はこれまで以上に、多文化共生を進めていく必要があるのでは、と考えさせられます。

　日本人と移住者がともに暮らしながら、日本のよさを共有できるまちづくりには何が必要なのだろうか。言葉や生活様式の違いを受け入れ、共存するためにはどんな仕組みが必要なのだろうか――これらの問いを探求するために、3回目となるリサーチプロジェクトでは、「多彩な文化のむすびかた――多文化共生の仕組とは何か、多様な人々が交流する地域を辿り、構想する」をテーマとして掲げました。リサーチのフィールドとして選んだのは、多文化共生の歴史が長く、行政と地域住民の両方から共生をめざす取り組みが行われている兵庫県神戸市長田区です。取り組みの現場を観察し、町の文脈を読み解きながら、多文化共生に向き合う多くの方々にお話を伺いました。

6.1
「多文化が同じ土地で暮らすとは？」
という出発点

> **STEP 1-1　リサーチテーマの設定**

　人口減少・高齢化が進んだ日本で起こる一番顕著な問題として想定されるのが生産年齢人口（15〜64歳）の減少です。日本の生産年齢人口は、70%程度あった1995年をピークに減少を続けており、2024年現在で59%程度、2035年頃には57%程度、つまり、社会のなかの働き手が人口の半分程度にまで下がると予想されています[12]。こうした状況のなかで、人手不足が深刻化し、海外出身者に頼る動きは、年々強まっています。これからは多くの地域で、就労目的で来日する海外からの移住者が増えて

いくと思われます。そのなかで、移住者と日本人の住民が、暮らしのなかで課題にぶつかることも増えていくと考えられます。

　一方で、日本人と外国にルーツを持つ人々が、上手く共生を実現している地域もあります。今回のリサーチでは、共存に至るまでにどんなことが起こったのか、何が共生を可能にしているのかを知り、これからの多文化共生について構想することにしました。

6.2
様々な先端事例

> ● STEP 1-2　デスクリサーチ

> ● STEP 1-3　先端事例を整理し、兆しを見つける

　日本における外国人の状況を知るために在留外国人数を調べてみると、出入国在留管理庁が公開している情報から、2024年度の在留外国人数は358万8,956人で過去最高を更新しており[13]、過去10年で150万人ほど増加していることがわかりました。中国や韓国・北朝鮮のように以前から多く在留している人々だけでなく、最近では東南アジアを中心とした多様な国からの在留が増えているそうです。同じく出入国在留管理庁が公開している情報から、在留外国人が暮らしている場所について調べてみると、東京都が70万人と最も多く、全体の358万人の約2割を占めていることがわかりました[14]。2位以下は愛知県、大阪府、神奈川県、埼玉県、千葉県、兵庫県と続き、関東・関西地方の都府県が上位を占めています。また、関東地方の東京都、神奈川県、埼玉県、千葉県を合わせると145万人で全体の約40%、関西地方の大阪府、兵庫県、京都府を合わせると53.4万人で全体の約15%になり、割合としても関東と関西で全体の半分以上を占めていることがわかります。

▌「芝園団地」の試み

　日本で暮らす外国人について情報を集めるなかで、『芝園団地に住んでいます』[大島隆：明石書店：2019] という書籍に出会いました。本書では、ひとりの日本人住民の芝園団地での暮らしの記録が書かれています。舞台

となっている芝園団地のある埼玉県川口市について調べてみると、外国人の人口は10年間で約1.7倍に増え、今では人口の約8％を外国人が占めています[15]。都心へのアクセスの利便性や比較的住宅費が安いこと、外国人市民の生活支援に力を入れていることなどから、中国人をはじめベトナム、フィリピンなどアジアの国からの外国人が多く暮らしているそうです。

芝園団地の住民の割合は半数ほどが外国人、そのほとんどが中国人ということです。書籍には、日本人の高齢者と外国人の若者という、文化だけでなく年代も違う住民たちがどのように共に暮らしていくのかを模索した実情が描かれています。まさに日本がこれから直面する少子高齢化・多文化社会の先端事例と言えます。高齢化が進むと、お祭りなどの行事にも外国人の若者の協力が必要になるなど、地域文化の継承における多文化共生のあり方という、新たな視点を得ることもできました。

『多様性×まちづくり インターカルチュラル・シティ──欧州・日本・韓国・豪州の実践から』[山脇啓造・上野貴彦：明石書店, 2022]には、中心文化とマイノリティの文化が互いを尊重しながら交流することによって、ひとつの新しい文化を築き上げていこうという考え方であるインターカルチュラリズムという概念と、その概念に基づいたまちづくりをめざす自治体のネットワークであるインターカルチュラル・シティについて、理論と事例を交えながら紹介されています。ここでは、移住者の統合政策は4つに分類され、1から4に進むほど、平等性と多様性が確保されているとしています [図II-20]。

この分類に合わせて今の日本を考えてみると、「ゲストワーカー政策」と「同化主義」のいずれかに位置するのが日本における多文化共生の現況だろうという共通認識を持つことができました。そして、これからの多文化共生の先端事例をメンバーそれぞれが持ち寄り、共通点、相違点を探りました。

台湾　教育プログラム「Book & Host Project for Migrants」
台湾で働くためにやってきた外国人のための教育プログラム。コミュニケーションや文化についての教材やオンラインコンテンツを無料で提供している。外国人労働者はこの教材によって台湾での新しい生活にタイムリーに適応し、雇用主や地域社会との衝突を避けるこ

とが可能になるそうです。インストラクターとのオンライン学習プラットフォームや、様々な外国人のその後の生活を取り上げたインタビューやレポートなど。外国人同士、外国人と台湾市民とのネットワーク形成にも貢献している。

スペイン・バルセロナ「反うわさ戦略」

移民の増加に合わせて自然と増えてくる移民への否定的な「うわさ」に対して、日常のなかで説得し、「移民」や「〇〇人」と単純に括らないように認識してもらうための取り組み。データを用いて各人がうわさに対して反論できるよう、住民参加型の講習や教材作成、演劇など多様な手法を用いている。うわさをする人を責めるのではな

図II-20 移住者の4つの「統合政策」[山脇・上野 2022]

1
ゲストワーカー政策
Guest worker policy

移住者は一時的な労働力であり、いずれは出身国に戻る存在とみなされ、短期的で移住者の地域社会への影響を最小限にするような対策がとられる。移住者の経済的権利の保障を目指す一方で、社会的・文化的・市民的権利は考慮されない。

2
同化主義
Assimilationism

移住者やマイノリティは永住者として受け入れられるが、できるだけ早く同化することが想定される。受け入れ先のコミュニティの文化規範との違いは奨励されず、抑圧されることすらありうる。

3
多文化主義
Multiculturalism

移住者やマイノリティは永住者として受け入れられ、一つの社会の中に、複数の文化が対等な形で共存する。一方で、異なる文化ごとのコミュニティがお互いに接点を持たず、社会が分断されるリスクがあるという指摘もある。

4
インターカルチュラリズム
Interculturalism

多様性を尊重しつつ、異なる文化間の相互交流や共通の立場につながる取り組みを重視し、移住者とマイノリティは自らの文化を保ちつつも、社会への統合を求められる。ただし、統合は同化ではなく、社会の基本的なルールや根源的な価値を守るのであれば、多様性が確保される。

出典：『多様性×まちづくり インターカルチュラル・シティ』[山脇・上野：2022]

く、うわさについて議論する場を作り、地域社会の課題として共有し、物ごとを違う角度から捉えなおすように導くことを目的としている。外国人ではなく、外国人に対する自国民の意識に対してアプローチしている点が特徴的。

　日本国内で見てみると、大阪府・箕面にある、日替わりで地域に住む外国人がシェフになり、母国の味を提供しているカフェ「コムカフェ」も先端事例です。このカフェの特徴は「日本人が外国人を支援する」のではなく、外国人が主体的に自分たちがやりたい企画を立ち上げ、外国人同士のコミュニティづくりを率先して行っている点にあります。外国人住民が少数点在傾向にある箕面市において、孤独感を感じる外国人の居場所にもなっていて、外国人にとってのセーフティネットの一部になっているように思われます。
　これらの先端事例を見てみても、多文化共生の取り組みは、市民のマインドセットに関わるものや、外からやってくる人々のための公的な仕組みや制度、地域住民の手によって進められている取り組みなど様々で、「多文化共生に決まったかたちや答えはない」と考えさせられました。しかし、それが逆に日本におけるこれからの多文化共生を考える上での重要なポイントとなるようにも思えました。

6.3
仮説策定

▶ STEP 2-1 　仮説を立てる

　多文化共生について探索するために、まずチームで「多文化共生」という言葉の認識を合わせることから始めました。そこで、多文化が共生している状態」を定義する議論を重ねた結果、「日本人と外国からの移住者の間で共通文化を構築すること。文化や生活が混ざって最適化されること」を、「多文化が共生している姿」と仮定しました。理解の決め手となったのは、議論のなかでメンバーの1人からぽろっと出た「麻婆の入ったおせち」という言葉です。

　「おせち」は重箱に入ったおかずを親しいものたちで集まって食べ、新年を祝う正月のイベントなのだから、必ずしも日本の伝統的な正月料理である必要はないのではないか、麻婆豆腐が入っていてもいいのではないか。そんな会話を通して、「文化の根幹や大切にしたい部分を残しながら、異なる文化を受け入れ、混ざり合うことを許容していること」を多文化が共生している状態として捉えることにしました。

　そして、日本人と外国からの移住者の間に共通文化を構築するためには、相互交流＝異文化の橋渡しをするブリッジとなる人・組織・場所・仕組みが必要なのではないだろうかと考え、「多文化共生には、文化をつなぐ仕かけとなるブリッジが必要である」という仮説を立てました。そして、共生のブリッジを持っている地域に暮らす、日本人と外国人の双方の話を伺うフィールドワークを行うことにしました。

多文化共生には、文化をつなぐ仕かけとなるブリッジが必要である

No.1	No.2
どちらかが歩み寄るのではなく、両者がお互いに歩み寄る状態であること	文化や生活が混ざり、最適化された共通文化を構築すること

6.4
長田（兵庫県）を訪ねる

▶ STEP 3-2　有識者インタビュー
▶ STEP 3-3　フィールドワーク

　今回のフィールドワーク先の条件として重視したのは、人口における外国人比率が高く、外国人との共生の歴史があり、日本人と外国人の双方の話を伺えるということです。特に3つ目の条件を満たすためには、地域のコネクションを幅広く持っている方に現地のモデレートを依頼できなければなりません。これらの条件をもとにRE:PUBLICから紹介を受けたのが、兵庫県神戸市長田区でした。長田区は、兵庫県神戸市を構成する行政区9区のひとつです。一方で、人口密度は最大で、人口は減少傾向にあり、高齢化率は35.0%と高く、さらに外国人が占める比率は7.01%と、東京23区の4.84%と比べても高い比率で、兵庫県神戸市のなかでも中央区に次ぐ高さとなっています[17]。多文化共生の歴史も古く、戦前から朝鮮半島、沖縄、奄美群島といった長田以外にルーツを持つ人が多く暮らしていて、1980年代からはベトナム人も暮らすようになり、現在では様々な背景を持つ人が暮らしています。今回のテーマのフィールドとしては理想的に思える場所でした。

　長田の案内は、金千秋さんにお願いしました。金さんは長田で30年近く活動する団体「多文化・多言語コミュニティ放送局 FMわぃわぃ」代表理事を務め、活動のなかで日本人・韓国人・ベトナム人の様々な人々

と関わりを持ち、地域に根づいたネットワークを構築しています。金さんのご協力のもと、たくさんの人たちに出会い、多くの施設を訪れ、長田の町の歴史を知ることができるということも、兵庫県神戸市長田区をフィールドとする決め手になりました。

　長田区は、六甲山から海岸まで延びた長方形のエリアで、面積は11.46km²と全9区のうち最小です。長田は、海沿いに位置し海洋貿易で海外から材料を輸入することで、明治から大正にかけてマッチ産業が、大正から第二次世界大戦後にかけてゴム産業、以降はゴム産業から発展したケミカルシューズ産業が盛んな土地です。海外から移り住んだ人たちも多く、特に朝鮮半島から移住してきたコリアンルーツの人々が産業の働き手として雇用されてきた歴史があります。

　母国の政治的背景の影響で1980年代からやってきたベトナム人と長田の土地を結びつけたのはケミカルシューズ産業です。現在もケミカルシューズ産業をはじめとした長田の地場産業は外国人に支えられていて、行政の多文化共生・交流促進の取り組みが長田区予算主要施策として採択されています。さらに、多文化共生を推し進める地域団体も数多く存在し、外国人が生活の場にも溶け込んでいるのが長田の特徴です。

　地域団体が数多く存在する背景として、1995年の阪神・淡路大震災があるそうです。地震で家や仕事を失ったベトナム人は、日本人の被災者と同じように学校に設けられた避難所に避難しましたが、そこで「外国人」という理由から拒絶され、避難所を出て行かざるを得なくなり公園での避難生活を余儀なくされたそうです。震災をきっかけにして、それまで存在はしていたけれど表立っては認識されていなかった日本人と外国人の間の断絶が顕在化したことで、震災以降、外国人を支援したり受け入れる活動に取り組む団体が立ち上がり、現在に至ります。

長田の多文化共生を支える拠点施設

今回のフィールドワークでは、長田の多文化共生を支えてきた拠点施設や場所を訪れました。

外国人の割合が高い長田区では、公益財団法人の「神戸国際コミュニティセンター（KICC）」や多文化共生の拠点施設「ふたば国際プラザ」など多数の団体が存在し、海外から来られた人々が日本で安心して暮らしていくための行政サービスや生活ガイダンス、交流の場を提供しています。

① アールティー　② 神戸国際コミュニティセンター（KICC）　③ 神戸コリア教育文化センター
④ 神戸市立真陽小学校　⑤ 神戸定住外国人支援センター（KFC）　⑥ 駒ヶ林浦漁業会
⑦ スタジオ・長田教坊　⑧ たかとりコミュニティセンター／ベトナム夢KOBE
⑨ 多文化共生ガーデン　⑩ 小さな図書館ラントイ　⑪ 肉のデパート マルヨネ
⑫ 日本ベトナム友好協会　⑬ バシン・ホールディングス　⑭ ふたば国際プラザ
⑮ 本町筋商店街　⑯ 真野地区まちづくり推進会　⑰ YUUTO加工

神戸国際コミュニティ
センター（KICC）／
神戸市長田区腕塚町

新長田合同庁舎／
神戸市長田区二葉町

ふたば国際プラザ／
神戸市長田区二葉町

民間の市民団体も数多く存在する長田では、阪神・淡路大震災を機に設立された「たかとりコミュニティセンター」や「神戸定住外国人支援センター（KFC）」など、地域に住む様々な文化背景をもった人たちが共生し、よりきめ細かいサポートや生活に根ざした取り組みを行っています。なかには「多文化共生ガーデン」といった、移住者の有志によって自発的に立ち上げられたスポットもありました。

❶❽ 阪神自動車航空鉄道専門学校　　❶❾ NGO 神戸外国人救援ネット

神戸定住外国人支援センター（KFC）が運営する高齢者介護施設「グループホーム ハナ」／神戸市長田区西尻池町

たかとりコミュニティセンター／神戸市長田区海運町

ベトナム人の移住者が長田の空き地を活用して故郷の野菜を育てている「多文化共生ガーデン」／神戸市長田区駒ヶ林町

6.5
長田で出会った人たち

▶ STEP 3-2　有識者インタビュー

　外国人を受け入れ続けてきた歴史を持つ長田では、異なる時期に様々な国から日本に移住してきた人々がこの地に定住し、もとより住んでいた日本人との間で生活のなかで関わりを持ちながら、深い関係性を築いています。

　移住した背景や状況、長田での暮らしを始めた時期は実に様々ですが、私たちは海外からの移住者とその家族や子孫の方々、それから長田の土地で移住者を受け入れる現場に携わってきた人々の両方に話を聞きました。

　フィールドワークで出会った人たちは、「日本人」と「外国人」のようにくくらず、共に同じ土地で暮らし関わり合う人間として大きく 3 つのグループに分けました。

▍長田で訪ねた3つのグループ

グループ1　海外からの移住者や外国にルーツを持つ人の生活を支援している人

グループ2　長田で暮らす海外からの移住者や外国にルーツを持つ人

グループ3　長田での暮らしのなかで、海外からの移住者や外国にルーツを持つ人と関わりを持っている人

グループ1

海外からの移住者や外国にルーツを持つ人の生活を支援している人

　「公益財団法人神戸国際コミュニティセンター（KICC）」や「地域とともに進める多文化共生の拠点施設」を理念に掲げる「ふたば国際プラザ」など、長田に拠点を置く外国人支援団体では、日本語の学習支援や外国人留学生への食糧支援、子育て支援などを含めた、初めての土地で暮らし始めた外国人に、生活のあらゆる側面でのサポートを行っていました。

　海外からの移住者が日本での生活に馴染んでいけるよう、最低限必要

長田区で訪ねた3つのグループの人々

フィールドワークで出会った長田の人たち ※五十音順

GROUP 01
海外からの移住者や
外国にルーツを持つ人の生活を
支援している人

公益財団法人
神戸国際コミュニティセンター
総務部長兼事業部長
甲斐 隆弘さん

一般社団法人
神戸コリア教育文化センター
代表理事
金 信鏞（キム シニョン）さん

神戸定住外国人
支援センター（KFC）
志岐 良子さん

神戸市 長田区 総務部
地域協働課 課長
田中 謙次さん

NPO法人日越交流センター
兵庫理事／行政書士
鳥本 敏明さん

日本ベトナム友好協会顧問／
NPO法人日越交流センター
兵庫理事長
中村 通宏さん

NPO法人
NGO神戸外国人救援ネット 理事
鞆本 郁さん

日本ベトナム友好協会本部理事長、
日本ベトナム友好協会兵庫県連理事長、
NPO法人日越交流センター兵庫副理事長
山根 香代子さん

GROUP 02
長田で暮らす海外からの移住者や
外国にルーツを持つ人

Bánh Xèo cô Nga（ベトナム料理店）
グエン・ガーさん

多文化共生ガーデン
トゥアン・トラン・マイさん

YUUTO加工
パム・ヴァン・ハイさん
（高山 優人）

VIAN
ファン・チョン・クォンさん

GROUP 03
長田での暮らしの中で、
海外からの移住者や
外国にルーツを持つ人と
関わりを持っている人

阪神自動車航空鉄道
専門学校 副理事長
池田 勝さん

神戸市立真陽小学校
ホアマイ教室 担当
勝 翔太さん

FMわぃわぃ 代表理事
金 千秋さん

神戸市漁業協同組合／
駒ヶ林浦漁業会所属
尻池水産代表
尻池 宏典さん

ベトナム夢KOBE 代表
野上 恵美さん

スタジオ・長田教坊
パク ウォンさん

株式会社アールティージャパン
代表取締役
バシン 晴美さん

肉のデパート
マルヨネ 専務
正岡 健二さん

神戸市立真陽小学校 校長
丸山 知格さん

NPO法人DANCE BOX／
VIAN
横堀 ふみさん

な日本語や生活のルールを学べる機会の提供や、受け入れる側との交流を生むための場づくりは、日本人も含めた地域全体がより暮らしやすくなるための活動や支援と捉えることができます。

　長田に拠点を置く数々の団体のなかには、1980年代以降に様々な経緯によって来日した中国人やベトナム人への支援を行っている団体もあれば、それ以前に朝鮮半島から日本に移住してきたコリアンルーツの人々とその家族や子孫の社会的な支援を行ってきた団体もあります。どちらにも共通しているのが、海外からの移住者たちが日本で暮らしを営んでいくうえで、社会からこぼれ落ちないよう、一人ひとりに歩み寄った支援を行っているということです。移住者1世が言葉の壁やビザの取得問題など生活に直結した課題に直面する一方、2世や3世は社会的な差別や自身のアイデンティティに悩むなど、親世代とは異なるレイヤーの問題に直面してきました。このような市民団体は日本人が外国人を支援するだけではなく、移住者同士で支え合う団体もあることがわかりました。

▎NPO法人「ベトナム夢KOBE」を訪ねる

　ベトナム人の生活支援を中心に活動するグループに、NPO法人「ベトナム夢KOBE」があります。阪神・淡路大震災被災時のベトナム人被災者支援を契機に設立された同法人は、生活相談や通訳・翻訳サービスの提供、母国語教室の開催、子どもたちへの学習支援など、時代とともに変化する地域のニーズに応えながら活動を続けています。地域の祭りでベトナム料理をふるまったり、震災追悼の日である1月17日にはフォーを作って地域住民に配ったりするなど、地域に根ざしたボランティア活動も行っています。この団体の原点を伝える、現代表の野上恵美さん（武庫川女子大学講師）の言葉があります。「被災時のベトナム人と日本人との協働の精神を忘れずに、ベトナム人と日本人が一緒になって活動を行うことを大切にしています。「ベトナム人のため」でもなく「日本人のため」でもない、「同じ社会の一員としてのベトナム人と日本人のための団体」であるということが私たちの原点です」。「ベトナム夢KOBE」の成り立ち、これまでの活動、近年の課題や希望をお聞きするとともに、「多文化共生」とはどのようなあり方なのか、野上さんに伺いました。

インタビュー1
共生は、けんかができて仲直りできる関係

野上恵美さん
ベトナム夢KOBE代表

「ベトナム夢KOBE」代表、武庫川女子大学心理・社会福祉学部社会福祉学科教員。専門は文化人類学、移民研究、マイノリティ研究、在日ベトナム人研究。在日ベトナム人との関わりを通して、「多文化共生」の難しさの背景にあるものについて研究と実践から思案する日々です。

　野上さんが長田を初めて訪ねたのは2004年頃。文化人類学者である野上さんは、フィールドワークを主な手法として、インドシナ難民として来日したベトナムをルーツとする人々の定住過程やコミュニティ形成などを研究テーマとしており、当初は研究調査の目的で通いはじめました。その後、まもなく長田に居を移し、まもなく20年を迎えます。「ベトナム夢KOBE」との出会いは、たかとりコミュニティセンターで開かれたワークショップで聞いた初代代表の難民一世の女性の話でした。大きな衝撃を受けた野上さんは、「この人のことをよく知ってみたい。在日ベトナム人のことを本格的にやろう」と決め、ボランティアを志願します。その頃はベトナム語もできなかったため、「いても役に立たん」と思われていたそうですが、なんとか受け入れてもらい、当時の自宅のあった京都から長田まで通い続けました。そこから信頼をえて、2014年から代表を務めることとなりました。

長田の歴史と地域性

——「ベトナム夢KOBE」はなぜ長田で立ち上がったのでしょうか。

　1995年の阪神・淡路大震災が起きた頃、長田にはインドシナ難民として日本に渡ってきたベトナム人が1,200人ほど住んでいました。その背景には、姫路にあった「定住促進センター」という国の施設からの地縁があります。そこから定住生活に入る際、長田の地場産業であるケミカルシューズ産業が好景気だったため、多くの方が仕事を求めてこの地域に集まってきました。長田という地域にはもともと、様々な人を受け入れる素地があったのではないかと考えています。

　もうひとつ重要なのが、「カトリックたかとり教会」の存在です。ベトナム難民として来られた方にとって、自分の住む地域に宗教施設があることは非常に重要でした。長田の場合、精神的な拠り所となる教会の近くに経済的な基盤となる職

場があり、さらに比較的低家賃の住宅も多くあるという複数の好条件が重なっていたのです。

　そして、生活がようやく安定してきた頃に被災してしまうのですが、ベトナム人で亡くなった方がいなかったのです。その理由のひとつの仮説として「旧正月」が挙げられます。1月17日は旧正月の時期にあたり、多くの方がベトナムに帰省していたのです。本来、難民は祖国への帰国を制限されますが、国家間の関係が変化し、ベトナム政府の見解も変わったことで、親族訪問などでの帰国ができるようになっていました。ただし、避難所生活では新たな課題に直面することになります。例えば、ベトナムの家族は日本の一般的な家族より規模が大きく、大家族が普通です。そのため、食料配給の際に疑いの目を向けられたり、「外国人なら国に帰れば」といった心ない言葉を浴びせられたりすることがありました。

　当時のベトナム政府は、被災した難民に対して特別な支援を行っていませんでした。これは2011年の東日本大震災や新型コロナのときとは異なる対応でした。このような状況下で、「ベトナム夢KOBE」の前身である「NGOベトナム in KOBE」を設立した難民一世の女性は、「これまで自分が難民として日本に来た時も、震災の時も、たくさんの日本人に助けてもらった。しかし、いつまでもお客さん意識でいるのは私たち自身ではないか」と考えられたそうです。「『私たちは何も知らないから助けてもらって当たり前』ではなく、社会の一員として働きかけていく必要がある」と。そして「自分たちで住みよい社会を作っていく」という理念のもと、2001年に「NGOベトナム in KOBE」が設立されました。

多文化共生の重要な要素

——受け入れる素地が長田にあったというお話をくわしく教えていただけますか。

　在日コリアンの方々が以前から多く住んでいる地域という点は、重要だと考えています。ケミカルシューズ産業では、在日コリアンの方々が中心的な役割を果たしてきました。そこに新たにベトナム人が入ってきたとき、在日コリアンの経営者の方々は「自分たちの父母の姿を見ているようだ」と語られます。工場で一生懸命働くベトナム人の姿に、子ども時代に見た両親の姿を重ねていたのです。挨拶を交わしたり気を配ったりしているうちに、在日コリアンとベトナム人の間に自然なつながりが生まれていきました。あるベトナム人の方が「キムチは日本の漬物だと思っていた」と話してくれたことがあります。これは長田の食文化にキムチがそれほど深く根づいているということだと思います。

新長田の総合庁舎前に若い世代が営むベトナム料理店があるのですが、最初は小さな店でバインミーだけを売っていたんです。総合庁舎前という好立地に移転できたのは、韓国商工会議所がその物件を紹介してくれたからだったそうです。今でもそういったつながりが生まれているのを実感しました。

——定住者のお話が中心でしたが、一時滞在者との関わりはいかがでしょうか。

もちろんつながりはあります。ベトナム夢KOBEに相談者として来られる場合もありますし、留学生にボランティアスタッフとして手伝ってもらうこともあります。世代間で政治的な思想や国に対する思いは全く異なりますが、年齢が離れているからこそ、お互いに譲歩し合える関係が築けているように思います。

——そういった方々との接点はどのように生まれるのでしょうか。

技能実習生の方々は、まずベトナム人が集まる場所を探します。レストランは経済的な負担が生じるため、宗教施設が重要な接点となっています。信者でなくても、お寺や教会に行けば他のベトナム人と出会え、母語で会話ができ、情報も得られます。また、無料のWi-Fiがある場所にも自然と人が集まります。そういった場所に「ベトナム夢KOBE」の資料を置いておくと、「相談に来ました」「日本語を教えてもらえますか」といったかたちでつながりが生まれていくんですね。

日本語教育とキャリア形成の課題

——ベトナムのコミュニティの学習支援に関わってこられましたが、学習機会は十分だと感じられますか。

特に最近の子どもたちは、文字を読む機会が極めて少ないと感じます。私が関わっている小規模範囲でも、外国にルーツを持つ子どもたちは教科書以外の文字に触れる機会がほとんどありません。教科書も内容がパターン化していて、表面的な理解にとどまりがちです。そのため、学習支援では音読を重視しており、ゆっくりと、その都度情景を想像しながら読むことを大切にしています。アニメでも漫画でも構わないのですが、とにかく大量の言葉に触れることが重要だと考えています。

作文力も課題です。SNSだと短い文章でやりとりができます。読書感想文などになると、ひとりで書くことは難しい。そのため、「ベトナム夢KOBE」では本を一緒に読むところから始めています。小学5年生でも絵本を選んでくる子がいますが、まずは文字を読むことへの抵抗感をなくすことを重視しています。

——そういった状況のなかで、ベトナム人の子どもたちの将来の就職について、ど

のような傾向が見られますか。

　私の見てきた範囲での実感をお話しさせていただきますと、もちろん大学進学後に就職という道を選ぶ方もいますが、途中で断念してしまうケースや、早く収入を得たいという思いから、高校卒業後すぐに就職を選ぶ傾向が見られます。親の苦労を間近で見てきた経験から「大学に行って何になるの？」という考えを持つ子どもも少なくありません。ただ最近は、親の経済状況が安定してきたこともあり、学習塾に通わせるケースも増えてきています。

共生は、けんかして仲直りできる関係

——ベトナム人コミュニティとの関わりのなかで難しさを感じることはなんですか。

　行政と協働事業を行ったときに、コミュニティ内部の多様性を伝えることに難しさを感じました。共同事業として日本人とベトナム人の大学生がペアになって、早朝のごみ収集時間帯にごみステーションに立って挨拶をする活動を展開しました。この取り組みは非常によい成果をあげ、当初ベトナム人がルールを守らないと考えていた地域住民の方々の理解も深まっていきました。

　しかし、行政との協働においては、コミュニティの内部の多様性をどこまで理解していただけるかという点が課題です。行政の事業は規模が大きいため、どうしても一括りに捉えざるをえない面があります。例えば、「在日外国人だから英語表記を」という発想や、「ベトナム語で書けば解決する」という単純な考え方ではなく、ベトナム語が読めないベトナム人もいるという現実への配慮が必要です。

　これは私自身がコミュニティに長く関わるなかで、より深く見えるようになった課題かもしれません。以前は気づかなかったことが、経験を重ねることで見えてくるようになったのだと思います。

——ベトナム人の世代が変わるにつれて相談内容も変化してきたというお話でしたが、日本人側からの相談内容はあまり変わっていないような印象を受けました。日本人側の相談者の世代についてはどのように見えていますか。

　電話相談が中心なので年齢は把握しづらいのですが、比較的年配の方が多いように感じます。職場のベトナム人を「助けてあげたい」という相談も、年配の方からが多いように思います。

——野上さん個人として「多文化が共生できている状態の理想形」とはどのようなものだとお考えですか。

　「共生できている」と感じられる状態は、お互いに遠慮なくけんかができて、な

おかつ仲直りもできる関係だと思います。最初は私も「ベトナム人だからこう」と考えがちでしたし、向こうも「日本人はうるさい、細かいことを言ってくる」と感じていたと思います。しかし次第に、それは民族性の違いではなく個人の違いなのだと考えるようになりました。ぶつかり合いがあっても次につながる関係性、たとえ一時的に縁が途切れても、何年後かに会った時に「久しぶり！」と気軽に声をかけ合えるような。そういったつかず離れずの関係性を続けられることが、ひとつの共生の形なのではないでしょうか。

——そういった理想形に対して、現状は山で言うと何合目くらいでしょうか。

　5、6合目といったところでしょうか。まだまだ課題は多いと感じます。

——残りの道のりを進むために、どのような取り組みが必要だとお考えですか。

　大きな話になりますが、学校教育をはじめとした教育を変えていかないとだめだろうと思っています。学校教育は均質性をすごく重視していて、それはひとつの教育のあり方だとは思いますが、ある程度の均質性を担保しつつも文化的背景の違いをどう考慮し、配慮していくかがやはり大事だと思います。そういう変化が、一番大きなところ、社会を変えるところにつながっていくだろうなと思います。

　だから、学校の先生と会う機会があると、子どもの現状をできるだけ伝えるようにしています。また、その一方で、私たちからベトナムの方たちに「変わってほしい」と伝えることはありませんが、「日本の社会はこういう社会ですよ」と伝え続けるということですよね。一方だけに何かを強いるというのは共生ではないと思うので。きれいごとと思われるかもしれませんが、そういうふうにどちらもがどちらのことも配慮し合いながら生活できる、そのことが堅苦しいとか窮屈だということではなく、そうあることが人間関係の基本だと思うんです。そういう基本のところをやっていけるような……日本人とベトナム人がお互いの接点を持てるような活動をもっとしていきたいなぁと考えています。今、ベトナム人スタッフからは「カフェがしたい」とか「子ども食堂で困ってる子どもたちを助けたい」といった食を通じていろんな人としゃべりたい、つながりたいという声が聞こえてくるんですね。これからは、ぜひそういったことができたらと思っています。

野上さんのお話から、「ベトナム夢KOBE」の活動が「支援者→被支援者」という単純な図式で捉えられる一方向の支援ではないことがよくわかりました。「どちらもがどちらのことも配慮し合いながら生活できる、そのことが堅苦しいとか窮屈だということではなく、そうあることが人間関係の基本だと思う。そういう基本のところ」をやっていきたいという言葉は非常に示唆的でした。日本での生活に必要な日本語や生活のルールを学ぶ機会の提供や受け入れる側との交流の場づくりは、海外からの移住者が日本での生活できるようになる支援というだけでなく、日本人も含めた地域全体がより暮らしやすくなるための活動なのです。

　グループ1でお話を伺ったみなさんには、それぞれが考える理想の多文化共生の姿についても伺いました。「地域のコミュニティのなかで行政が関与しなくても移住者たちが孤立しにくい環境があること」「意思決定をする場に日本人だけではなく、外国人が関わっている状態であること」という具体的な意見のほか、日本人側の意識改革が必要という意見も聞かれました。「ゴールはそもそもなく、不断の努力をしている状態が多文化共生」という言葉を耳にしたときは、日本に暮らす誰しもが向き合い続け、考えていくべき課題なのだと気づかされました。日本のなかでも多文化共生が特に進んでいると思い込んでいた長田のみなさんからの「まだまだ道半ばである」という言葉にはとても驚かされました。

グループ2
長田で暮らす海外からの移住者や外国にルーツを持つ人

　今回のフィールドワークでは、長田に居住する海外からの移住者や、日本以外の国にルーツを持つ方々にもお話を聞くことができました。前述の通り、ここ長田はもともとゴムなどの製造業が盛んな地域で、1980年以降は特にケミカルシューズ（神戸シューズ）産業の労働力を補うために、ベトナムを含む海外からの移住者を受け入れてきました。「ボートピープル」と呼ばれるベトナム戦争難民の子孫や技能実習生など、日本に来た時期や背景は人によって実に様々ですが、彼らがどのようにして「地域との接点」を作り出してきたのか、ベトナムの方々を中心に探りました。

ベトナム語が読める「ちいさな図書館」ラントイ

ベトナムの人々が自由に使える「多文化共生ガーデン」

インタビュー2

仕事ができたら、ベトナム人かどうかは関係ないですね

プァム・バン・ハイ（高山優人(たかやまゆうと)）さん
株式会社YUUTO

1975年生まれ。1992年に来日。2012年にケミカルシューズの製造を手掛ける「YUUTO加工」を神戸市長田区で立ち上げ、2016年に「株式会社YUUTO」として法人化。妻と息子、娘の4人家族で長田に暮らしている。

　プァム・バン・ハイさんは、長田区で株式会社YUUTOというケミカルシューズ工場を経営するベトナム1世です。YUUTOという社名は日本名の高山優人から採ったそうです。1992年に17歳で日本に来てから約30年、ずっと長田で暮らしています。日本語がまったくわからない状態で来日し、仕事をしながら独学で日本語を学び、8年ほどでほぼ話せるようになりました。1997年に22歳で結婚、現在は24歳の息子さんと21歳の娘さんがいます。
　息子のプァム・グエン・ティン・フゥンさんは、今は別の靴会社に勤めていますが、プァムさんはいずれ会社を譲るつもりです。「もう十分に働いたから、そろそろ僕は引退ですわ」と話すプァムさんに、これまでの仕事とこれからを伺いました。またインタビューに顔を出してくださった息子さんに、ベトナム2世としての現状や思いを聞きました。

独立から現在まで

——独立した時のことを教えてください。

　独立したのは12年前です。長田は靴関係の会社が8割くらいなので、この仕事につきました。いろんなところで勉強して。最初は朝7時から仕事を始め、忙しかった時は寝るのは夜中の3時くらいでしたね。靴作りはめっちゃ大変なんです。靴を履いてて足が痛くなるのは、1mmの違いで足に合わなくなるから。だから1mmの単位から計算しないといけないんです。最初は夫婦でやって、それまでいろんなところで仕事してたので、その付き合いで営業に行って、普通は5年から7

年かかるところを2年で従業員が10人以上に増えました。仕事が間に合わへんぐらいに忙しかった。1日で3万足分。ありがたいことにそれで一気に成長したけど、コロナでガクンって落ちました。すぐ終わるやろうと最初は我慢してたけど、今は2人になりましたね。

——従業員はベトナムの方が多いのですか。

　仕事ができるかできへんかですね。僕は日本語をしゃべれるから日本人でかまへん。やってくれるかどうか。仕事さえできたら、ベトナム人かどうかは関係ないです。会社は会社ですからね。付き合いや友達関係はあるかもしれないですが、会社に来たら会社のルール。仕事を教えて、できるなと思ったらOKです。

仕事のコミュニティ、普段のコミュニティ

——来日したばかりの時に働いていた工場は日本人が多かったですか。

　そうですね。長田はベトナム人が多いけど、今はペルーですとか、ベトナム人以外の人も結構増えてます。ベトナム人はゴム関係の仕事は少ないですね。若い人はより収入の多い仕事を求めていて、食材も全部値上がりしてるけど給料が上がらないですから。上がらないというか僕も30年前に受けた値段と今まったく一緒。上げたいけど上げられない。

——コミュニティでご自身のお友達はベトナム人の方が多いですか。

　僕は日本人が多いですね。仕事関係でベトナム人は3割くらい、日本人は7割くらいかな。靴関係で30年やってるから長田はほとんどの人を知ってます。外に出とったら顔見知りにすぐ会う。仕事以外でも会いますよ。こういう仕事柄、飲み会とかはやっぱり行きますね。

——長田でしっかりビジネスされてて、これからもずっと日本で？

　そうですね。今、帰化の手続きをやってるんですけど、めっちゃ大変です。ベトナムも日本も両方、めっちゃめちゃ厳しい。僕は会社経営もしてるから、個人だけじゃなく会社の書類も全部出さないかんから普通の倍です。ずっと日本に住むつもりやったから永住権は20年くらい前にとって何年か一回、切り替えしてます。ずっと長田に住んでて子どももいるし財産も持ってる。だったらもう帰化しようと思って。ベトナム人やけど30年も住んどって日本人みたいだから、もう帰化したほうがええねんかなって思っとって。まずは日本の手続きが終わってから、ベトナムの手続きですね。日本はだいたい6カ月から1年間、ベトナムは2年ほどかかります。めっちゃめちゃ大変。日本はいろんな面接があって、実際まだやっ

てないからわからないですけど、例えば日本語をしゃべれるか、小学5年生くらいの漢字は書けるかとか。帰化申請は家族全員で出してて妹と兄はすでに審査はおりてますが、僕は会社関係で書類が大変なので時間がかかっています。僕は日本語をしゃべれるけど、漢字は下手。学校に行ってないですからね。子どもらは全然大丈夫です。ふたりともちゃんとしゃべれるから。

——お子さんふたりはベトナム語と日本語、どちらが得意ですか？

そりゃあ日本語のほうが得意です。下の子は中国語、ベトナム語、日本語、英語もできます。中国語は自分で映画見たりして覚えたみたいです。中国語の語学学校とかいっさい行ってないのに。僕もびっくりしました。「なんで中国語を喋れるの？　俺はベトナム人やで」って（笑）。

2世の実状と思い

——ベトナムに住んでみたいと考えたことはありますか。

　ファム・グエン・ティン・フゥンさん（ファムさんの息子）：まったく思わないです。全然暮らしが違うし、日本に慣れてしまったので、ベトナムに帰ったときも、帰ったというか行ったときも、やっぱり日本のほうがいいなって思います。

——ご家庭の料理はベトナム風なんですか。

そうですね。ベトナムってちょっと味が濃いんですけど、お母さんも日本に慣れてるからマイルドにやってくれるので、日本料理と変わらないくらいですね。

——例えば小学校や中学校で、海外にルーツを持っていて日本語があまり話せない友達はいましたか。

ほぼいなかったです。全員同世代で日本で生まれた子ばかりだったので。途中から日本に来たって子はほぼいなかったですね。みんな日本語で普通に会話してたし、友達も日本人の方が多いです。ベトナムの友達も1人2人はいましたけど、他はもう日本人ばっかり。学校にベトナム語教室とかなかったですから、僕も両親の影響でベトナム語を覚えただけで、勉強とかは自分からしてないです。お母さんがほんまに日本語をほぼ使わないんですよ。だからベトナム語をしゃべらないとお母さんと会話できないから僕もしゃべれるようになったんかなって自分では思ってるんですけど。同じ世代だとベトナム語が話せない人のほうが多くて8、9割はしゃべれないと思います。

——これからどんなことをしたいとお考えですか。

長田で自分のブランドを持ちたいです。長田をもう1回盛り上げたいなと思ってて。長田以外の他の土地でやってみたいとはまったく思わないです。長田は、やっぱり住みやすいです。もう慣れてしまったというか。今後も靴関係の仕事しか考えてないって感じです。最初に靴関係の仕事に進もうと思ったのは高校の時ですね。高校の進学関係で色々考えた時はあったんですけど、そこからはほぼ考えていません。

——地元の友達は結構長田に残りますか。他県で就職される方が多いですか。

他県に行ってる人もいますね。割合的には半々くらいです。

——同世代のみなさんは「これから長田の靴業界を自分たちで盛り上げていくぞ」という感じですか。

そういう感じは、あんまりないですね。専門学校には服のコースとビジネスコース、そしてシューズコースがありますが、シューズコースは僕1人だけなんですよ。服コースは40人超えてるのに。靴ってなんだか難しいから勉強したくないと思われているみたいで、だからみんな服のほうにいっちゃうんですよ。

グループ2のインタビューから共通して見えてきたのが、「国籍」ではなく、「できること」に目を向けて、共に働いているということです。

お話のなかで「たまたま」という言葉をよく耳にしました。偶然出会った人でも、能力や人間性が求められる仕事と合っていれば、背景や国籍は関係なく働く仲間として雇用されていました。さらに深くお話を伺っていくと、人口が減り続ける日本では労働人口として外国人を受け入れていく必要があるという認識と、自分が住む地域全体をよりよくしていきたいという思いが、みなさんの根底に存在するようでした。

そこで見えたのは、2つの「接点」です。1つは、「職」を通じた接点。移住したばかりの人は、製造業や漁業など地域に根づいた産業にスキルや労働力を提供し、働き手として関わることで、地域との接点を作っているようでした。また、ひとつの産業や業界だけに従事するのではなく、複数の「職」を身につけることで、地域や住民との接点を増やしている人もいました。

2つ目は、「場」を通じた接点です。移住したばかりで日本語での会話が難しい人などは、日本語とベトナム語の本が置かれた小さな図書館を自宅の前に設置したり、ベトナム料理に使う野菜を栽培した「多文化共生ガーデン」を住宅地で運営するなど、地域のなかで誰もが関われる場所を自ら運営することで、地域の住民との接点を作っていました。

グループ3

長田での暮らしのなかで、海外からの移住者や
外国にルーツを持つ人と関わりを持っている人

3つ目のグループは、働く場や学校などで外国人と接点のある人たちです。外国人を雇用している人のほか、共に地域づくりをしていく仲間として海外にルーツのある人と関わりを持つ人たちもいました。調査前は、業務や活動のなかでの様々な国際交流の取り組みを聞く想定をしていたのですが、実際のお話からは普段のコミュニケーションで使う言葉や考え方を少し変えたりするような「共生」に向けた地味な努力を絶え間なく続けていることが見えてきました。

インタビュー3
その子の背景をちょっと想像するだけで
かける言葉も変わっていく

丸山知格（とものり）さん
神戸市立真陽小学校校長

1967年生まれ。北海道出身。幼少期は新潟県の長岡や長野県の松本などを転々とし、中学生の頃に神戸へ移り住む。大阪の大学を卒業後、神戸市の公立学校の教員を歴任し、2023年4月から神戸市立真陽小学校の校長に着任。

　神戸市立真陽小学校で校長を務める丸山知格さん。真陽小学校には、ベトナムにルーツを持つ児童も多く通っています。同校では、2006年より「ホアマイ教室」というベトナム語やベトナム文化を学ぶための教室が開かれています。「ベトナムにルーツのある子どもたちが小学校のなかで輝く場を増やしていきたい」という願いのもと、現在（2023年）は、近藤美佳さん（大阪大学講師）が中心となって毎週1回教室を実施しています。

地域の多文化共生の経験

――真陽小学校で「ホアマイ教室」が続いているのはなぜだと思われますか。

　まずは地域の方の理解が大きいと思います。私も着任してまだ3カ月なのでくわしくわかってないところがたくさんあるんですが、それぞれの地域に、その地域の特徴や歴史があります。そのなかで新しいことを受け入れたり、新しい状況が根づいたりしていくためには、地域の理解、受け入れる土壌が必要だと感じます。

　この地域には、外国の方が多いからか、その方たちが住みやすくなるようにとか、楽しめるような行事を考えておられる方もいらっしゃいます。そんなことをいつも考えておられる、そういう人たちの思いが重要なんじゃないかとすごく感じますね。

　神戸には多文化共生教育を推進する学校がいくつかあるんです。例えば町の中心地の、交通の便がよくマンションも多く建設されている場所で、多くの国の子どもが通う学校があります。また本校の、近隣の小学校とその子どもたちが通う

中学校の校区には、韓国・朝鮮やベトナムにルーツのある方々が多くいらっしゃいます。神戸のなかでも外国にルーツのある子どもが多い地域で多文化共生教育を進めていくことはとても重要だと考えています。

　この間も、校区の中学校の校長先生と、本校の「ホアマイ教室」のようなところで学んだ子たちのその後を知る必要があるという話をしました。どのような中学校生活を送り、どのような進路を選んでいるのか。例えば受験のことが出てきますよね。子どもたちが日常会話ができるのは当然なんですが、学習のための言語力を獲得しないと希望通りの進路に進みにくくなる可能性が出てきます。また保護者と話していると将来は母国での生活を考えている方、日本とベトナムをつなぐ仕事を考えている方、そのまま日本での生活を考えている方……と様々な思いがあることがわかります。ですから、近隣の小学校、そして校区の中学校とも連携することは大切だと思います。

　このインタビューの前に、ホアマイ教室の近藤先生とも少しお話ししたんですが、子どもたちがベトナム語を勉強することが将来にどうつながるのか、また他の子どもたちにとってどのようなプラスになるのかを、もっと想像して考えていかないといけないと思いました。ただ単に「ホアマイがあるわ」「ずっとあるから行くねん」というだけではいけないと思うのです。その点は見直しをして、形だけでなく、子どもたちの未来のためによりよいものにしていきたい。ベトナムの子どもの教室ではあるけど、周りの子どもたちにとっても多文化共生の場です。その周りの子どもたちにとっても、プラスになるよう考えたいなぁと近藤先生とも話してたんです。

　続けている間にも、教員はどんどん入れ替わっていくので、その意識が薄れていくと思うんですね。それを職員で共有していかなければなりません。こんな教室がある学校は全国でも滅多にありませんから、そこはちょっと探っていきたいなぁ。

子どもの未来と向き合う

　私が30数年前に初めて担任をもったのは、三宮の中心にある小学校でした。昼間の人口は多いのですが夜間人口は少ない地域だったので、都会の学校やけど一学年は10数人という規模でした。そこに中国の上海から3年生の女の子が転入してきたんです。ご両親は日本の大学に通うために来日したのですが、彼女は中国語しか話せませんでした。初めての担任で「俺、どうしようかな」って戸惑って

しまって。中国語で「わかる？」だけを勉強して、そればかり繰り返しながら一生懸命日本語を教えました。結局その子の将来を考えるのが大事と思ったんです。ご両親に「もし日本に住むんやったら日本語を教えていきますけど」と話したら「いや中国に帰る」とおっしゃいました。両親が大学を卒業したら中国に戻るので、中国語も大事だと聞いて「なるほどな」と、自分にとっても勉強になりました。そんな出会いがありました。

　また別の出来事ですが、小学校の水泳の授業で着衣泳を行う際に、スイミングスクールの協力を得ることがあります。私が教頭をしてる時でしたが、スクールのスタッフのひとりが「丸山先生～！」ってやってきたんです。ベトナム籍の教え子でした。その子がスイミングのコーチの仕事をしていたんですが、日本名を名乗っていました。「あの子がこんなに立派になって」って本当に涙が出そうになるくらい嬉しかったのは覚えてます。かつての教え子たちが今一生懸命頑張ってる姿を見ると本当に嬉しいのですが、一方で「小学校の時にはベトナムの名前（本名）でいたのに、今、日本名を名乗っていることの背景は何だろう。その子たちの未来になんかしてあげることはできたんやろうか？」「自分はちゃんと考えとったんかな」とふりかえると、決してそこまではできていなくて。一緒にしゃべったりして「楽しいな」で、終わっていたのではないかと思います。

保護者の価値観の違い

――今までのご経験のなかで、日本人・ベトナム人・ブラジル人のいろんな保護者の方と関わってこられたかと思います。文化による違いや、逆に一緒だなと感じる部分はありますか。

　もしかすると、違いはあるのかもしれないですね。でもね、やっぱりどの方もそうなんですけど、自分のお子さんを大事にされているし、一生懸命に思っているし、それに寄り添うことでコミュニケーションができていくと思うんです。ひとりの子どもと対する時も、私たちが「困った子」とマイナス面から見ていくのでなく、「頑張っている子」と見ていくことで、かける言葉も変わり、保護者ともつながりが強くなっていくように思います。

　これまでも「将来の進路について困ることがいっぱいある」とは聞いているのですが、小学校のなかでは、それがあまり見えてこないんですね。そこは私たちがもうちょっと意識を高く持たなければならない部分なのかなと思いますね。子どもも毎日わからない言葉で説明されてるのを、一生懸命「うんうん」と聞いて

る時間は辛いと思うんですよね。

　24時間ずっとというわけにはいきませんが、そういう子たちがいるということをちゃんと考えておく。「短い言葉で、わかりやすい言葉で」とはよく言われるんですけれども、どこかで「通じるかな」「わかりやすいかな」と意識することが大事なんだと思います。

――ホアマイ教室を通じて、保護者のみなさんとの関係性の変化を感じられたことはありますか。

　まだホアマイ教室のある学校に来て3カ月なのでわからないことは多いですが、もしホアマイ教室がなくなって、また同じようなコミュニティを作ろうとしたら簡単ではないと思うんですね。「ホアマイ教室がある」ということ自体が、本当に大きな力のひとつですね。それをどう活かしていくのかが、これからの大きな課題です。地域の4つの小学校・1つの中学校のなかでも、ここにしかないですからね。

　「真陽小学校でいいことしてる」「私たちも作ろうか」となっても、どのように作ったらいいのか、そういう人たちを集めてどのようにしていくのか。今は大学の先生の力を借りて成り立ってる部分があります。それも大事にしながら、いいものにしていかないとなと思います。大きな宿題です。

たくさんの文化を受け入れ、いろんなことを許せる人であって欲しい

――長田は外国にルーツがある子どもたちにとって住みやすい、という印象はありますか。

　先ほどもお話しましたが、大きくなって出会った子どもが、子どもの時にはベトナム名でしたけど、今は日本名を名乗っているんですね。「ああ、名前変えたんやな」って。きっと本人の心のなかで大きな何かがあったと思うんですよ。成長とともに社会へ出ていくなかで、仕事やそこでの待遇などで日本名にしようと思ったのかもしれません。ほんまはそんなところを突っ込んで話ができたらいいなぁとは思うんですけどね。

　子どもたちはこれからたくさんのことを学びます。そこからいろんなことを認め、許せるような人たちになって欲しいなと思います。子どもたち同士の関わりのなかでは、それぞれの思いのやり取りがうまくいくこともあれば、そうでないこともあります。やはり大切なことは相手の立場を認め、許し、お互いともに成長しあうことだと思います。

多文化共生でもあるけど、人の理解でもある

——丸山さんはいろんな多文化共生の学校や地域を見てこられたと思いますが、個人としての、こうなってたら多文化がしっかりと共生してると思える「多文化共生の理想形」のイメージをお持ちですか。

難しい宿題を出しますね（笑）。国籍がどこかというだけの話ではないと思うんです。LGBTQに悩む児童もいます。教員や職員にも同じ立場の方がいます。学習等の発達、家庭の事情等、色々な状況があると思います。学校の先生方にもよく言うんですけど、「自分のなかにもあるように、人は苦手なこと、心にひっかかっていること、悩んでいることなど色々なものを背負って毎日をすごしている。それを前提として人と接しないといけない。それは子どもに対しても一緒やで」って。

目の前の子が、もしかしたら家でめっちゃ怒られて半べそかいて学校に来ている子かもしれん。そんなこと、いちいち全部の話を聞いていくことはできないのですが、ちょっと背景を考えていけるようになると、かける言葉が変わっていったり、ちょっとした仕草に対して寄り添えたりするんちゃうかなぁって思います。

多文化共生でもあるけど、人の理解でもあって。「こうでないとアカンよ」じゃなくて、いろんなものもどれだけ受け入れていけるか、多様性が幅広くなった分、大変なんですけど、そこは自分の勉強やなと思います。いろんな背景、いろんなパターン、いろんなカテゴリーの人たちがどんどん増えているので。

いくら子どもたちが「ホアマイ教室」で勉強した、「オリニマダン〔韓国語や韓国文化を学ぶ教室〕」で勉強したって言うても、隣りの子に「なんやお前！」って言うてたら本当はあかんのです。そういう時があってもいいんですよ、自分の主張としてはあってもいいんですけどね。だけど、いろんな考え方をすることが普段の生活のなかにちょっとでも生きて、「いいよ」って言ったり「この子すごいやん」っていう言葉になっていったりしたら、学校って楽しいな、明るいな、嬉しいなって思いますね。

インタビュー4
長田の懐の深さに支えられています

池田勝さん
阪神自動車航空鉄道専門学校・副理事長

1971年生まれ。小学生の時のレース観戦を通じて知り得た自動車パーツメーカーに憧れを抱き、その企業へ高校卒業後に入社。開発部の下積みから始まり、その後社長を11年務め、2022年4月から現職。幼少期から憧れ、お世話になった自動車業界への恩返しとも感じ、少しでも多くの子どもや若者たちへ乗り物の素晴らしさを伝えて行きたい。

　阪神自動車航空鉄道専門学校は、1990年代に全国で自動車整備士学校が広がる流れのなか、1989年に尼崎で開校しました。2017年に神戸市長田区に移転し、現在は自動車、鉄道、二輪の3学科を主軸とする専門学校です。国家資格の二級自動車整備士の取得を主な目標とする自動車学科は、2010年頃までは日本人学生が大半を占めていましたが、その後、中国人・韓国人留学生が増加。近年ではベトナム、ネパール、ミャンマー、スリランカ、バングラデシュなどのアジア諸国からの留学生が急増しています。長年、自動車業界に携わり、2022年から副理事長として学生と交流をもつ池田勝さんに、自動車業界における国際化と学校における多文化共生について伺いました。

異文化の教室

——今の留学生は、どんな背景の方が多いですか？

　開校から30余年の間で、留学生の質も大きく変わってきました。以前は中国・韓国からの留学生が中心で、比較的裕福な家庭が多く、日本のアニメが好きとか、車が好きとか、そういう文化的な関心から来日するケースが多かったんですね。
　でも今は様子が違ってきています。ベトナム、そしてネパールやミャンマーと、より南方の国々からの学生が増えてくると、今までと違う家庭環境の出身者が増えてきました。特にネパールの学生の多くは農村部の出身で、ご家庭の年収をおよそ伺うと200万円〜300万円くらい。それでも年間100万円近い学費を払って来てくれます。大きな借金を背負ってまで来日する留学生の目的も変わってきました。「車が好きだから」というより、「自分の生活を向上させたい」という強い意

志がありますね。

　ただ、ここで大きな課題が出てきました。留学生が整備士の学科に簡単には入れなかったのです。というのも、整備士の専門学校は二級の国家試験を取得するための養成施設なので、テキストは日本人学生と同じものを使用します。そうなると最低でも日本語能力試験Ｎ３、できればＮ２合格レベルの日本語力が必要なのです。そこで当時考えたのが、工業技術系の専門学校である本校に日本語教育課程を設けることでした。「日本語コミュニケーション学科」で１年間しっかり日本語を学んでから、自動車学科に進んでもらう道を用意しました。

　さらに、ここ最近の留学生の日本語能力を考慮して、２年制の日本語専門学校（グローバル日本語学科）も新設しました。新たに入国してくる留学生には、併設する日本語学校の日本語別科で６つのクラスを設け、国籍に関係なく、日本語の能力でクラス分けをして対応しています。教室の配置なども、日本人と留学生とを分けることはせず、自動車のエンジンの実習室と日本語授業の教室が隣り同士で行われています。片方の教室でエンジンがブルンブルン唸っている横で、もう片方では「あいうえお」と声を出して学習が行われている。そのような環境のなかで、学生たちもお互いにだんだん異文化への理解が育まれていくのかなと思います。

　今年は最初、日本人の学生と留学生が少し距離を置いていたのですが、ゴールデンウィークを過ぎたあたりから急に交流が活発になってきたんですね。ある物静かな日本人の学生が「海外で働きたい」と言い出したので「何、どうしたの？」って聞いたんです。そうしたら「自分の友達が留学生なんですけど、彼らと一緒にコミュニケーションを取るなかで、もっと世界を見たくなった」って。「お前、成長したな。この数カ月で！」って、私も感動しましたね。

　そういう異文化の交流があることで、学生たちの見識が広がっていくんです。今までこういう言葉が発せられることってなかなかなかったんですが、今年の１年生は留学生の数が増えたこともあって、日本人がすごくいい影響を受けている感じがしますね。今後そういうことがどんどん活発になっていけば、お互いの人種や国についての理解も深まっていくんじゃないかと思います。

　今年は自動車整備学科で、初めて留学生の数が日本人学生を上回りました。今は成績上位はほぼ留学生が占めていて、去年の自動車学科の首席はベトナム人留学生でした。留学生たちは本気で日本での生活を考えています。５年から10年は日本で働いて、技術と資産を身につけてから帰国する。そういうキャリアプランを持っている学生が多いですよね。

——現場での課題はどんなことがありますか？

　地域密着型のディーラーさんと話していると、お客様から「留学生が整備するのは不安」という声があるということも聞きます。日本は留学生の就職の門戸はまだまだ限られています。しかし、どこの国籍の誰が整備しても、優秀な人間がしっかりと整備すれば、それは関係ないことだと理解されるようになってほしいです。とある自動車ディーラーさんは、優秀な留学生が非常にいい仕事をすることをわかっておられ、社内でもそういったコミュニティができあがり、留学生をどんどん採用してくださっています。例えば、ベトナム人が２、３人その会社に就職すると、コミュニティができていくので、その後は先輩が行って居心地がいいからという理由で連鎖的に留学生が増えていくこともあります。そうなると会社を辞めてしまう社員も少なくなります。職場環境もよくなり、だんだんとお客さんや地域との関係も国際色豊かになり、理解が進んでいくのかなと思います。

　今、学校で課題となっているのは、初級レベルの日本語を教えられる教員が少ないこと。言葉が通じないので、本当に身振り手振りでなんとかやり取りしながら教えています。中級・上級レベルの先生はまだ割といらっしゃいますが、本当に日本語が全くできない状態から学生に向き合って、日本語を黒板に書いて教えられる先生が極めて少ないです。今後、日本語が全くできない留学生が入ってくる可能性があります。日本として労働人口を確保していくためにも、それを受け入れる体制を作っていかなければなりません。そこは重要視していくべきところだと思います。

　うちの先生方は、そういった生徒への配慮は非常に手厚いですね。何かあれば生徒側に寄り添って「歯が痛い」「調子が悪い」となれば、すぐに病院に連れていってあげたり、「ケータイがつながらなくなった」と言えば、つながるようにしてあげたり。日本で生活したことがない、日本語ができない留学生たちを成長させ、日本で生活できるようになるまで指導していきます。単に日本語や技術だけを教えるだけではありません。そこに先生方の途方もない苦労とやりがいがある。ただ、留学生たちが増えていくと、どこまで同等の対応ができるかなという「規模のジレンマ」がどうしても出てきますね。先生方の苦労もかなり増えますから。

長田は異文化がなじんでいる

——卒業後の留学生は、どんな進路になるのでしょう？

　長期的な視点で見ると、留学生たちの滞在パターンも変化してきました。以前

は数年で帰国するのが一般的でしたが、最近は短くても5年から10年は日本で働きたいという希望を持っています。農村部出身の学生が仕事についてから婚約者を呼び寄せ、日本で家庭を築いていくケースも増えています。彼らはある程度の財産と技能を身につけたうえで自国に戻り、交通インフラの整備に携わっていきます。ある程度は国に帰ってしまう前提のうえで、5年から10年のサイクルで若い人たちが入れ替わりやって来る。そういった循環ができると、いろんな意味での日本の経済を支えてくれる人たちの循環経済ができるのかもしれません。

であればこそ、彼らがそこまでしても来たいと思える日本の魅力発信と長期間での生活のしやすさが必要になってきますよね。我々で言えば、日本の整備士になってちゃんと日本や海外の車を学び、自国に帰ったら走っている日本や海外の車について、十分な知識と技術がしっかり身についていれば必ず将来の糧になっていく、それをしっかりと学ばせてあげる、留学生にとって魅力的な学びの場と安心して働ける地域の就職先を提供するというのが必要になってくると思っています。それはまた地域への貢献にもつながっていきます。

――学校がここにあるよさといったものはありますか?

関東圏から引っ越してきて、この長田区で生活していて感じるのは、許容性というか懐の深さです。日本人の自分が思うほど、地域の方々と接していてそれを切に感じます。僕自身も、そこにすごく助けられていると思います。元々こちらの地域は、韓国やベトナムの方と共に生きてこられた歴史があるからなのかもしれませんが、異文化がなじんでいるな、という感じがあります。この雰囲気は、日本の他の地域では、まだあまり見られないものかもしれません。

自分が住んでいた千葉の成田は国際空港がある関係で、長田と同じように非常に国際色豊かで、外国ルーツの小学生たちが普通に街で日本人の子どもたちと遊んでいるようなところでした。そのため、自分も異文化を自然に受け入れていたのですが、やはりその地域にどういう理解があるかで、そういった異文化に対する雰囲気は全然違ってくると感じますね。それは誰か媒介になる人たちが地道に動き回ることで、いろんな人が感化されていくものであったりするのだと思います。実は大人たちよりも子どもたちのほうがその辺の吸収や理解というのは、意識の壁がなかったりしますよね。

地域の地道な取り組みが育てる「多文化共生」

可愛いんですよ、留学生!　本当に彼らを大切にしないと。ほんとに純粋でね、

とてもいいんです。でもやはり、たまに謝罪に行ったりすることはあります。この長田ですら地域の住民の方から「料理する時のスパイスの匂いがきつい」「うるさい、くさい！」といったクレームが来ることもたびたびありました。あまりにも短期的な解決が難しかったので、しょうがなく学生を違う所へ住まわせた、ということもありました。最近は減りましたけど。自分が住んでいる住まいも、最初は外国の方がほとんどいなかったのですが、おそらくコロナ禍で人があまり入居しなかったためか、一気にどこかの留学生が増えました。毎日どこからともなく漂ってくるスパイスの匂いが本当にすごいんです。学校では先生たちが、ハラルの人でも誰でも食べられる豆カレーやサバカレーを作って生徒たちに振る舞うことがあるので、僕は匂いには慣れているのですが、経験のない方はびっくりしちゃうかな。お隣りの留学生も、週末になると四六時中パーティをやっているので、「これ、下の人たち、大丈夫かなぁ？」って思います。国による当たり前の日常生活の違いからくるギャップに、お互いに戸惑ってしまう。留学生からすると今までと同じようにしているのに、日本人からすると「なんだアイツらは」みたいに感じてしまう。そこで留学生たちに対して先生方が、「日本での生活マナーはこうします」「ゴミはこの日にこのように出します」等々教えて行くわけです。

　また、「FMわぃわぃ」の金千秋さんや長田区役所さんからは、「長田区のお祭りやイベントに留学生の作ったカレーを出店してみませんか」といったお話をよくいただきます。実際に出店してみると留学生が作ったネパールカレーやチャイがあっという間に完売したりして、地域の方々に「美味しい」と喜んでいただける、作った留学生たちもすごく嬉しくて喜ぶ。ここでお互いの距離が近づく。地道ですけど、こうやってお互いの文化の相互理解が進んでいくのだと思います。他にも留学生に浴衣を着せてお祭りに参加させていただいたり、ボランティア清掃を近隣の方々とさせていただいたり、こういった触れ合いの機会を与えてくださる長田区役所さんや地域の方々には、本当に心から感謝です。たぶんこのような方々の、こうした取り組みの積み重ねが、将来の街を形成していくのだと思います。素晴らしいと思いますね。

6.6
「多文化共生」についての3つの気づき

▶ STEP 4-1　インサイトをまとめる

　フィールドワークに訪れる前は、人口減少が進んだ日本において、「これからどんどん増える日本に迎える外国人の方々と、どうやって暮らしを紡いでいくべきなのか」「多文化共生を促進させるためにはどんな仕組みが必要なのか」を考えていました。

　兵庫県神戸市長田区で、長田で暮らす海外からの移民や外国にルーツを持つ人、暮らしのなかでその方たちと関わりを持っている方々、もしくはその方たちの生活を支援している方々にお会いしてお話を伺い、活動の拠点となる施設や場所を訪れ、様々な立場から見えていることや感じていることを言葉にしていただくことで、「何らかの仕組みがあれば多文化共生が進むのではないか」と考え始めました。

　「多文化共生」というと、万国共通の理想形があると思いがちですが、フィールドワークでのお話を伺う中で「どんな場所でも再現性が期待できる汎用性の高い仕組みはない」ことを改めて知りました。そうした現実のなかにも、多文化共生を実現するために必要だと思われる3つの気づきがありました。

▌01　個人個人が持っている違いを受け入れる

　「日本人と外国人では、暮らしてきた環境や生活様式が違うから、物ごとの感じ方が違うのは当然のことだ」と思う人が多いとは思いますが、この違いを「わかっている」と「受け入れている」のは大きく違います。

　長田で会った人々は、生まれ育った環境や国籍に関係なく、お互いの違いを受け入れて、同じ土地で共生していくための努力を続けておられました。今回、多文化共生という視点でフィールドワークを行っていたものの、各個人が抱える違いは国籍や文化だけではないという、当たり前なことにも気づかされました。

　それぞれの持つ背景は多種多様であり、ひとりのなかにも多様な要素が内在し、私たち一人ひとりが、全く違う個人です。国籍、背景、文化

にかかわらず、2人以上の人が集まれば、そこには必ず多様性が生じるという当たり前のことに、長田を訪問して改めて気づかされました。そして、この多様性に向き合うことが、多文化共生の最も大切なことだとわかりました。

　この考え方は、カナダのブリティッシュコロンビア州のインクルーシブ教育「インクルージョン2.0」に似ていることに気がつきました。これまでは、マジョリティのなかにマイノリティを受け入れることをインクルーシブと呼び、ここではマジョリティを構成する人々は同質であることを前提としていました。同質的な人を育てるのが20世紀の教育モデルで、産業革命における労働力確保のために浸透した考え方と言われているそうです。しかし実際にはマジョリティも全員が同質であるというわけではなく、個々人がそれぞれ多彩な色を持っているということを教育し受け入れることが、これからのインクルーシブ教育、つまりインクルージョン2.0なのだそうです。この考え方は、長田で出会った方から感じたものでもあり、多文化共生が進む未来においては重要な考え方です。

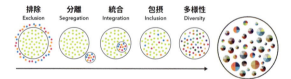

マジョリティのなかにマイノリティを受け入れることをインクルーシブと呼んできた。ここでマジョリティを構成する人々は同質である前提で、同質的な人を育てるのが20世紀の教育モデルだった。産業革命における労働者確保で生まれた概念と言われている。
マジョリティも全員が同質ではなく、個々人がそれぞれ多彩な色を持っているということを教育し、受け入れることがこれからのインクルーシブ教育である。

参考：Dr. Shelley Moore、カナダBC州のインクルーシブ教育（https://www2.gov.bc.ca/gov/content/education-training/k-12/teach/resources-for-teachers/inclusive-education/videos）

02　共生の壁はお互いに踏み越える

　マジョリティとマイノリティという視点で「多文化共生」を考えてみると、マジョリティ側が「おもてなし」としてマイノリティ側を仲間に入れてあげる、もしくは、マイノリティ側が頑張って仲間に入れてもらう、というような、片方だけが努力する状態になることが多いように思

います。最初は両者が混ざり合い、共生が進んだように見えるかもしれませんが、片方だけが努力をしつづけるという状況に、持続性があるとは思えません。

　長田の多文化共生には、マジョリティ側とマイノリティ側、それぞれの歩み寄りを感じることができました。その根底には「地域を良くしたい」「居心地のよい暮らしができる地域にしたい」というそれぞれの意識があり、お互いに小さな対話や取り組みを繰り返しながら、少しずつ共生の壁を踏み越えているようでした。

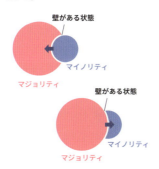

03　継続的な暮らしのなかに接点を持ち、互いに与え合える関係性を持つ

　国籍・文化の違いに関係なく、暮らしのなかで顔を合わせる機会が多いと、関係性を構築しやすくなるものです。日常的に出会う頻度が上がると、相手の変化に気がついたり、少し会話をするようになったりして、お互いを知るようになります。お祭りなどのイベントは、はじめの接点を作ることには有効ですが、一過性の交流だけで共生的な関係にまで発展することは難しいでしょう。生活のなかに無理のない継続的な接点があると、お互いの違いを知り、共生に向けて歩み寄ることができるようになります。

長田には、普段の暮らしのなかで継続的な接点を作る工夫が多くありました。商店街の路面に設けられたKICCや、ふたば学舎のなかに設けられたリサイクルステーションなど、日常生活の生活圏内に、地域住民のちょっとした交流を生み出す場所が設けられていました。交流するためにわざわざ行くようなところではなく、他の用事のついでに立ち寄るような場所です。

　日本には、「日本に暮らす外国人」に対するステレオタイプや固定観念を持つ人が少なくありません。しかし、長田で暮らす外国人の人々は、支援を受ける存在ではなく、日本人と変わらない「普通」の暮らしを営みながら、地域の人々と相互に与え合いながら暮らしていました。ここで「与え合うもの」は経済的なものに限らず、それぞれが持つ"得意技"を活かしたものです。例えば、楽器を演奏できる、野菜を育てられる、DIYが得意といったスキルを持ち寄り、地域のなかで分かち合うことがその一例です。

　長田の歴史のなかで育まれた、「とにかくやってみる」という寛容さと、「やってみなければ」「変わっていかなければ」という気概が、このような相互の関わりを後押ししました。得意技を通じて地域の人と何かに挑戦することで、新たなつながりが生まれ、その経験を積み重ねるうちに信頼が築かれていきます。こうして、外国人も日本人も関係なく、地域の暮らしのなかに自分の居場所を見つけていったのです。

よくある接点

接点として祭りやイベントなどが単発的な「点」として企画される。その前後に接点は少なく、日常的な関わりになりづらい。

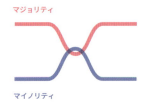

長田でみた接点

イベントそのものだけでなく企画運営に関わったり、生活の中で日常的に立ち寄る場所で緩やかに関わったり、大小さまざまな接点が日常の中に存在している。

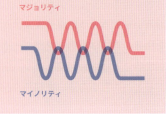

6.7
フィールドワークから見つけたインサイト

> STEP 4-1　インサイトをまとめる

共生にはステップ(段階)がある

　フィールドワークからの気づきとして、共生の実現の大事なポイントとして「与え合える関係性」がありました。ただ、共通点の少ない人同士が、一足飛びでこのような関係性を築くことが難しいことも想像できました。こうした視点で、どのようにして長田では「与え合える関係性」を作っていたのかを、伺ったお話、参考資料とした事例から読み解くと、前提となる心構えの醸成、お互いの理解を深めるための接点づくり、一緒に何かをやっていくための仕掛けなど、扱う関わり合いの内容によってレベルの違いがあることを感じました。また、『芝園団地に住んでいます』の岡崎広樹さんの「隣近所の多文化共生」の課題──芝園団地の実態と実践から」を読むと、共存・共生の定義があり、この概念は、長田でみた取り組みにも当てはまるように思いました [大島：2019]。

　ゴミ出しなどのルールの多言語での発信や、語学的サポートへの取り組み、留学生への食糧支援といった教育環境のサポートは、地域住民同士の揉め事を減らし、お互いが静かに暮らせる「共存」を確保するための取り組みと言えます。そして、お祭りなどのイベントや、多文化共生ガーデンのような、「一緒」に「よりよい町」にしていくための取りくみは、お互いに協力する関係を築く「共生」の実現をめざすものと言えます。ただ、集めた事例を見ていると、「共存」と「共生」のなかにもレベル感があり、芝園団地や長田方々が乗り越えてきたことには、段階があったのではないかと考えるようになりました。そこで考え出したのが、共生の5段階レベルです。

　5つのレベルを整理してみると、まず「共存（お互い静かに暮らせる関係）」と「共生（お互いに協力する関係）」の境目が、レベル2と3の間に存在することがわかります。そして日本における多文化共生の事例には、レベル1-3が多いことにも気がつきます。まだ共存をめざして取り組みを行う地域が多いのが日本の現状なのではないかと感じたり、共生に至る

までの順序や道のりが見えたりと、レベル感を意識することで、全体の理解の解像度が上がってきます。

　多文化共生における衝突の発生には、無意識に自分のなかの「常識」を相手に求めてしまい、その期待が裏切られることが原因となることがよくあります。実際にフィールドワークでも、「日本人側が感じる問題点はいつの時代も同じで『ゴミの捨て方』と『うるさい』の2点だ」というお話も伺いました。こうした衝突は、自分たちの「常識」を相手に説明することなく、相手が追従することを期待しているから起こることも多いのではないでしょうか。例えば「こんな夜中に大きな音を出してうるさい」という不満も一見すると当たり前のように思えますが、「夜中とは何時以降のことなのか」「大きな音とはどのくらいの音量なのか」などが具体的に定義されなければ、「常識」ではなく、主観的な意見にとどまります。「常識」の違いを解消するには、お互いの見解を開示し、一緒に合わせていく必要があります。まずは「自分と他者の常識は違う」ということを理解するところから始めて、そこから歩み寄り、一緒に妥協点を作っていくことが、「共生」の一歩手前の、お互いに平穏に暮らせる「共存」に向けての最初のステップだといえるでしょう。

　そして、レベル1〜2の次のレベルからが「共生」です。共存とは異なる多文化共生とは「国籍や民族などの異なる人々が、互いの文化的ちがいを認め合い、対等な関係を築こうとしながら、地域社会の構成員として共に生きていくこと」[18] を言うそうです。「共生」をめざす時に重要になってくるのが、この『対等な関係を築こうとしながら』という点です。「対等な関係」とはどういう関係なのでしょうか？　これをさらに考えていくと、「与え合える」関係性と言い換えられるのではないかと気がつきました。与える側と受け取る側が固定され、一方向だと、上下の力関係が生じやすくなります。この「どうぞ」と「ありがとう」の関係が双方向になったときに、上下の関係が薄まり、対等な関係性が生まれてくるのではないでしょうか。文化的な背景の違う人がこうした関係を作るためには、与えられることを見つけたり、信頼関係を構築したりと、いくつかのステップがあるようにも思えます。この共生の段階が、レベル3〜5の3つのステップになります。

II-6 | フィールドワーク③　多彩な文化のむすびかた　241

図II-21 関係性の5段階

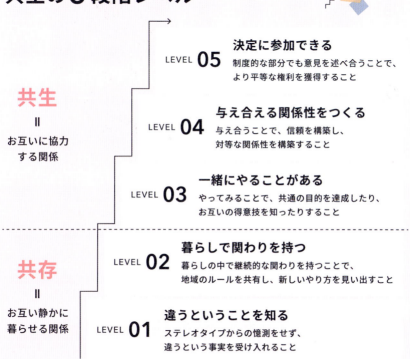

レベル1　違うということを知る
ステレオタイプからの憶測をせず、
違うという事実を受け入れること

　多文化共生への第一歩は、「人種や所属の違いに関わらず、そもそも人間はみな一人ひとりが違うことを理解する」という当たり前の認識から始まります。自分と違うバックグラウンドの人と接する時には、習慣・価値観も違う、「当たり前」を計る物差しも違う、そのことを頭においておく必要があります。自分のルールに従って欲しいのであれば、ルール策定の背景や理由を説明すると、わかりあえます。また、使う言語が違う場合には、多言語で表記する、絵や写真で補足する、"やさしい日本語"で言い換える、といった伝え方を工夫することも必要です。

レベル1を乗り越えるための事例
「ゴミの捨て方の説明」（埼玉県川口市）
住民の多くが中国人となった芝園団地では、ごみ収集所に日中英の3か国語で書かれた分別用の掲示をし、その掲示にイラストを多用することで、ごみの分別に慣れていない人が捨てやすい環境を作っている。以前は入居時にゴミの捨て方の冊子を渡したものの十分な分別がなされなかったが、現在はゴミ収集所の掲示に合わせ、「なぜ分別するのか」「なぜ捨て方が決まっているのか」といった理由を説明することで、ごみに関するトラブルが減少した。

レベル2　暮らしで関わりを持つ

暮らしのなかで継続的な関わりを持つことで、地域のルールを共有し、
新しいやり方を見い出すこと

　お互いに静かに暮らせる関係を築き、共存を実現するためには、日常生活のなかで継続的な接点をもつことが大切です。暮らしを起点とした接点がないと、地域のルールの共有や、小さな問題の解決がなされず、お互いの不満が蓄積しやすくなってしまいます。属性が異なる人との接点は自然には生まれにくいため、お互いに意識して接点を増やし、会釈以上の挨拶・会話ができると最高です。お互いに歩み寄り、気後れせず、否定したり強制しない接点を持つことができると、お互いの不満を一緒に問題を解消する方法を見つけやすくなります。

レベル2を乗り越えるための事例
「ふたば資源回収ステーション」（兵庫県神戸市長田区）

神戸市がふたば学舎内に設置したプラスチック資源に特化した回収ステーション。リサイクルを見える化（利用目的を明確に定める）することで、地域等と一体となった一歩進んだプラスチックリサイクル「まわり続けるリサイクル」の推進を図っている。回収ボックスを設置するほかにもリユースコーナーやコーヒーが飲めるくつろぎスペースなどが設けられ、地域コミュニティの場としての役割も担う。

レベル3　一緒にやることがある
やってみることで、共通の目的を達成したり、
お互いの得意技を知ったりすること

　多くの地域では、「一緒にやること」で一歩進んだ交流を生み出そうとしているように見えます。お祭りやイベントなどが、この「一緒にやること」を作りやすい仕掛けです。お祭りの準備には多くの種類のやるべきことがあるため、自分ができそうなことを見つけやすく、集団のなかでの役割を獲得しやすい環境が作れます。そうして自分の役割を見つけたり、目的を共有したり、自分の役割を見つけたり、一緒に何かを達成することで、集団のなかに居場所ができていきます。

　準備のなかでのやりとりや会話のなかで、お互いの習慣・価値観について知ることができたり、隠れた得意技を知ることができるのも、つながりを深める重要な要素です。

レベル3を乗り越えるための事例
NPO法人「DANCE BOX」（兵庫県神戸市長田区）

神戸市・新長田の小劇場〈ArtTheater dB KOBE〉を拠点に、コンテンポラリーダンスを中心としたアートプログラムを展開する団体。ダンスや文化芸術の持つ力を通して、多様な人が共生する社会に向けて社会的な課題にアプローチしている。地域を意識したイベントとして、長田の地域住民をダンサーとして招いた公演やイベントを積極的に行っており、「DANCE BOXさんのつながりで色んな人とつながった」と話す人が多い。年齢・職業・性別・国籍などに関係なく、それぞれが役割を持って共通の目的を達成するための機会創出の役割をになっている。

レベル4　与え合える関係性をつくる

与え合うことで、信頼を構築し、
対等な関係性を構築すること

　自分ができることや自分にしかできない得意技を見つけ、その得意技が集団のなかで共有できていると、与え合える関係が築きやすくなります。例えば、DIYが得意な人が隣家のドアを直してあげ、お礼に釣った魚を分けてもらう。重い荷物を運ぶのを手伝ってもらったお礼に、家で採れた野菜をあげる。こうした双方向のやりとりが継続的に起こることで、関係性が深まり、お互いの信頼感も芽生えてゆきます。

レベル4を乗り越えるための事例
「多文化共生ガーデン」（兵庫県神戸市長田区）

地域に暮らすベトナム人コミュニティの10名ほどが運営し、パクチー、レモングラス、空芯菜など約15種類の野菜を育てている畑。震災で空き地となった場所だったが、ある時、金千秋さんが知人のベトナム人から市営住宅の花壇で野菜を栽培して注意されたと相談されたことから、彼らが自由に使える畑を作れないかと考えたのがきっかけで始まった。今ではベトナム人の憩いの場となるだけでなく、野菜のお裾分けなどを通してベトナム人と近隣住民の間の日常的な交流も生まれている。

レベル5　決定に参加できる
制度的な部分でも意見を述べ合うことで、
より平等な権利を獲得すること

　今回のフィールドワークでお話を伺ったなかにも、制度的な難しさに関する言及が多く含まれていました。多文化共生を推進させる法律や制度から、地域のルールを決めるなど身近なものまで様々ですが、既存のルールは、多数派が決めている印象が強くあります。共生の究極的なゴールは、多数派少数派にかかわらず、平等な権利を持って、ルールや制度に関わる決定に参加できることだと考えます。多数派側の人は、慣習や既存の仕組みにとらわれすぎたり、ルールの継続を前提としたりしないこと。少数派側の人は一員としての気概を持って意見を発すること。そして、両者が多様な意見を受け入れ、平等な目線で考慮し、最適な形で意見を反映することができたとき、本当の意味での共生を実現できたといえるでしょう。

レベル5を乗り越えるための事例
「男女平等運動」　世界の動き

19世紀末、女性の公的な権利拡大や高等教育の機会を求めるリベラル・フェミニズムが起こり、1960年代以降に女性が男性と平等な権利を求め、男性と対等の地位や自分自身で職業や生き方を選べる自由を獲得しようとするウーマン・リブ運動が広がった。男性中心社会で決められていた制度や仕組みに対して、性別によらず意見を発し決定のプロセスに関わっていこうとする動きである。2015年9月に国連で採択されたSDGsに「ジェンダー平等を実現しよう」が掲げられているように、現在に至るまで実現されてはいない。

　今回のフィールドワークで見つけた、関係性の5つのレベルについて改めて考えてみると、この関係性のレベル感は日本人／外国人という国籍の違いを中心とした多文化共生に限った話ではなく、異なる価値観・背景を持った人同士が関わり合うあらゆる場面にも同じことが言えるのではないかということに気がつきました。
　例えば、転校生が新しい学校に入る時、移住者が移住先の地域に馴染んでいくとき、異なる会社が合併する時など、私たちの日常のなかにも

同じような過程があるように思えますし、LGBTの社会運動なども、近しい過程を乗り越えているように思えます。これからの社会では、違いを受け入れ、共生していく態度が求められていきます。暮らしのなかで「違い」を乗り越え、お互いに豊かな暮らしを実現するためには、今回のリサーチで見つけた「共生の5段階レベル」を意識すると、より対等な関係性が作れそうです。

　長田区を訪れたことで、「共生」と一口にいっても、段階があることが見えてきました。仮説で想定した2つの文化の「ブリッジ役」も、「橋」のように単純に「文化をつないだ」と言えるようなエピソードも決して多くなく、現場での「共生」の難しさについての話が多かったように思います。最初に策定した仮説では、「多文化共生」をどこか衝突のない理想的な関係性と捉え、フィールドを通してそのモデルを見出せるのではないかと考えていたようです。

　しかし、フィールドワークを終えて気づかされたのは、お話を伺った「橋渡し」役の人々は、関係性の階段を常に「登ろうとしている」ということでした。橋渡し役は、「衝突」や「紛争」を、ないほうがよいものと捉えるのでなく、互いの「違い」が顕在化する出来事として捉え、その「違い」を相互理解の契機として引き受けていました。あるお話のなかでの「ゴールはそもそもなく、不断の努力をしている状態が多文化共生」という言葉も思い出されます。つまり、共生とは、対等な関係性をめざして双方が働きかけるプロセスそのものだということです。

　与える一方、受け取る一方、という非対称の関係は、支配と依存関係を生み出します。複数の文化の集まる社会では、マジョリティとマイノリティの間で「与え合う」関係が生まれるような場をデザインすること。

　多文化社会の持続可能な未来は、対等な関係性を志向するプロセスから生まれるのだと思います。

▶ フィールドワーク③のインサイト
未来の社会は、相互依存的な対等な関係から生まれる

7 インサイトからビジョンへ

豊かさの
リ・デザイン

3つのフィールドワークから得られたインサイトから「小さくなる社会」の「望ましい未来」を考察し、未来ビジョンから「2035年の暮らしのシナリオ」を作成します。

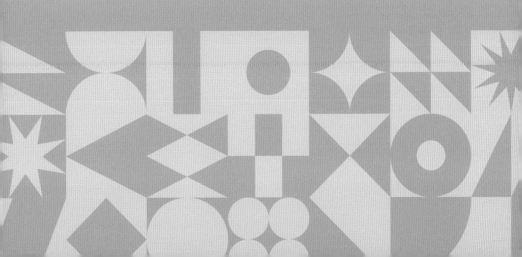

本章では、3つのフィールドワークから得たインサイトをもとに、起こりつつある社会の変化をとらえ、そこから私たちにとっての「望ましい未来」を考えてゆきます。

　リサーチから明らかになったのは、これからの社会は、経済成長を前提とした高成長の「人口増加社会（大きくなる社会）」から、経済の定常化した低成長の「人口減少社会（小さくなる社会）」へ大きく転換するトランジションの時代に入っていくということでした。この変化は人口動態上の「量」の変化ではなく、「大きくなる社会」から「小さくなる社会」へと社会システムの「質」の転換を伴うパラダイムシフトとして理解する必要があるということでした。

　では、その変化の質とはどのようなものなのか。3つのフィールドワークから導かれたそれぞれのインサイトをふまえて、これから向かう社会の変化の方向性について考察していきます。

> **3つのフィールドワークのインサイト**
> **フィールドワーク1：未来の仕事は、地域の関係のなかから生まれる**
> **フィールドワーク2：未来の地域には、関係を近づける仕組みがある**
> **フィールドワーク3：未来の社会は、相互依存的な対等な関係から生まれる**

7.1
〈お金〉から〈関係〉へ
資本の多元化

▌暮らしを支える価値の多元化

　3つのフィールドワークに共通して見出された未来の兆しは、人と人の「関係性」の価値が相対的に高まっていくだろう、というものです。従来の「金銭的価値」への一極的な依存から、「関係性の価値」への比重が大きくなる兆しが見えたように思います。

このような社会変化の背景には、日本における150年の近代化の歴史があります。第3章で見たように、明治維新以降の急激な人口増加は、産業革命による食料の量産化と医療の発展によってもたらされました。その間に地域社会は、物々交換や相互扶助による前近代的な共同体経済から貨幣経済へと移行し、顔の見える関係性は商品（モノやサービス）を介した匿名の関係に置き換えられていきました。その過程で多くの人々が農村から都市へ移動し、企業に属して賃金を得る"会社員"という生き方が一般化していきました。この間に作られた様々な制度やルール、価値観やライフスタイルは、いわゆる「右肩上がり」の成長を前提とする資本主義社会（大きくなる社会）を基盤として確立したものといえます。「小さくなる社会」に向かう変化の本質は、この成長が前提の資本主義社会の制度・ルール・価値観が、様々な次元で機能しなくなるプロセスとして理解できるのではないかと思います。

フィールドワーク①・②で出会った人々や暮らしに共通して見えてきたのは、金銭的な価値をそれぞれの選択の場面において、必ずしも最優先の価値としていないという点でした。居住地のすぐ近くにある海や山や川、そこで得られる様々な恵み、自由に利用できる湧水や温泉、古くから受け継がれた家屋や施設など、ほぼ無償で入手できる潤沢な資源が溢れていました。暮らしのなかでも

図Ⅱ-24 共同体経済から貨幣経済へ

物々交換→貨幣経済→資本主義へ

物々交換	お金の誕生	資本主義	資本

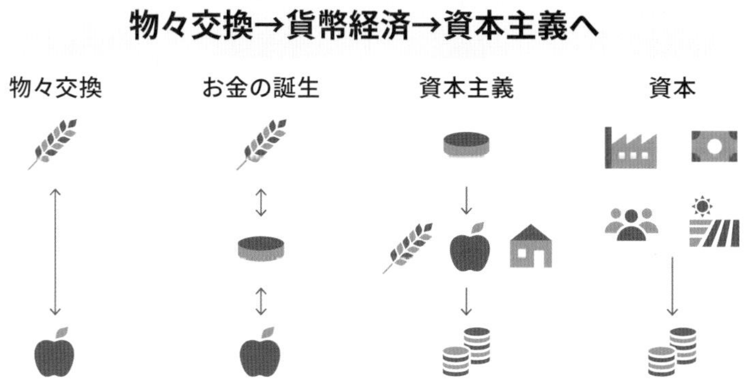

出典：RE:PUBLIC作成「豊かな町のはじめかた」ワークショップ資料より (2022)

「老舗の銘菓より自分で釣った魚が好まれる」など、そこにはモノとモノ／モノと行為／行為と行為が交換される別の経済圏があるように思えました。

「関係からお金へ」を資本主義の進展のプロセスとするならば、フィールドで見つけた兆しは、「お金から関係へ」という、これまでの逆向きのベクトルをはらんでいるように思えました。そして、それは前近代への回帰ということではなく、暮らしを支える「資本」の多元化という新しい社会の兆しであると考えました。

資本概念の転換と企業価値の再定義

この文脈で重要なのが、経済学者・宇沢弘文の「社会的共通資本」の概念です。「資本」と聞くと「金銭的な価値」を連想するかもしれませんが、宇沢は、社会全体の持続可能性を重視し、自然環境や社会インフラ、教育や医療といった制度も「資本」に位置づけました。

この考え方は、近年、企業経営の文脈でも再評価が進んでおり、企業の価値創造のビジョンをまとめる国際統合報告評議会 (IIRC) による「統合報告書」の理論的基盤のひとつとなっています。国際統合報告評議会は、2013年以降、持続可能な企業経営に必要な要素として「財務資本・製造資本・知的資本・人的資本・社会関係資本・自然資本」の「6つの資本」を掲げました [図II-25]。

従来の経済学は、このうち「財務・知的・製造・人的資本」のみを企業価値とみなし、「自然資本」「社会関係資本」を経済システムの「外部」に位置づけてきました [図II-26]。自然環境や他の生物との生態系などの自然資本、人々のつながりや相互扶助の関係に基づく社会関係資本が損なわれても、それらの価値を経済活動のなかで適切に評価できない構造となっていました。自然資本と社会関係資本を経済の計算に入れていなかったことが、気候変動や社会の分断といった持続可能性の問題を引き起こした要因のひとつと考えられます。企業の持続可能性の前提に社会の持続可能性が大きな課題となることで、企業価値の捉え方にも大きな変化が生じています。企業が創造する価値のなかに「自然資本」「社会関係資本」が加えられ、長期的な視点に立った多元的な価値創造モ

図 II-25 国際統合報告評議会（IIRC）のフレームワーク

出典：国際統合報告評議会（IIRC）『国際統合報告フレームワーク』（2013）をもとに作成・改変

図 II-26 自然資本と社会関係資本

出典：RE:PUBLIC作成「豊かな町のはじめかた」ワークショップ資料より（2022）

デルへの転換が起きつつあるといえます。この転換によって、「社会関係資本」の担い手のひとつに企業も位置づけられるということではないでしょうか。

フィールドワークが捉えた新しい「豊かさ」

フィールドワーク①・②では、「自然資本」と「社会関係資本」が、地域の豊かさの重要な基盤となっていました。インタビューの根底にも、この2つを大切にする価値観が見出されました。公共政策を持続可能性の観点から論じてきた広井良典は「拡大・成長の時代では『経済』に重点が置かれるが、成熟・定常化の時代では『環境』と『福祉』の重要度が高まる」と述べています [広井：2019]。

この価値観のシフトは、フィールドワークで訪ねた阿東や小浜、五城目に特殊な変化ではなく、人口減少と高齢化の進む日本全体に広がっていく新しい社会の兆しに思われました。

フィールドワーク①・②から見えた暮らしは、財務資本への依存が相対的に低く、自然資本、社会関係資本への依存度が相対的に高い暮らしといえるでしょう。「お金への依存が少ない暮らし」とは、必要なものがお金で買えるとは限らない「お金が役に立たない暮らし」とも言えます。「小さくなる社会」とは、「お金が役に立ちにくくなる社会」とも言い換えられます。働き手が圧倒的に少なくなり、プロダクトやサービスの供給自体がニーズに追いつかないため、「お金がいくらあっても買えない」状況が生まれます。「お金への依存が少ない暮らし」とは、「お金が少なくても生きられる」という意味だけでなく、「お金があっても買えない」ものを「お金以外の資本」で代替する暮らしといえます。

「大きくなる社会」では、あらゆる物ごとがプロダクト化、サービス化され、暮らしを支える資本が財務資本に集中していくプロセスでした。「小さくなる社会」では依存先の資本が多元化し、分散化していくと捉えられるのではないでしょうか。

資本の多元化と「複業」

　阿東で話を伺った明日香健輔さんの働き方は、新しい「ライフスタイル」として様々な兆しを感じさせるものでした。

　明日香さんは、財務資本を獲得する仕事を「本業」としつつ、自然資本、社会関係資本を育てる仕事を「複業」としていました。暮らしを支える資本を財務資本、自然資本、社会関係資本へと分散させ、それぞれを養う働きを「仕事」に仕立てていました。このライフスタイルは、フィールドワークで出会った多くの人に共通してみられるものでした。消費の比重を減らし、都市生活では見出せない地域の人々との関係性（社会関係資本）や、海や山から食べ物を採集したり畑を「やってみる」ことのできる自然環境（自然資本）に価値を見出していました。そして、それらを持続可能にする関係性を作るしくみ作りや自然の手入れを「仕事」のひとつにしていました。その仕事が地域に与える影響を実感し、自分の町がより良くなっていくことを体感することが、喜びや生きがいにつながっているように見えました。

　東京などの大都市での暮らしは、暮らしを支えるものが財務資本に一極集中しています。自然からの距離も遠く、個人の自由度は高いゆえに顔の見える地域の関係性は限られています。お金はあるけれどお金がなければ暮らせない社会ともいえ、依存先の少ない脆さのある社会と言えるかもしれません。フィールドワークで見てきた人口減少のすすむ地域には、市場経済は小さいものの、「資本」が複数存在します。市場が縮小していく社会では、「大きくなる社会」の強みは「小さくなる社会」の弱みにもなりえます。多元的な資本に恵まれた地域にこそ、より「望ましい未来」を描く可能性があるかもしれません。

7.2
大きな仕組みから小さな仕組みへ
システムの多元化

多元的な資本を支える小さなシステム

　人々が拠り所とする資本が多元化することで、それを持続的に生み出す新たなシステムが必要になってきます。フィールド①で見つけたインサイトは、「未来の仕事は、地域の関係のなかに生まれる」でした。

　阿東で伺った「仕事」の探し方は、従来の労働市場におけるいわゆる「就職活動」とは大きな違いがありました。求人募集をさがして就職先を見つけるのではなく、地域に不足していること、必要とされているもののなかから、自らの得意分野（得意技）を活かして、新しい仕事に仕立てている人が多かったのです。

　人口が減少する地域では、公共サービスが縮小するため、住民自らが動かなければ地域社会が維持できない部分が増えてきます。これは、不便さを補完するというだけでなく、市民として社会課題に向き合い、社会のための行動を行うようになるという変化でもあります。地域の関係性のなかから自分ができることを見つけて仕立てた「仕事」は、いわば、社会のインフラを担う手作りの「小さい公共事業」といえるのではないでしょうか。これまで暮らしに欠かせないインフラのアップデートは、国による「公共事業」として中央集権的に行われるものが中心でしたが、これからは自分たちのために、地域固有の状況にあった小さなインフラを、小さな資本で作る動きが生まれてくるでしょう。行政サービスが届かない「すき間」を埋めるために、市民や団体ができるところを実施したり、企業が一事業として実施する「セミパブリック」の領域としての取り組むことも増えていくと考えられます。阿東の高田さんが運営に携わる「ほほえみの郷トイトイ」が地域の固有の状況と向き合い、従来なら公民館や図書館といった公共施設であるはずの、地域のよりどころとなる拠点を整備しているところにもセミパブリックの観点を感じます。「トイトイ」は、高田さん自身が高齢になったときに活用したいと言っておられたように、「トイトイ」は、私の

ためであり、私たちのためでもあるインフラなのです。

　このように財務資本から多元的な価値に基づく資本へと分散化が進むことで、それぞれの地域の環境、状況に根づいた小さな社会システムが必要とされるようになってくるでしょう。国や企業によって与えられていたインフラの網目のすき間を埋めるのは、地域に暮らす人、その人たちが紡ぐ地域の人たちとの関係性になっていくのではないでしょうか。「大きくなる社会」では個人としての「自分」の幸せのみを追求してゆくことができましたが、「小さくなる社会」で「私」が幸せに暮らすには、地域全体に暮らす「私たち」への関与が欠かせなくなるはずです。こうした「私たちの幸せ」を意識した市民としての社会への関わり方が広がることで、仕事や企業活動への経済的な依存度は相対的に低くなっていくともいえるかもしれません。暮らしが持続可能な範囲で経済活動を行いながら、地域の課題解決に携わったり、社会システムをアップデートすること自体に価値を見出す人が増えていくと思われるからです。

　未来の社会では、将来の多くの地域が現在の阿東に近い状況になることが予想されます。国や自治体の財政も厳しく、小さな町にサービスを行き渡らせられない状況が生じてくる未来において各地域が持続していくために、それぞれの地域がそれぞれの規模にあった小さい社会システムを構築し、地域の人々がそのシステムを支える「仕事」を仕立てていく未来が見えてきます。

7.3
幸福のリ・デザイン
価値観の多元化

▎自ら価値を選ぶ時代へ

　「大きくなる社会」では、企業がプロダクトやサービスを通して価値を提供し、人々はそれを消費者として所有し、享受する関係が主流でした。そこでの価値は、貨幣という定量的な基準によって一元的に測られるものでした。しかし「小

さくなる社会」では、消費者自体が急激に減少するとともに、個人の価値観も多様化していきます。フィールドワークからは、消費行動自体から距離をおき企業が提示する価値基準とは異なる、自分自身の価値基準に基づいた生き方を求める人が増えていく兆しがありました。小浜や五城目で話を伺った人々は、まさにそういった背景を持つ移住者でした。彼ら／彼女らは自分にとって何が幸福かという独自の価値観にもとづいて、自分にとっての「望ましい生活」を実現できる場所としてその地域を選択してやってきた人々でした。地域固有の自然や伝統が幸福をもたらすというよりも、自らの価値観に基づいて暮らし方を選択できていることがウェルビーイング（幸福感）を高めていると言えるのではないかと思います。「望ましい未来」の価値とは、「これだ」と与えられるのではなく、それぞれが自分なりの価値を決めること自体にあるのです。これからの社会では、国や企業が提供する一律の価値観を社会全体で共有するのではなく、個人が、それぞれの価値観に基づいて選択する自律性こそが、幸福の条件となってくるのではないでしょうか。

センのケイパビリティ論とマンズィーニの「デザインモード」

　この考え方は、SDGsの開発目標に大きな影響を与えた経済学者アマルティア・センのケイパビリティ（潜在能力）論と呼応します。センは、人を「潜在能力（ケイパビリティ）を活用して幸福を追求する能動的な存在」ととらえました。そして、「豊かさ」を「人々が自分の能力を活かす自由な選択ができる状態」で測るべきだと主張しました。個人と社会の両方のウェルビーイングは、「それぞれが持っている資源や基本財によって評価されるのではなく、価値ある生き方を選択する自由が実際にどのくらい享受されているかで評価される」[セン：2018：143] のです。

　このような自律的に価値を選択する態度をイタリアのソーシャルデザインの研究者エツィオ・マンズィーニは、「デザインモード」と呼びました。変化の速い時代には、従来のやり方を踏襲する「慣習モード」が機能しないため、これからの時代は「自分が好むかどうか、どうなりたいか、何をしたいか」を自分

で決める「デザインモード」に誰もが移行する必要があるとマンズィーニは言います。

> 人々が新たな問題に直面し、まだ誰も経験していない状況で動かなければならない場合、自分が好むかどうか、どうなりたいか、何をしたいかを、自分自身で決めることになる。さらに、自分で決めたことを成し遂げるために、適切な方向に向かうように（またはせめてその方向に近づくように）動かなければならない。

[マンズィーニ：2020：69]

「大きくなる社会」から「小さくなる社会」への移行期においては、人々の生き方も、慣習モードからデザインモードへ、変化していくことになるでしょう。

自分の幸福をデザインする

　フィールドワークで出会った人々の暮らしが「豊か」に感じられたのは、既存の社会システムの機能不全に直面しつつも、自分たちで新しい社会システムを作ることを選んでいるからこそのように見えました。一見すると「公共のサービスが成り立たない」という状況は絶望的に映ります。しかし、であればこそ、「誰かに任せる」のではなく、「必要なものは自分たちで作っていこう」という自律的な自治に向けて舵を切ることで見えてくる、新しいタイプの「豊かさ」がありました。

　「小さくなる社会」では、外部から環境が与えられることを期待できなくなっていきます。しかしそれは同時に、自分が暮らしやすい環境を実現するための余白が生まれることも意味します。インフラの網目のすき間が「やってみる」場となり、自分にとっての「望ましい暮らし」を実践する土壌になっているともいえそうです。これは、サービスが外から与えられることを前提とした「大きくなる社会」では見出しにくかった可能性です。フィールドワークで訪問した地域では、それに気づいた人々が、「やってみる」ことを繰り返しながらアジャイル型で社会システムをアップデートする実験を始めていました。

7.4
未来ビジョン
—— 豊かさの多元化へ

▎「デザインモード」への移行

　ここまでの考察から導き出される、より「望ましい未来」のビジョンとはどんなものでしょうか。フィールドワークから得られたインサイトは、これからの社会は、財務資本の蓄積だけでは豊かさを得られないことを示唆しています。「小さくなる社会」では、多元的な資本の組み合わせが持続可能性を高めると言えるでしょう。そして、それぞれの資本（豊かさ）の固有な価値を持続的に作り出す小さなシステム（仕組み）を社会のあちこちに織り込んでいくことが求められます。

　個人のレベルにおいても、他律的に決められた一元的な価値観ではなく、それぞれの価値観に基づいた選択をすること自体が、人々のウェルビーイングを高めていきます。シンプルに言えば、「こうなれば幸せになりますよ」ということではなく、どうあれば幸せかは自分で決めるということです。自分自身の価値観に基づいて暮らし方、生き方を選び実践することが、豊かさの土台になってゆくはずです。それぞれの人が、別々の価値観を選び、対等にやりとりする社会では、全体から見ると複数の価値観がバラバラに並立することになります。そして、これが多様な環境、多様なニーズを作り出し、それぞれが持つケイパビリティ（潜在能力）を活かしやすい状態を作ることにつながるでしょう。

　「小さくなる社会」の豊かさが、「自分の選んだ価値観」の実現だとすると、まず必要になるのが、一人ひとりが自分なりの「価値観」をもち、自分なりの「望ましさ」を思い描くことができるようになることだと言えるでしょう。これからはデザインの専門家だけでなく、一人ひとりが自分なりの「望ましい未来」のビジョンを持つことが求められています。そこでの専門家としてのデザイナーの役割は、「一人ひとりがまだ見ぬ未来を形にする」ための仕組みをデザインすること。それが「これからのデザインの使いかた」なのだと思います。

人口減少・高齢化社会の暮らしのビジョン

豊かさの多元化へ
持続可能な未来は、豊かさ（価値）の多元化を志向する。

1　資本の多元化
暮らしを支える資本を「財務資本」「自然資本」「社会関係資本」に
分散することで、持続可能性を高める。

2　システムの多元化
それぞれの資本を生み出す、地域固有の小さいシステムを作ることで、
持続可能性を高める。

3　価値観の多元化
個人のそれぞれの価値観に基づいた選択をすることで、
ウェルビーイングが高まる。

7.5
3つのシナリオ：2035年の暮らしのシーン

▶ STEP 4-2　未来の人の暮らしを構想する

▶ STEP 4-3　世のなかの変化が一番伝わりやすい設定を探す

　さて、それでは、ここまでで収集した情報、フィールドワークからのビジョ
ンを踏まえて、未来のシナリオを考えてみましょう。人口減少・高齢化社会は、
単に人の数が減るというだけでなく、社会の構造、人々の価値観に変化をもた
らすこと、そのなかで豊かさを実現するためにやれるとよさそうなことが見え
てきました。

　次に考えるべきは、この変化した社会のなかで起こる私たちの「暮らし」の変
化です。この未来の社会に住む人々は、より「望ましい」暮らしを実現するため
に、どんな価値観を持ち、どんなことを実践しているのかを具体的に考えます。

特別なイベントではなく、淡々と続く日常の「暮らし」を描くことで、共通の未来像を想像でき、抽象的な社会像を自分ごととして考えやすくなります。

未来像を共有できると、「この未来は本当に望ましいか」「実現に必要なものは何か」「新たに生じる問題点は何か」などについて、未来の人々のニーズや課題、望ましい未来の実装について、複数の関係者と議論を始めることができます。

未来像を描く最もシンプルな方法はシナリオです。

「未来の社会で変わること、変わらないことは何か」「どのような人々が、どのような暮らしを送っているのか」という観点から、未来をより具体的に想像できるシナリオをここから考えてゆきます。

未来の暮らしに起こる変化

まずは、デスクリサーチで調べたことや先端事例、フィールドワークで会った人たちの話や町の様子や文脈など、これまで得た様々な情報を活用し、未来の社会がどのように変化するのか、暮らしのなかの具体的な部分がどう変わるのかを考えます。変化を構想するにあたって、まずはどのような社会、どのような環境を前提としているのかを整理します。

時間軸は、目安として10年後を想定してみます。生産年齢人口が57%程度になり、3人に1人が65歳以上の日本です。10年後の社会では、社会全体的に人手不足が深刻で、地域のなかでも行政の支援が行き届かない部分が目立ちます。

シナリオの前提

社会の変化

- 人手不足の常態化
- 自動化の加速
- 資本の分散化
- システムの多元化
- 価値観の多様化

暮らしの変化

- 人口減の受容
- サービスの限定化
- 職住の融合
- 役割の複数化
- 地域の相互依存

そのため、最低限のものは地域内でできるが、ある水準以上のものは近隣の都市に頼る必要がある、そんな町を想定して変化を洞察してみました。

　ここから、実際に人々がどのように暮らしているのかを考えていきます。まだこの段階では考えた暮らしの変化の範囲が広いので、具体的な暮らしを考える難しさがあります。そのため、交通や医療、買い物といった暮らしに関わる具体的なシーンがどう変わるのかを列挙し、少しずつ暮らしの解像度を上げていきます [図II-27]。

　例えば、交通では「公共交通機関は存在しそうだけど、今みたいな形態ではなさそう」と考え、具体的にどのような乗り物が走るのか、どのようなサービスが提供されているだろうか、人々がどのように使っているのか、と広くシーンを挙げていきます。医療の観点では「診察と治療の機械化が進み、患者とのコミュニケーションが医者の大きな役割になっていそう」と考え、患者がどのような診察を受け、病院がどのような場所になっているのか、などを想像します。

　デスクリサーチでわかったことや、先端事例として収集した情報、フィールドワークで感じた町の変化や構造などを思い出しながら、具体的に変化を構想します。たくさんのシーンを考えることで、シナリオの情景描写の材料をたくさん獲得することができ、いくつかのシーンを掛け合わせながら考えていくと、より立体感があり、リアリティのある、共感性の高いシナリオにつながっていきます。

シナリオの舞台設定

- 都市部ではない地域
- 人口がピーク時の半分くらいまで減少している
- 高齢化が40%くらいまで進んでいる
- 過疎がすすみ、受けられるサービスが限定的である
- 技術によって、無人化されるサービスの領域が広がる
- 最低限のものは地域内で賄えるが、ある水準以上のものは近隣の都市に頼る
- 地域と接点をつくる仕掛けがある

図II-27「起こりそうな未来」の変化

人口減少・高齢化が進んだ社会の変化

交通

普通になること： 公共交通機関はかたちを変えて存在する

- 小都市と集落をむすぶ鉄道はもともとない
- 車が運転できる人は、自家用車での移動が一般的
- バスは一方向のみの循環運転が増える
- 一部のバスは、自動運転を導入して運行頻度を増やしている
- リソース削減のため、公共交通が他業種と協業する

物流・買い物

普通になること： 他業種との一体化で、持続可能性を高める

- 商店街はシャッター街となり、近隣に店舗がない
- 車がなければ、スーパーやコンビニには行けない
- 宅急便は自宅への配達がなくなり、地域の集配所での受け取りが一般的に

ゴミ処理

普通になること： ゴミを出すことは抑制される

- 容量限界によりゴミの大半がリサイクルされる
- コスト削減のため、ゴミ収集の回数が減る
- 梱包・包装などは、店舗による回収が前提となる
- 家庭ゴミの大部分を占める生ゴミは、地域内コンポストが一般化する

電力・ガス

普通になること： 分散型の自家発電

- 自然リスクへの対応として、オフグリッドシステムが普及する
- 地域内で発電設備を持つことが普通になる
- 電化が進み、ガス使用量は減少

医療

普通になること： 自動化が進み、医者の役割が変わる

- 地域には小さな診療所があり、そこが都市部の病院と連携している
- 診断はAIが担当し、治療や手術はロボットが支援する
- 医者の役割は、相談対応や治療におけるメンタルケアが中心となる
- 病院という場所の役割が変わる

教育

普通になること： 学校という場所が、地域の人同士の交流の場となる

- 座学はリモートで、AIの先生による個別指導となる
- 「やってみる」ことで特性（得意技）を発見することが学校教育の主目的となる
- 学校での活動を通じて、子供たちが地域の中で与え合える関係を作れるようになる

行政

普通になること： 国と地域をむすぶ窓口的な役割が増える

- 地域の中にも行政窓口があり、都市部の本庁と連携している
- 行政業務の自動化が進む
- 公務員の人数は減る
- 常に予算不足の状況で運営される

住宅

普通になること： 空き家の活用が増える

- 大工不足、資材不足のため、新築が建つことは少ない
- 既存住宅のリノベーション・リフォームの活用が主流となる
- 空き家を活用した公共施設が増える
- 資源を再利用する建築が標準的になる

変化が伝わる設定を探す

　ここからシナリオを作っていきます。そこでまず考えるのが、シナリオの舞台となる町の設定です。どのくらいの大きさの町なのか、どのくらいの人数が暮らしているのか、町のインフラはどういう状況なのか、町にはどんな人たちが住んでいて、町の課題はどういうものなのか。町の設定を考えることで、そこに住む人々の様子や暮らしをより想像しやすくなり、シナリオの解像度が上がります。

　未来の町の姿、社会の状況、そのなかの暮らしのイメージが膨らんだところで、これらの状況のなかを日常の体験として描いていきます。ひとつのシーンだけでなく、複数のシーンを跨いだ日常体験をストーリーとして描けると、暮らしのイメージが伝わりやすくなります。複数のシーンを跨ぐような動き方をする人はどんな人か、その人の暮らしから、未来の社会が現在と違うことが感じられる行動はどんなところだろうか……といったことを意識しながら、シナリオの主人公を設定します。特別な仕事や環境にいる人を主人公にするのではなく、できるだけ一般的な属性・職業の人を選ぶと、自分自身の現在の暮らしとの差分を意識しながら、未来の暮らしを想像しやすいだけでなく、読み手も自分の近しい人に重ね合わせたりして共感を生みやすくなります。

　今回のシナリオを作成するにあたり、未来の世界で暮らす人の特徴で、特に描きたい部分を抽出します。

　こうした未来の人の特徴が行動に現れやすいシーンをイメージしてシナリオ

未来の社会で暮らす人

- 暮らしの資本を分散させている
- 自分の暮らしを能動的に作っている
- 自分の得意技を知っている
- 地域での役割を担っている
- 世代を超えた交流をしている

の筋書きを出していきます。

　どういうシーンを切り取るとより伝わりやすいかを考えながら、今回は多世代の交流を描くことにしました。登場人物同士が地域のなかで接点を持ちながら、それぞれの日常生活を送る様子を中心に、特に「多世代の交流」をテーマにして、3人の主人公と彼らの置かれている状況、ストーリーの大枠などを筋書きとして書き出しています。

図II-28 主人公と状況からストーリーを作る

	働き世代・子育て世代	高齢者	小学生
状況	・企業の仕事をリモートワークで実施 ・近隣にお店がないので配送サービスを活用 ・配送はバス停まで ・ゴミを減らすことも家事に含まれる	・車がないからバスを利用 ・病院に行くことも多い ・コミュニティ活動に参加する	・学校に行く ・地域活動をする ・自分の得意技を探している
ストーリー	在宅の仕事、地域に関わる仕事など、複数の仕事をかけ持ちしている ▼ 日常品を取りにバス停まで行く ▼ バス停が地域の交流の場になっている ▼ 引き取るだけでなく、ゴミを出す ▼ 地域活動としてコンポスト活動に参加している	バス停に行き、バスに乗る ▼ 病院に行き、自動診察・自動治療を受ける ▼ 地域活動：編み物教室に参加 ▼ 得意技を活かした新しい仕事を見つける	学校の勉強をする ▼ 学校での活動をする ▼ 地域活動を通じて、属性を超えた地域の人々と交流する

　筋書きができたら、シナリオを書きはじめます。シナリオにするときには、状況を説明するだけでなく、未来の町で暮らす人の心境を考察できると、読み手が自分との接点を見つけやすくなったり、描かれた未来の社会が望ましいのかについて考えやすくなります。

2035年の暮らしのシナリオ

シナリオ1 働き世代・子育て世代

　この10年で働き方が大きく変わった。子どもが10歳になって手が離れてきたのもあるけれど、遠隔でできることが増えたので、複数の仕事を掛け持ちすることが多くなった。今は、週に4日、昔、小学校で国語の教師をしていた経験を活かし、海外に住む日本の子どもたちに日本語と日本の文化を教える仕事をしている。AIの先生や動画・映像だけでの学習だと、情報が偏ったり文化的なニュアンスが伝わらないと懸念する親御さんが多く、需要も多い。時差を活かすことで、仕事の時間帯を選べるのもよい。私は朝7時からお昼くらいまでに仕事を済ませたいので、アメリカに住む子どもたちを受け持つことが多い。地域内には仕事の選択肢がそれほど多くないので、時間帯まで選べるリモートワークは大変ありがたい。

　とはいえ、仕事をしながら家事と子育てをすると、やはり時間との戦いがある。以前は家の近くにもスーパーがあり、ネット通販も買えば数日で自宅まで届いたけれど、今では人手不足でそうしたサービスもなくなった。一番近いスーパーまでは片道1時間近くかかり、在宅勤務とはいえ仕事の合間に行くのは難しい。最近は、普段の買い物は、注文すると近所のバス停まで届けてくれる地元のお店を利用している。受取所になっているバス停には冷蔵ロッカーがあり、都合のよい時間に取りに行ける。ここのお店は地産地消に積極的で、近隣の農家さんから直接買いつけたお野菜を取り扱っていて鮮度も高いし、地域産業の支援につながっている実感もあって気に入っている。

　今日は、一昨日注文した食材をバス停まで取りに行く。受取所のバス停までは、車で5〜6分、歩いても20分くらい。前回の買い物で出たパッケージ類をまとめて持っていく。受取所に置いておくと、お店が次回の配送のときに回収してくれる。ここのお店で扱っている商品のパッケージは、昔、スーパーで買い物していた頃のもの違って、とても簡素だ。商品を店頭で目立たせる必要がないからなのだそう。パッケージは回収が前提になっているため、貼られたラベルも最小限で剥がしやすい。前は週に2回だった地域のゴミの収集も週に1回になったので、買い物するタイミングでリサイクルゴミを引き取ってくれるのはとても助かる。

ゴミの回収が減ってから、自宅でコンポストをする方法をコミュニティセンターの「コンポスト・クラブ」に参加して勉強した。生ごみをコンポストするようになって、家のゴミの量は驚くほど減った。クラブの仲間たちとは、今でも分解・発酵のコツを教え合ったり、地域内に設置する回収箱を作ったりしている。もともと農家をされていたおじいちゃんは、この辺の土地にくわしくて、コンポ

ストを作るのに最適な場所を、確実に見つけてくれる。みんなでわいわいやるのも楽しくて、今ではクラブの運営も複業として担当している。活動を始めてから、地域の収集されるゴミの量が20%くらい減っているという話も聞き、やりがいを感じている。

　バス停が買い物の受取所になったとき、井戸端的なカフェスペースもできて、ご近所さんと立ち話をすることが増えた。今日もバス停に行くと、お向かいのおばあちゃんがバスを待っていた。数年前からひとり暮らしをしている方なので気になって話しかけてみると、早く着きすぎて15分もバスを待つというので、カフェスペースで一緒にお茶をした。話が長くなりがちなおばあちゃんなのだけど、バスが来るまでなら次の仕事の時間にも間に合いそう。おばあちゃんは、膝が痛くて今から病院に行くところなのだそう。おばあちゃんの家の庭先の柑橘類が豊作なので、気になって聞いてみると柚子なのだそう。取るのも大変なのでそのままになってしまっているとのことだったので、あとで取りに行く約束をした。果物狩りは楽しいので、息子が学校から帰ったら一緒に行こうと思う。

2035年の暮らしのシナリオ

シナリオ2 ひとり暮らし高齢者

　長年連れ添った夫が亡くなって、もう2年になる。この街に嫁いでからは、商店街で手芸店を経営していたけれど、そのお店をたたんで10年になる。夫と2人三脚でやってきたお店も年をとって続けるのが大変だったし、商店街の活気もなくなってしまったのもあり、諦めて閉めてしまった。

　これまで車の運転はだいたい夫がしてくれていたこともあり、私は車の運転が苦手だから、車も手放した。そうすると、バスに乗らないと行けないところばかりなのだけど、最近バスが配送サービスと一体化したことで本数が増え、動きやすくなった。新しいバスは、前よりも小さくて運転手さんがいないのだけど、次のバス停の名前が画面に大きく表示されているし、乗るときに降りたいバス停の名前を言っておけば、着いたときに教えてくれるので使いやすい。前は国道まで行かないと乗れなかったバスも、小型になったおかげか、バス停も増えて家の近くにも止まるようになった。迂回も多くて時間はかかるけれど、誰かに頼らなくても出かけられるのは嬉しい。本数が増えたことでバスを使う人も増えてきて、バスのなかで顔なじみのご近所さんと乗り合わせておしゃべりができるのも楽しい。

　最近、立ち上がるときに膝が痛いのが気になっていたので、思い切って病院に行くことにした。家の近くには病院がなく、一番近い診療所も歩いていける距離ではない。バスに乗って行くことにした。バス停は、配送所を兼ねるようになってからずいぶんと様変わりした。冷暖房のある待合室ができたことで、暑い日や寒い日にも使いやすくなった。家の近くのバス停は小さいものだけれど、駅の方の大きなバス停には地元のお野菜の直売所や、余剰食材を使った共同食堂があって、バスで出かけるときにはいつも寄っていく。昔はバス停に来るのは高齢者と学生さんだけだったけど、最近は配達の荷物をとりに来る若い人たちがやってくるので、自然と顔を合わせる機会も増えた。よく見かける人とは、少しお話をするようなことも増えた。ご近所のニュースを聞いたり、ちょっとした困りごとを相談する機会になっていて、とてもありがたい。

　以前は長く待たされることが多かった病院も、最近ではなんでも自動化されて

いて、その分、診察もすぐに受けられる。診察室に入ったら、機械に膝を乗せ、自動音声の質問に答えながら、動かしたり写真を撮られたりして、すぐに診察が終わった。この病院では、よほど重症でなければ、先生と会うことも話すこともない。診断は、変形性膝関節症ということだった。調剤薬局に寄ると、痛み止めの内服薬を処方された。運動療法が大事だとのことで運動の動画ももらったけれど、こういう体操をあまりやったことがなく不安だと言うと、病院と同じ建物にあるコミュニティセンターで体操クラブをやっている方を紹介された。行ってみると、県大会にも出場した元陸上選手だそうで、トレーニングについてとてもわかりやすく教えてくれた。午後から夜まで遠隔で海外の工場の管理のお仕事をしていて、時差でお仕事のない昼間はコミュニティセンターで体操を教える日もあるらしい。

　コミュニティセンターで、編み物クラブをやっていたので、参加してみた。手芸店で教室をやっていたこともあり、編み物はもともと得意だけれど、編み方を教え合ったりするのも楽しい。教えることに慣れていることもあり、水曜日のクラスで教えてみませんかと誘われた。最近は、家でひとりで過ごすことが多かったし、やってみることにしようかと思う。

　教室で作った作品は、地域のウェブサイトで販売もしているそうなので、次に来るときまでにカーディガンを作っておこうかな。

　売上は教室の運営費の一部になるそうだけど、少し手元にも入るようなのでありがたい。今日は、おしゃべりしながら編み物ができて、編み物仲間にも出会えて、新しい仕事まで見つかって、嬉しい1日だった。

2035年の暮らしのシナリオ

シナリオ3 小学生

　お母さんが子どもの頃は、一学年に100人くらいの子どもがいて、勉強は学校に行ってやっていたらしい。100人が一緒に過ごすっていうのは想像もつかないな。100人が一緒に勉強するのも、考えただけでも効率が悪いし、みんなで同じところを習うのって、どんな感じなんだろう。

　今の学校は、勉強は基本、家でひとりでやる。学校の時間割も、午前中は家でオンラインで勉強することになっている。授業はAIの先生との個人授業で、新しいことを勉強するときも自分に合ったペースで進めてくれるし、先生のしゃべり方やアバターも自分で選べるから難しい説明でも面白く聞ける。僕の場合は、得意な算数は6年生の内容だけど、国語はまだ4年生のレベル。国語はもっと頑張らないとだけど、算数の新しいことをどんどん知れるのはとても楽しい。

　午後には学校に行く。学校の校舎は、お母さんが子どものときにも通っていた大きい建物だけど、今は生徒の数が少ないから、学校の教室として使っているのは3階の部分だけになってる。1階、2階はコミュニティセンターで誰でも参加できるいろんな教室をやっているから、学校に行くと、子どもだけではなくていろんな人がいるのが楽しい。学校では、座って聞く授業はほとんどなくて、みんなで集まって一緒に校庭でキックベースをしたり、地域の施設で公演する劇の練習をしたりする。ほとんどの時間は、大人の人たちに混ざって、学校の1階でやっているコミュニティセンターの教室に行く。いろんな教室があるから、そのなかで面白そうなのを選んで参加する。先週は、ギター教室に参加した。一緒になった留学生のお兄さんに、お兄さんの国で有名なギターの曲を教えてもらったり、外国の暮らしについて話してもらったりした。教室は楽しかったし、ギター弾けるとカッコいいかなとは思ったのだけど、指も痛いし難しくてやめちゃった。今週は、編み物教室に行ってみると、みんなに上手だと言われて嬉しかったし、一緒に行った友達よりも編むのが早かった。次回参加したら、来月のお母さんの誕生日にあげる手袋を作ってみたいなと思っている。教室に来ている人はみんな優しいし、編み物は楽しいなと思った。

毎週水曜日には、班に分かれて地域活動体験をする時間がある。いろんなことをやってみることができるから、楽しくて好きな時間だ。今週はみんなで作ったコンポストを持って農家のおじさんに会いに行って、畑の土に混ぜるお手伝いをした。広い畑のなかをラジコンみたいな機械を走らせてコンポストを混ぜるのだけど、友達と競争したりするのが楽しかった。作業が終わった後におじさんにもらったもぎたてのトマトは、お店で売ってるものとは全然違う、フルーツみたいな味がした。みんなで作ったコンポストが、甘いトマトの栄養になると知って嬉しくなった。家に帰ると、今日は日用品の配送があった日みたいで、おやつもたくさんあって迷っちゃった。ジュースを飲みながら、パッケージについてたコードを読み取ってジュースの情報をみていると、去年の地域活動体験で行ったことのある学校の近くの山で取れたリンゴのジュースだった。葉っぱを取るお手伝いをしたのだけど、それがこんなにおいしいジュースになったのかと思うと嬉しかった。後でお母さんが近所のおばあちゃんの家の柚子を取りに行くみたいなので、僕も一緒に行ってみようと思う。とった柚子もおいしいジュースになるのかな？あそこのおばあちゃんは編み物が上手だから、手袋の作り方も聞いてみようかなと思う。

シナリオに描かれた社会

　シナリオの社会では、インフラがどんどん縮小していく社会を描いています。行き届かないインフラの網目を埋めるために、地域の人同士の関係性を構築する必要があり、町の構造・サービスは「効率」よりも「関係性を紡ぐ仕組み」があることが重視されます。この仕組みには、どんな人でも「与える」関係を築く工夫があり、暮らしのなかで世代や属性を超えた無理のない顔の見えるつながりを作れる社会を意識しています。

　特に大きな変化として書いている「物流・買い物」の方法では、ドローン宅配などの技術によって既存の宅配サービスを置き換えるというよりも、配達物をバス停で受け取るという配送方法を構想しています。2035年になると、自動運転タクシーやロボットは技術的には実現しているものの、主に経済的な理由から地方の小さな町への導入は限定的だと想定しています。また、ドローンやロボットによる各戸配送を採用すると、住民同士が出会う機会が減少し、結果として地域の人々の接点が減ることで孤立化がすすみ、地域内での人間関係の構築が難しくなるという懸念も、バス停での受け取りという方法を選んだ理由のひとつです。

　今回のシナリオでは、配送と公共交通という2つのサービスを合体させることにより、オペレーションの軽減、運用コストの分担など、人口減少社会での持続性を意識しています。同時に、「バス停」という場所を、地域の人たちが、それぞれの目的で暮らしのなかで立ち寄る場所として再設定することで、近隣の住民が顔を合わし、会話をする機会が増え、人と人の「近い関係」を構築する仕かけとして機能するのではないかと考えています。地域内での円滑なコミュニケーションは、顔を合わせる頻度が高いと生まれやすくなります。立ち話をするような間柄になって、得意技の情報が交換できると、コミュニティとして機能するようになっていきます。

　他にも、学校のカリキュラムのなかで地域活動に参加する仕組みも、社会科見学的な行事ではなく、地域との関わりのなかで多様な体験の場を用意することで、それぞれの子どもが自分の好きなことや得意分野を発見できる場をデザ

インしています。病院にあるクラブ教室でも、楽しい時間を共有できるだけでなく、様々な関係性が生まれる場を設けることで、それぞれの人たちが関係性のなかで発見される自分の好きなことや得意技を見つけられる工夫をしています。それによって、相互的な関係のある対等な関係性が生成される場を意識しています。また、未来の人口減少社会では、個人が自分の特性を活かした得意技を自覚的に持つことや、自分の望む暮らし方を構想するといった、今の社会ではあまり重視されていないスキルが求められることを想定し、学校のカリキュラムや地域で開かれている様々な教室への参加を通じて、多くの体験から得意技を見つけられる仕組みについても考えてみました。また、こうした地域内での活動を通じて、自然資本との接点を増やすことも考慮しています。

　一方で、社会生活を支える仕事については、AIによってなくなる職業があったとしても、現在のように多種多様な仕事が存在する状況はそれほど変わらないと想定しています。ただし、多くの人はひとつの仕事にフルタイムで取り組むのではなく、複数の仕事を複業的に持ち、状況に応じてバランスを調整しながら働く社会になると考えています。

　シナリオでは、生活費を獲得する営利のための、財務資本を得るための仕事と、地域をよくする・地域内で関係性を高め、社会関係資本を得るための非営利の仕事をかけもちするイメージで描いています。今回のシナリオの舞台としたような大きな都市ではない比較的小さな町では、財務資本に比して自然資本、社会関係資本の配分を相対的に増やすことが、暮らしの「豊かさ」につながると考えられます。それゆえ、どんな種類の仕事をしていても、今回のシナリオに描いたような地域社会との接点・関与が必要なのではないかと考え、あえて仕事以外の「暮らし」が想像できる生活のシーンを多く切り取ってみました。

シナリオから複数の未来へ

　シナリオは、ビジョンデザインの「往路」のゴールであり、「復路」のスタート地点です。みなさんは、どんな感想を持たれたでしょうか。

　こんなふうであればいいなと思った人もいれば、なんとなく面倒な印象を受

けた人もいたかと思います。理想的だけど現実はもっと厳しいだろう、モビリティや医療はもっと違う発展をしているのではないか……等々、色々な感想、印象があったと思います。

ビジョンデザインの「復路」は、シナリオを起点として「あなたはどんな未来を選択したいですか？」「どんな未来を願いますか？」という問いかけから始まります。共感であれ反感であれ、シナリオへのリアクションを出発点として、「私」はどんな未来を願うのかを主体的にまず考えてみる。それぞれの人から導かれる未来像は、ひとつではなく、様々な価値観に基づく、様々な姿であるはずです。そのような複数の未来像を持ち寄り、対話と議論をスタートさせるのが、ビジョンデザインの「復路」の最初のステップになります。

ビジョンデザインにおけるシナリオは、「私たち」がめざすべき未来をゴールとしてトップダウンで掲げるものではなく、ここから対話を生み出し、ボトムアップでビジョン策定をスタートするためのツールです。シナリオの目的は、「起こりそうな未来」よりも、より「望ましい未来」をひとつの選択肢として提示し、未来に向けての対話を社会や組織に喚起することです。だからこそ、シナリオを「あなた自身」がどのように受け止めたか、何を感じたかを考えることがビジョンデザインの「復路」のスタートになります。シナリオを通じて、自分自身がどんな未来を送りたいのか、どんなことが残したい価値なのか、そして「自分自身が『実現したい未来』をどうやったら実現できるか」（エスコバル）を明らかにするなかで、具体的に何を始めるのかを考えるアクションプランのプロセスに移行します。

ビジョンとして描かれた未来の社会像に触れ、その世界観を感じるなかで、自分はどのように暮らしているのだろう。日常生活のどんなところに喜び、どんなところに大変さを感じているだろう……と未来の社会のなかに入り込む想像を膨らませ、「自分だったら」という視点を持って、考えてみていただけたらと思います。

シナリオで描かれた世界は、自分にとっても「望ましい」でしょうか。その世界で、自分が暮らしたいか。その世界の暮らしのなかで、自分なりに幸福に生きてゆけそうか。どういう点が嬉しくて、何に困りそうか、もしも自分が暮

らしたくない社会だと思えたのなら、何が不満で、どうすれば望ましいものにできるでしょうか。そして最後に、そこから描かれた未来の社会で自分がより豊かに生きるためには、今何をするとよいか、何をしたいかというアクションプランのステップに移行します。

　私自身がシナリオを作成しながら「自分ごと」として考えたのは、「複業をするとしたら何をしたいか」「地域の人々との関係性を作り始めるには何をしたらよいのか」ということでした。今まで職業にしてきたデザイン以外で仕事にできそうなくらいの熱意のあるものを探したり、仕事に仕立てるとすればどんな業態にするとよさそうかなどを妄想したりしました。また、町内会への参加を検討したりと、都会暮らしで避けてきた「ご近所付き合い」や、地域行事への参加に積極的になりました。そのなかで、地域での自分が果たせる役割にどんなものがあるのかを考えるようになりました。そして、デザイナーの仕事としてはサービスやプロダクトを考えるときに「与えあえる関係の構築」について意識するようになりました。

　「小さくなる社会」での人々の価値観は、それぞれの固有の「私」の価値観の数だけ存在する多様なものとなっていくはずです。であればこそ、シナリオから導かれるビジョンもひとつではなく、複数の多元的な未来が価値観の数だけ生まれるはずです。シナリオをきっかけに、人の数だけ複数の未来の可能性が生まれるのです。

　ビジョンデザインの目的は、ひとつ未来像を描くのではなく、起こりそうな未来とは異なるもうひとつの未来の方向性を伝えることで、組織や地域のみんなで「望ましい未来」を考える対話のプロセスを立ち上げることです。それぞれの「私」が自分にとっての「望ましさ（価値）」を考えた「自分ごと」の未来を持ち寄って、ボトムアップで「私たち」のビジョンを作るプロセスがここからスタートします。

7.6
これからのデザイン、これからのサービス
関係性を支援するインフラへ

　既に始まっている変化の時代、関係性の価値が増すこれからの未来に向けて、私たちはどのような事業、サービス、プロダクトを構想してゆけばいいのでしょうか。これからのデザインは、どのようなことに配慮し、どのようにして変わりゆく社会で人々の幸福感を高めることができるのでしょうか。最後に、その指針、方向性について考えてみたいと思います。

関係性が生まれる仕組みをつくる

　これからデザインされるサービスやプロダクトは、社会システムそのものに関わって「関係性が生まれる仕組み」を作ること自体がひとつの役割になっていくと思われます。このときの関係性とは、血縁・地縁に基づく伝統的な「私たち」ではなく、少しずつ対等な関係をつくりながら、地域の課題に共に向き合う新しい「私たち」を志向するものです。人を孤立させないこと、人のスキルを奪わないことを意識し、人同士が与え合う相互依存的な関係性をつくる仕組みが求められます。ここまで幾度か参照してきたマンズィーニは、これからのデザイナーの役割について、次のように述べています。

> 人々のウェルビーイングは、生き方をデザインする自由、そして少なくとも部分的には、自分自身が自律的にデザインした人生を生きることに基づいている。(…)デザイナーにとって、これは潜在的なユーザを見る方法においてだけでなく、自らの役割を想像するうえでの根本的な変化を意味する。それはデザイナーは問題を特定し解決策を提案するだけの役割をになっているのではなく、何よりもまず、(人々の)潜在的な能力やリソースを特定し、プロダクトやサービスのシステムを開発し、それらを推進しサポートする能力を身につける役割をになっているのだ。
>
> [マンズィーニ：2023：158]

「どうすれば自分が生きたいと思う人生を実現できるか？」というシンプルな問いから始まる「デザインモード」を推進するデザインの能力は、本来どんな人にも潜在している能力（ケイパビリティ）だとマンズィーニはいいます。では、これまでの専門家としてのデザイナーの仕事は何になるかといえば、この「デザインモード」を人々や組織の間に育むことになりそうです。

新しい関係をうみだす「コラボレーションサービス」

小浜で話を伺った山崎さんや古庄さんは、デザイナーとして地域のなかでそのような協働を可能にする「私たち」を生み出す仕組みづくりに携わっていました。彼らの取り組みは、マンズィーニが提唱する「コラボレーションサービス」を想起させます。

マンズィーニは、地域の人々の相互のケアの蓄積によって培われてきた伝統的共同体における関係性が、社会の「サービス化」によって損なわれてきたといいます。それまでお金を介さずに地域の人々によって担われていた様々なケアを、企業や行政が「サービス」として担うことで、人々は一方的にサービスを「受けとる」「消費者・利用者」になり、関係性自体が解体されてしまったというのです。「小さくなる社会」では、このサービスの領域が今度は縮小していきます。マンズィーニは、これからの持続可能な社会の条件として「サービス社会の再定義」の必要性を訴え、新しいサービスとして提唱するのが「コラボレーションサービス」です。

「コラボレーションサービス」とは、文字通り、人々の「協働（コラボレーション）」を支えるサービスです。従来のサービスは、サービスを提供する者と、サービスを受け取る者の役割を対立的に設定し、より使いやすいサービスを提供することによって、サービスを受け取る側（顧客）を「受動的で、スキルを持たない立場へと追いや」（p.154）ってきました。

「コラボレーションサービス」では、「提供する人／使う人」という関係だけでなく、「能動的な人と受動的な人」「専門家と非専門家」といった対立する関

係性、区別がなくなる設計を提案します。この時の根底にある考え方が、「各人がスキルを持っているのであり、サービスはその人がそれを実行するのを助けるのだという暗黙の前提に基づいている」[マンズィーニ：2023：157] という考え方です。効率化の追求のなかで蔑ろにされてきた人々の関係ネットワークを再構築し、サービスの消費者・利用者が見失ってきた潜在的な「スキル」を回復・活用できるよう支援するコラボレーションサービス。これは「フィールドワーク③ 多彩な文化のむすびかた」で見出した「相互に与え合う対等な関係」をめざすサービスといえるでしょう。

「リサーチプロジェクト① みらいのしごと after 50」のなかで、新しい高齢者の働き方として見つけた先端事例も、高齢者向け住宅内に設けられた駄菓子屋で、入居者である高齢者の方が店番を務めることで売上を出す「銀木犀」も、地元の高齢者の山の知見を活かす「葉っぱビジネス」も、サービスの「受益者」ではなく、協働に参加する「与える主体」になっています。

長田では、「被災時のベトナム人と日本人との協働の精神を忘れずに、ベトナム人と日本人が一緒になって活動を行うこと」を大切にしている「ベトナム夢KOBE」や、言葉でのコミュニケーションが難しくても野菜のお裾分けなどを通してベトナム人と近隣住民の間の日常的な交流を生む「多文化共生ガーデン」、楽器ができる、ダンスができるなどの得意技で参加できる「DANCE BOX」など与えあえる関係が生まれる仕組みが多く見られました。

これらの事例は「コラボレーションサービス」の一例を伝えているように思います。ここでの「スキル」は、労働市場における外的な評価基準で測られる「能力」ではなく、固有の地域の関係性のなかで発現する、相対的な得意なこと・できること（得意技）です。関係性を設定することで、誰でも、子どもも高齢者も、また異文化をルーツとする人も加わることができます。

「コラボレーションサービス」は、従来の「私（個人）」の問題解決のみに向けられたものでなく、「私たち」（コミュニティ）の生成そのものを促進し、支援するものになっています。コラボレーションサービスは「信頼や共感、対話能力といった、あらゆる関わり合いの織物の横糸と縦糸を構成している社会的資源を生み出す」とマンズィーニはいいます。つまり、人々が相互に対等に関わる

協働の関係を支援することによって、社会関係資本そのものを創造・回復させていくサービスだといえます。

小浜や五城目、長田で町のあちこちにあった「関係の生まれる仕組み」は、小さな規模で「関係」を生み出し、異なる背景・文化を持つ人々の接点を作り「新しい私たち」を生成させる場だったといえるのではないでしょうか。新たな関係性が生まれる仕組みが「与える人」と「与えられる人」という二項対立的な固定的な関係を揺るがし、動的な関係のなかで本人も気づかなかった「スキル」や「役割」を発現させるのです。

これからのデザインにおいては、デザインがもたらす関係性への配慮を持ち、「人と人／人と自然／人と社会」の望ましい関係性を生み出すようにデザインすることが求められています。ひとつのプロダクトやサービスが社会や文化に与える影響、時には予期せぬ変化をもたらす「波及効果」についても考慮する必要があります。これからのテクノロジーを用いたサービスやプロダクトは、そのような「人と人／人と自然／人と動植物」の「関係」を豊かにするサービスを志向していくことになるでしょう。

マンズィーニは、これからのデザイナーの仕事は「人々が価値ある結果を得るための能力を向上させる、認知的・技術的・組織的な方法を提供するプロダクト／サービスのシステム」を提供する「関係性の仕組み」を新たな社会システムとしてデザインしていくことだと言います。人々が社会に関わる主体として協働する環境をインフラとしてつくっていくこと。個人の自由と創造性（得意技）が発揮される土壌をつくること、それこそがこれからのデザイナーの仕事であり、未来のサービスのめざすところといえるでしょう。自律協働社会はもう始まっています。

「つづく未来」のためのデザイン：社会システムへの眼差し

デザイン思想家のアルトゥーロ・エスコバルは、著書『多元的世界に向けたデザイン——ラディカルな相互依存性、自治と自律、そして複数の世界をつくること』[アルトゥーロ・エスコバル：ビー・エヌ・エヌ：2024]のなかで、デザインという営み自体が資本主義の産業とともに生まれ、成長・拡大を促進・開発するツールであったと指摘しています。彼は、今のデザインのあり方そのものを根源的に問い直す必要性を訴えました。これまでの西洋近代的な世界観に依った、物ごとを生産的に問題解決することをめざすデザインは、持続不可能な未来を招く「デフューチャリング」なデザインだというのです。

エスコバルは、モノやサービスを取り巻く社会・自然の関係性に配慮した「存在論的デザイン」の立場にたって、新しいデザイン観の構築を試みています。この「存在論的デザイン」の目的は、産業的な生産性の向上ではなく、個人の自由と創造性が発揮される、生き生きとした社会の実現にあります。「存在論的デザイン」では、モノやサービスをデザインすることだけでなく、同時に、そのモノやサービスによって世界との生き生きとした関係を作り出すことが重要だ

図II-29 セミパブリック領域

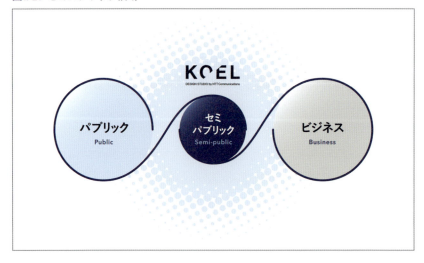

と考えます。例えば、ひとつの自動車をデザインするということは、自動車と自然、自動車と人、自動車と社会への影響を作り出すことだと捉えるのです。

この本で取りあげたリサーチでは、「人口減少・高齢化」というこれからの日本が直面する大きな社会問題について目を向けてみました。そして私たちの暮らしの周辺には、他にもたくさんの社会課題が存在しています。これからは社会問題に目を向け、社会の持続可能性という大きな視点をもち、その解決に向き合う必要があります。

社会課題を公的セクターに任せるのではなく、自分たちの事業として社会課題の解決に取り組む人たちも増えてきています。

宇沢弘文は、「社会的共通資本」は市場原理に委ねず、市民から信託された専門家が担うものと考えていましたが、企業経営を支える資本に自然資本、社会関係資本が位置づけられた「これからの社会」では、人々の生きる基盤である「社会的共通資本」の担い手のひとつに企業も位置づけられるのではないかと思われます。KOEL Design Studioでは、行政による公共事業と企業によるビジネスの間にある領域を「セミパブリック」と名づけ、この領域の社会課題解決に挑戦するインハウスデザイン組織として、これからの豊かさを実現する社会インフラの実装に取り組んでいます。人口減少が進んでいく日本では「大きくなる社会」に合わせて作った公共サービスが行き届かなくなる可能性があるなか、こうした民間による取り組みによって社会課題と向き合う必要も出てきます。一過性の支援金だけに頼るのではなく、ビジネスとして成立し、持続可能な状態を作り、社会課題の解決に向き合う必要があります。「私」だけの豊かさでも、「私」を犠牲にする「私たち」だけの豊かさでもない、「私たち」の豊かさをめざすためには、私たちそれぞれが自ら価値を選び、自分にとって望ましい社会システムへのアップデートのために、デザインを使っていけるとよいのではないかと思います。

私も、3つのリサーチから得られた知見、新しい価値観、未来のビジョンを、様々な領域での社会システムのアップデートに活かしていきたいと思っています。本書を通して紹介してきたビジョンデザインの方法が、みなさんにとっての「望ましい未来」を見つけることに役立つと幸いです。

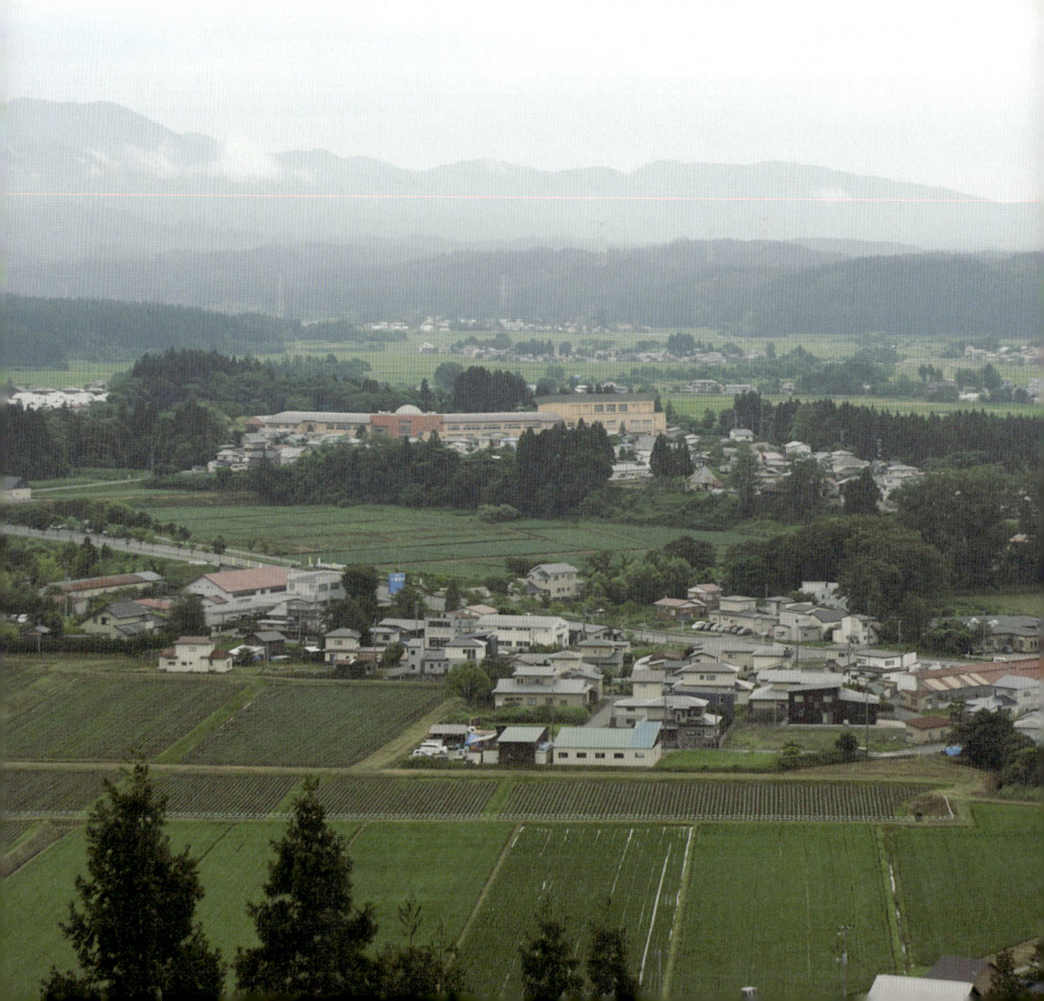

座談会

〈私〉のビジョンから
〈私たち〉のビジョンへ
3つのフィールドワークから見えてきたもの

田村大・市川文子（RE：PUBLIC）
田中友美子・山本健吾（KOEL Design Studio）

写真：高橋宗正

閉じゆく現実と変化への意思

田中：RE:PUBLICさんには3年にわたって3つのフィールドワークに伴走していただきましたが、一緒に歩んできたメンバーで、この3年間を振り返ってみたいと思います。3つのフィールドワークのなかで、最も変化を感じた、あるいは未来が垣間見えたという記憶に残る瞬間はありましたか。

市川：1年目の山口だったと思います。人口減少と高齢化が進む山口の阿東地区を訪れました。市町村合併が繰り返され、地域としてのアイデンティティや公的サービスがもう「成り立たない」未来に向き合う意思を地域全体からすごく感じました。他人に任せるのではなく自分たちでどうにかするという自治の精神を強く感じました。

田中：阿東では、人が少なくなるとは「こういうことなんだ」と気づかされました。そのなかで、特にNPO法人「ほほえみの郷トイトイ」の高田新一郎さん [p.132] の言葉は、いろんなところで思い出すことが多いです。「もう何かをやりたいということではなくて、我々は閉じていくんです。その最後のひとりがどうやって幸せに生きていけるかというところに力を注ぐ」っていう高田さんの言葉は、私にとって衝撃でした。

市川：スーパーやコンビニは経営が成り立たない。ではどうやって地域の高齢者が日々の食べ物を手に入れるのかという切実な問題にぶつかって、営利と非営利の間でビジネスを作っておられた。

山本：NPO法人のそういった活動は、「誰かのためにやってあげる」という福祉的な空気がもう少し強いのかと思っていました。でも、そうではなくて「自分たちのためにやっている」とおっしゃっていた。

田中：「自分も含む自分たちのため」だというお話でしたね。自分が高齢になったら移動販売が自分のところにそのうち来ると思っていらっしゃるところにグッときました。あれは「仕組み」を作っているということでもあるんだなと気づかされました。

田村：色々な地域の行政の人たちと話す機会は多いですが、そのリアリティが覚悟として決まってることってあんまりないです。「人口減少・高齢化・過疎化」は、すでにはっきり見えている未来ではあるのですが、それでも「地方創生」で取り組んできたこれまでの10年間は、「東京から人口を移動させて、もう一度地域のなかで人を増やそう」という方向でやってきた。でも、ここに来て、もうこの町は将来的にどんどん小さくなって最後にはなくなるかもしれないという前提で、この町の運営や公共のあり方を考えようという方向に舵を切り始めた動きが感じられます。阿東で起きていることは、日本の都市部のごく限られた地域を除くと、多くの地域が直面することになっていくのだろうなと思います。

「課題」のリフレーミング

市川：「問題」に対峙するなかで、ご自身の位置が変わったんだと思います。「課題がある」ということだとみんな距離を置いてしまう。でも、高田さんは当事者として関わっておられて。冷静でありつつ、地域の未来に希望を見出しておられたように思います。

田村：完全に後ろ向きな話ではないんですよね。シュリンクしていくことを前提にしながら、そのなかで、どうやって自分たちにとっての暮らしの希望や明るさを求めていくのか、という……。そこが生き方のすごく大事なポイントになってきている。

市川：デザインでいうところのリフレーミング（文脈の読み替え）が起きていると思いました。最近アメリカのデトロイト市について調べているのですが、デトロイトは最盛期の1950年代から現在までに人口が3分の1になっているんです。185万人いたのが現在は63万人。今も空き家率は3割を超えるのですが、デトロイト市の行政が破綻したあとには、空き家や空き地でアート作品を作ったり、都市農園を作ったりする人たちが現れています。「荒廃」ではなく、当事者として自分もその土地で何をしてもいいという「再生」の場所だと読み替えをしたからこそ、都市として再生の希望が見出せたのだと思いました。

「資本」を問いなおす

田村：小浜や五城目を訪ねた「豊かな町のはじめかた」[第5章] の話につながりますね。生きるための豊かさ、資本は何かという問いかけの話。私は東京から福岡に移り住んで10年経つんですが、福岡に来て最初に気づいたのは、東京は基本的に隅から隅まで財務資本化されているということでした。それが当たり前と思っていたんですが、福岡のような大都市でもちょっと離れると経済的な資本からまったく切り離された物ごとが本当にたくさんあるんですね。

田中：例えばどんなものですか？

田村：例えば、家付きの土地が当時で150万円だったりします。3,000万円かけて建てた家が、20年後のマーケットでは150万円の価値しかつかない。野菜の直売所では、袋いっぱいに入った梅が一袋100円だったり。「これってどういうこと?! どう考えても取引になってないのではないか」と。それで、「そうか、資本が行き届いてないところはいっぱいあるんだな」と気づきました。その行き届いてないところに対して、自分のもうひとつのキャピタル（資本）というんでしょうか、そこで何か面白いことができないかなと思ってやってきたことが色々あるように思います。

　そこに関わっていく動機は、資本のルールというより人間関係であることが多いんです。ちょっと面白いことをやりたいと思ったら、地域で人間関係が生まれたりする方が自由度の高い活動ができる。地域にはフリースペースも多いので、新しいステークホルダーの人たちといろんな取り組みができる。むしろ都市よりも地域の方が新しい実験ができる、「やってみる」ことができる場所なんじゃないかと思っています。

誰もが「百姓」になる未来

田村：最近、編集者の若林恵さんが、これから「人は全員百姓・商人になる」といった話をしていました。要するに「自分で仕事を作る、自分で商いを作る」ことが前提になっていく、と。デジタル化が究極的に進んだ社会では人間が仕事をする必要がなくなっていくので、人が都市にいる理由はもう商いしかない。逆に言えば「商いをす

田村 大

る人が集まらないと、それは都市ではない」というんですね。このお話がすごく印象に残っている。それでいくと実際に阿東では「ひとりでいろんなことをする」ことが、地域の持続性を考えていくときの必要条件になっています。これは示唆深いなと思ったんです。自分自身もそういうふうになりたいと思いましたし、うちの子どもたちがどんな教育を受けて、どんな得意分野や興味を身につけて生きていくのかということとも重なる話です。私たちが生きてきた時代とはまったく違うことになるだろうなと。「みらいのしごと」は、50代以上の人たちの後半生の話として始まりましたが、社会全体が変化していくことのフロントラインを示しているのではないかと思います。

田中：確かに。阿東に一緒に行った20代前半のメンバーは、リサーチからの帰り道、これからの仕事のあり方について私たちと同じくらい自分の問題として考えてましたね。「自分の複業って何だろう?!」と。50代以降の働き方ではなくて、これからの自分の5年後、10年後がどうなるのかという指針として受け取っていました。

山本：行く前は自分の親の世代の話で、自分には間接的な、関係のない話と思ってい

たようです。でも帰りには自分の話として捉えてましたね。

田中：このような感じで、自分自身の気づきとして強烈に持ち帰ったもの、自分自身の生活に変化をもたらした経験はありましたか。

市川：確実にありました。1年目は「働き方」がテーマでしたから、年齢を重ねながら、どう自分の働き方や生き方が変わっていくのかを考えるいいきっかけになりました。2年目は、都市や地域、自分を取り巻く「社会」、3年目は「制度」へと視野が広くなる過程をご一緒したと思っています。

田村：最初が一番リサーチ的で、3回目に行くほどデザイン的な要素、どう社会に関わっていけばいいのか、具体的に施策を立てる方向に向かっていった。自分の視点を得て、そこから何を使って役立てていったらいいのかを考えて、そのうえでどう社会に実装していくのか、そういう手順で3つのフィールドワークは展開したということかもしれないですね。

異文化の衝突から何かが生まれる

田村：自分のなかで一番見たことのない景色だったのは、3番目に訪ねた神戸市長田区［第6章］です。それまで日本で地方創生を考えるときの枠組みは、基本的に「東京と地域」という二項対立でした。アジアのなかのひとつの地域と考えてみると、もっとステークホルダーの広がりは大きくなるんだと気づかされました。今までの日本を超えたところから見る視点を得られたように思います。

　長田区は、昨日今日始まった話ではなくて戦前から多様な人、文化が混ざり合うなかで、差別や排除、衝突などを繰り返しながらやってきた場所ですが、まず、これだけの多様性を包含した地域として成り立っているということに驚かされました。戦前のエスニシティの構成がそのままなのではなく、そこにベトナムの人が来たり、ミャンマーの人が来たり、ペルーの人が来たりと積層していく。開いていって、そこから色々な人たちが入ってきて......そこでもちろんコンフリクトが起こるわけですが、それが地域の次の形をつくっていく──その感じがものすごく興味深かった。

田中：確かに、長田区には他にないものがありました。

田村：一番衝撃を受けたのは、阪神自動車航空鉄道専門学校の池田勝さんのお話[p.230]。いろんな国の人たちが学校に入ってくるようになって、特にベトナム人が入ってきてからは成績上位は全員ベトナム人になった。ベトナムの人たちが自分の生き方を探すひとつの選択肢として神戸を選んでいると聞いて、この人たちの見ている視野の広さはすごいなぁと思いました。一方、日本の生徒たちは特に自動車が好きで来ているわけでもなく親が行けと言うから来たんだという。でもベトナム人たちと交流するなかで、今まで考えたこともなかった海外に興味をもって自分も出ていこうと思っている。そういう変化が起きている。この話には心動かされました。日本は「豊かな国」として整った社会システムのなかでよい教育を施され、世界にも出ていけるようになっているはずが、どうもそこは全然機能していない。むしろそういう仕組みのなかで閉

じてきている状況があるんだと。驚きでしたし、発見でした。

田中：現在の社会の問題点というか、本当にこれは深刻だなと感じたのは、あのあたりの瞬間だったかもしれないです。

山本：大人が暮らす社会の話だけでなく、今の子どもと社会の境目についてのお話が聞けましたね。

市川：最初のフィールドワークから、お話を聞く相手も多様になっていきました。

田村：私は文化や価値観というものは、そう簡単に融和しないと思っているのですが、でも融和しないということを「問題」とみなす意識が日本はちょっと強すぎるのではないかと、長田区に来て実感しました。異なる価値観や文化がぶつかるコンフリクトから何かが生まれることに希望を感じる社会になっていくと、これから日本も面白くなっていけるんじゃないかと思いましたね。

市川：実際に長田区の現場では労働力の不足は明らかでしたよね。漁業はもちろん、自動車工場、食肉加工など、私たちの生活を支えるあらゆる場面で、外国の方をはじめとした多様な人材がいないとすでに成り立たなくなっています。現場にいる人は業界固有の問題だと思い、そう伝えられてきたことが、実はあらゆる場所・産業で起きている現象だとわかってくる……抽象的な人口減少や高齢化というキーワードではなく、すでに私たちのこれまでの産業や社会の前提が機能していないことに気づかされます。さらに言えば今回の「デザインリサーチ」では、そこをどう打開していくかというところまでセットで見えてきた。特に具体的な打開策が、3年目は印象に残りました。

モノから社会へ？
変わる幸福観

田中：それぞれのフィールドワークを通してこれからの日本の大変さを感じながらも、でもそのなかで「どのように幸せに生きていったらよいのだろうか」という問いが、私たちが打開策を見つめるモチベーションになっていたと思います。そうしたときのこれからの幸せ─今はウェルビーイングと言ったりしますが、これからの日本がめざすべき豊かさを定義するとしたら何だと思いますか。

デザインはこれまでやっぱり「物（プロダクト）」を通じて、幸せな人生像、幸せな生活像を対消費者、対個人に提示していくという役割でしたよね。戦後本当に「物がなかった」こともあって、高度成長期という「物があるってこんなに幸せなんだ」と思いつづけた時代があったわけじゃないですか。それはそれで、ある種のデザインされた幸福像だったのだと思いますが、今は「スポーツカーとか持ってて幸せなのかな……」みたいな気分が充満してますよね。3つのリサーチを通じて「じゃあ、これから見つめていくべき新しい幸せってなんなんだろう」という問いが気になっていました。私たちはこれから何を幸福としていけばいいと思われますか。

田村：どうなんだろう……10年前に、ジェレミー・リフキンが『限界費用ゼロ社会─〈モノのインターネット〉と共有型経済の台頭』（NHK出版、2015年）という本のなかで、インターネットによって情報がゼロになる……情報が無料になったのと同様に、物も

限界費用が今後ゼロになるという話をしてたんですね。つまり「物は全部タダになる」ということです。当時は「この人、何言ってるんだ？」という受け止め方が大半だったのですが、10年後の今は、必要な物と情報がサブスクで全部まかなえる暮らしが現実になってきている。その結果、この社会がどうあったらいいのかという問いに対しては、「自分が社会に直接働きかける」という方向に変わっていくんじゃないのかなと今は思っています。それはまさに「みらいのしごと」のなかで、阿東の人たちが自分たちの社会や世界に働きかけることによって、自分たちの暮らしを作り、それが魅力的で豊かなものであるというところに行き着いたという話と重なります。

My Happiness から Our Happiness へ

田中：では、自分の願う社会を作ることに寄与できるということが、新しい豊かさだったり、幸せだったりするのかな。

市川：地域との接点・関わりしろが増えたというのは大きいと思います。これまで不特定多数の誰かに委ねていたものが成り立たない。誰かどうにかしてくれないか、という受動的な姿勢から一歩も二歩も踏み込んで、これまで以上に自分が介入できれば自らが変化の主体になっていきますよね。そのことが私たちが出会った人たちのなかに本質的な豊かさを生んでいたような気がします。また長期的な未来に対してオーナーシップを持つことは自分だけではなく、自分の家族や子どもの充足にもつながる。「マイハピネス」じゃなくて、「アワハピネス」

の探求なのだと思います。

山本：私は今住宅街に住んでいるのですが、コロナ禍の前は仕事をしに行くエリアが別にあって、自分の生活圏や身の回りの地域についてはあまり意識せずに暮らしていたと、このリサーチを通して感じました。コロナ禍になってリモートワークをするようになると、「生活している土地」と「仕事をしている土地」が一緒なのに、まるで「仕事だけをする土地」と同じような暮らし方をしていると、はっと気づかされたということがありました。「そうだ。自分が暮らしている地域なんだ」と認識を改め、ちょっとずつ視点が変わって、自分や家族、子どもたちの暮らしを当事者意識とともにリアリティをもって考え始めたことで暮らしの充実感が持てるようになった。これが、これからの豊かさなのかなって"端っこ"をつかんだような感覚はありますね。

市川：人がある場所に関わるとき、それが働く行為に代表される経済活動なのか、それとも住むという行為に代表される非経済的活動なのか。二極化されてしまうのはあまり意味がないと思っています。それよりも、あらゆる人がいずれの活動もできる。場合によっては副業や趣味といわれるような能力も含め、その地域で活かされるといい

市川文子

のでしょうね。そういう意味では、あらゆるものが生産的活動に結びつく東京のような大都市のほうが、むしろこの先難しい局面が出てくるかもしれません。

田中：どのように差が生まれてくるのか気になりますね。

フィンランドの図書館を生んだビジョンとは

田村：ビジョンデザインで「どういう未来でありたいですか」という問いは「どのような価値を指向しますか」と問うことでもありますよね。

　先日、ブックコーディネーターの内沼晋太郎さんがフィンランドのヘルシンキにあるOodi（オーディ）という中央図書館の話をしてくれました。Oodiは、日本の図書館と根本的に「ビジョン」というのか、コンセプトがまったく違うんだそうです。日本の図書館は、あくまでも「知を高めるための場所」である。そこに行くことによって「知性をどう鍛えるのか」という課題に応えるためにあるのだけれど、フィンランドの場合は違っていて「暮らしの豊かさをどうやって高めていくのか、それを考え、実践できる場所が図書館だ」というんですよね。だから編み物をしてる人もいるし、ゲームをやってる人もいるし、サッカーをやってる人もいる。「こういうことができたら自分の生き方とか暮らし方が豊かになる」というものを発見し、実現できる場が図書館なんですって。でもそれは別にOodiだけじゃなくて、ショッピングモールの一角にある施設でも、みんな同じコンセプトで作られている。このコンセプトの違いは大したことがないようなものにも聞こえるけれど、日本の図書館を経て育つ人とフィンランドの図書館を経て育つ人だと、やっぱり価値観の形成がまったく違ってくるなと思ったんです。ビジョンの違い……どんな人のあり方や生き方が大切なのか（価値観）ということに対するちょっとした違いなんですが、たぶんその「ちょっとした違い」が将来、大きな差となって現れてくる。

田中：「結果として」なんですね。めざすゴールじゃなくて、価値の選択の結果。

ビジョンはゴールではない

田村：ビジョンデザインが大事だと思ってるのは、ビジョンというとなんとなく僕らは「ゴール」だと思ってしまうんだけれど、そうではないということですね。このビジョンというものを自分の生き方や暮らし方に照らし合わせたときに、「これを大事にしていこう」と思うもの（価値）が違うと、結果的にその後に生じるものの大きさが全然違うんですよ、という話なんですね。「ビジョンって何か」と問われたときに、「ビジョン・アズ・ゴールではない」と応えるのは、すごく大事なところで、そこはやっぱりちゃんと押さえておきたいなと思います。

田中：ゴールって思いがちですよね。事業

山本健吾

で「ビジョン」というと関係者の目線を合わせるために使いがちなんですが、そこはなかなかうまく共有しきれないでいるところですね。

田村：そこは難しいところで、KOELにビジョンデザインを企業が依頼してくるときは、MVV（ミッション・ビジョン・バリュー）を作ってという話になりやすいですよね。ただ、企業のMVVというのは、企業がどこに向かっていくかという話に限られますが、ビジョンデザインの本質は、「一人ひとりがどういう社会を選びたいのか」という話なんですよね。「こんな共通のビジョンを掲げましょう」ということではなく。

市川：KOELが掲げているビジョンデザインには、提示されたもののなかに変化した場合の社会像が見える。「ああ、やっぱり自分の地域に関わろうかな」とか「引っ越そうかな」とか、考えさせられるものがあると思います。

田中：「どういう暮らしをしたいですか」という価値の選択。「何をすると楽しいですか、幸せですか」ってことですよね。Oodiではまさに、それをみんながそれぞれ実践してる場になっているということですね。日本の図書館は、まさに「大きくなる社会」の近代の社会システムを前提として、勉強して力を得て国を大きくしていこうというビジョンのもとに作られたわけですが、それでいくとフィンランドの図書館は、どんな社会システムのビジョンから生まれたと言えるのでしょう。

市川：北欧はとかく天国みたいな言われ方をしていますが、もともととても貧しい国々でした。1970年代に起きたオイルショック

は日本でも大きな社会現象となりましたが、デンマークもその影響を強く受けた国でした。当時デンマークは従来のように大量のエネルギー消費を必要とする「高エネルギーな社会」へと戻るのか、はたまた消費を抑える「低エネルギー社会」を探索するのか。2つの社会像をめぐり国民を巻き込んだ議論になりました。結果はみなさんもご存じの通りです。化石燃料依存から脱却し再生エネルギー8割を実現して現在のデンマークに至っています。

図書館でも風力発電所でもそうですが、素晴らしい建物や構造物につい目を奪われがちなのですが、実はそれらの背景にはいくつかのビジョンが選択肢として存在し、そこに明確な意思決定が行われていたことを私たちは見落としがちです。ビジョンと言ったときにそもそも現在の延長線上に未来を描いてしまうと変わらない、変えられない、自分たちは関係ないと感じてしまいますが、ビジョンデザインは、1回オルタナティブな社会を描き、しかもそれらを小難しくすることなくわかりやすくシナリオなどにする。複数あるビジョンから自分たちで選び取ったんだというオーナーシップがあるからこそ、それが数十年という時間を経て、私たちが憧れる再エネ社会の実現があるのだということを頭に入れておく必要があると思います。

これからのデザインリサーチ

田村：10年ほど前まで、私は「何をしている人ですか」と聞かれたら「デザインリサーチャー」と答えてた時期があったんです。でも、この5年ぐらいまったく使わなくなっ

た。「リサーチ」というものが「外から見て変化を記述する」という意味で受け止められるなら、そうではないなと思うようになったからです。その場に関わる、介入することによって、この社会にどういうふうにゆらぎや変化が起こっていくのかというところまで踏み込んでやっていくのが「リサーチ」だと思うようになりました。

田中：自分が「ゆらぎ」の核になるってことですか。

田村：そう。でもそれはもうたぶんデザインリサーチではないなと。

田中：調べるだけでは不十分なところまで来てしまっていますね。

市川：私は、介入というか、そこまで含めてデザインリサーチだ、と思っているんですけどね。

田村：この一連のフィールドワークも、調べて終わりになってるということではなくて、何かしらそこに介入することによって、どんなゆらぎが起こるのかという小さな実験をしてきたと思っています。「生きるためのキャピタル（資本）」を実践してる人たちと対話することを通じて、自分たちがどう社会に介入し得るのかを探る。それを同時に行っていたんじゃないかなと思います。

　今、「エイブルシティ」という「都市をどうデザインしていくのか」というリサーチをやっているのですが、自分と都市の関係を見ていくときに、3つの領域に分けて考えようとしています。1つは自分の住んでいる「コミュニティ」や「ネイバーフッド」、次に「サービス」、そして「システム」。私たちが今、自分たちの暮らしに対して影響を与え得るものをデザインするとき、サー

ビスのレベルまでで考えていることが多いと思うんですね。以前、メルボルン・スクール・オブ・デザインのダン・ヒルが来日したときに、サービスがシステムに対してネガティブなインパクトを与えている一例として、ライドシェアの話をしていました。もともと彼らがめざしていたのはライドシェアを広げていくと走る車の量が減って交通渋滞もなくなるし大気汚染も少なくなるという世界だったんですが、サービスをより多くの人に使ってもらう方向で進めていった結果、ライドシェアによって40パーセント交通量が増えてしまった。システムのことを考えずにサービスを普及した結果、システムに悪い負荷を与えてしまうということが結構あるはずです。だからサービスや街の機能というものが「システムとしてどういうものをめざすのか」というビジョンと一気通貫していないと、自分たちがこういうふうにありたいというものに近づけないジレンマがあると思うんですよね。

サービスから社会システムへ

田村：ビジョンデザインの取り組みですごく大事なのは、「システムレベルでものを考える」ことを一連のリサーチのなかでやっていくことです。「こんなサービスができるといい」というところで止まってはいけない。今あるものをレビューしたうえで「あるべきシステムというのはこういうことだ」というところまで敷えん、俯瞰して見ていくというのが、これからのデザインやリサーチに求められていくところじゃないかと思います。

田中：まさに「これからのデザインリサー

チの使い方」ですね。

市川：これまでのデザインリサーチが、リサーチとしての完成度に重きを置きすぎたかもしれないですね。実はデザインそのものに求められる責任が変わっている。そこが抜けてしまうと、今あるプロダクトやサービスデザインのなかでどう自分たちが寄与するのかが見えなくなり、リサーチから何かを切り取って使うようなことに矮小化してしまいます。そうではなく、デザインが対象とする領域が広がり続けているからこそ、むしろその広がった領域に向き合い、プロダクトからシステムまでを見据え、デザインの地図を作る。そこにリサーチの責任があると思っています。

田村：そうですね。あと、端的に時代の変化ということでいうと「消費を通じたイノベーション」が通用しなくなってきた。プラネタリーバウンダリー的にも難しいという話もあると同時に、僕らも消費に対してそこまで興味がもうなくなってしまった。少なくとも、消費を増やす方向に頑張ってもあまり未来がないというのが見えてきたと思います。消費じゃない形でのイノベーションのあり方をめざすと、これはやっぱり社会システムのほうに行かざるをえない。「人間が世界とどう関わるのか」ということに対して、そのあり方を変えていくところに向かっていく。大きくシステムを捉えたところで、自分たちの活躍できる場をどう作っていくかというところに行かざるをえないですよね。

NTTグループは社会システムにずっと携わってきた企業ですから、自分たちが今までやってきたレガシーを活かしながら次の

田中友美子

世代に何をどう更新していくのか、という課題に読み替えることもできると思うんですよね。

田中：今の課題の解決というところに目が向きがちですが、社会システムまでを考えていきたいですね。

長期的な視点を持つために

市川：多くの企業が四半期ごとに成果を求められている時代に10年、20年という視線をどう持つか。この課題に応えるところに、ビジョンデザインがあり、それをデザイナーが担っていることにはものすごく意味があると思うのです。ビジョンデザインは社会全体をみるからこそ、既存事業の領域にとらわれず広くプロダクトやサービス、システムまでを捉えなおすことができる。大きなポテンシャルを秘めていると思います。

特にNTTグループは日本の通信インフラを築き上げた会社です。先ほども北欧が長い時間軸のなかでビジョンを形成し実現しているというお話をしましたが、長い歴史を持つ企業にこそ、この次の数十年を見据えたビジョンを構築してほしいと思っています。

田村：企業にとってみると、デザインリサー

チや、そもそもR&Dというもの自体も、消費側に対してより付加価値が高いプロダクトやサービスを生み出していくための取り組みだったのが、この20世紀からの流れだったと思うんです。でも、もうそこが限界を迎えている。これからプロダクトやサービスを作ろうとしても小さくなっていくパイのなかをどう取り合うかという話にしかならないので事業自体をどう転換していくのかが求められています。抜本的に企業活動のあり方を変えなきゃいけない。

ただ難しいのは、経済や文化、労働市場といったマクロで語られている言葉を噛み砕いてこそ、リアリティを持てると思うんですよね。そうであってこそ個人がアクションする余地が見えてくるのだと思うのですが、これが組織になると大義名分を欲するがゆえに「瑣末なこと」として切り捨てられてしまう。そうではなくて、ゆくゆく重大になる「アクショナブルなもの」を示唆しているということをどう翻訳していくか。これが特に組織のなかでデザインリサーチ、ひいてはR&Dをされる方には難しいところですね。

インフラ企業における
デザインの新たな役割

田村：やっぱり前提として「これからの仕事はシステムをよりよいものにしていくことだ」という共通理解がないと、こういった話は前に進まないのではないかと思います。さもなければ、「このリサーチは何のサービス開発につながるんだ？」と言われてしまいます。そこの話じゃないんですよね。だから、KOELが、こういうビジョン

デザインのリサーチに取り組んでいるのは、とても価値があると思っています。NTTグループは、もともとシステムを作る会社じゃないですか。デジタルシステムだけでなく社会システムまで含めてやってきている会社であって、インフラというのはまさにそれだと思うんですね。インフラを作った会社の宿命は、作ったら終わりではなく、それをずっとやり続けなければいけない。デザインも作っておしまいではなくて、それこそダン・ヒルの表現にならえば「庭師」なんじゃないか。庭師のようにちょっとずつ手入れをしながら、デザイナーは仕組みが成長したり劣化したりするということに寄り添い続けることが大事だと。システムをデザインしていくというのは、そういうことなんだろうと思っています。

田中：同時に、ビジョンデザインは、みんなにできるようになってほしいなと思います。起こりそうな未来に怯えるんじゃなくて、自分の選びたい未来が描けるようになると、選択肢があること、自分の人生は自分で作れるということが実感できるようになります。自分の人生は自分で作るっていう。「ビジョン」と言ったときにそこに自分自身が含まれるというのは大事なところ。そういう一人ひとりの、それこそ最初はバラバラな未来が集まって、コンフリクトも含みながら対話を重ねていける、そういう仕組みを作っていけたらなと思います。ビジョンデザインは、ゴールの設定ではなく、価値の選択であり、その選択によって生まれる未来の可能性を広げていくことなんだと思います。

リサーチチームについて

KOEL Design Studio
https://www.ntt.com/lp/koel

「デザイン×コミュニケーションで社会の創造力を解放する」をミッションに、常識を超える新たなコミュニケーションの創造、そして公共性とビジネスの両立が求められる「セミパブリック」領域での新しい社会インフラ実現をめざすNTTコミュニケーションズのデザイン組織。ビジョン策定や事業の開発・改善からコミュニケーション・組織設計、人材育成まで幅広くデザインを手がけている。

株式会社 RE:PUBLIC
https://re-public.jp/

持続的にイノベーションが起こる「生態系」を研究し(Think)、実践する(Do)、シンク・アンド・ドゥ・タンク。不確実性と複雑性が高まる社会・経済のなかで、セクターを超えて協働し、それぞれの資源や技術、文化を編み上げ、ダイナミックな変化を構想する。その実現に向け、世界のフロンティアで挑戦する人たちと手を携え、ともに実験と実践を繰り返す共同体を生み出している。

田村 大（たむら・ひろし）

神奈川県出身。東京大学文学部心理学科卒業、同大学院学際情報学府博士課程単位取得退学。1994年博報堂に入社。以降、デジタルメディアの研究・事業開発等を経て、イノベーションラボに参画。同ラボ上席研究員を経て2013年に退職、株式会社RE:PUBLICを設立。2009年東京大学大学院工学系研究科堀井秀之教授（当時）とともにイノベーションリーダーを育成する学際教育プログラム・東京大学i.school（アイ・スクール）を発足、ディレクターに就任。現在、北陸先端科学技術大学院大学にて客員教授を兼任。著書に『東大式 世界を変えるイノベーションのつくりかた』（2010、早川書房）など。

市川 文子（いちかわ・ふみこ）

株式会社 RE:PUBLIC 共同代表。広島県出身。慶應義塾大学大学院にて認知科学を学ぶ。大学院を修了した後、北欧の通信会社にてデザイン部に所属。世界の人々の暮らしから製品やサービスをデザインするデザインリサーチに従事したのち、株式会社RE:PUBLIC設立。創業後は国内外で産官学民を横断した社会変革・市場創造のプロジェクトを推進。2019年よりサーキュラーデザインファーム株式会社fog取締役を兼務。

山口情報芸術センター［YCAM］
https://www.ycam.jp/

山口情報芸術センター（Yamaguchi Center for Arts and Media）通称「YCAM（ワイカム）」は、山口県山口市にあるアートセンター。2003年の開館以来、メディアテクノロジーを用いた新しい表現を模索しており、展覧会や公演、映画上映、ワークショップなど多彩なイベントを開催している。YCAMの取り組みは、メディアアートやパフォーミング・アーツを軸にしつつも、近年では、スポーツや遊び、食、さらにはバイオ・リサーチまで拡がりを見せている。YCAMの内部には研究開発チーム「YCAMインターラボ（InterLab）」が設置されており、市民や各分野の専門家たちと積極的にコラボレーションをしながら、調査や実験から、作品制作、ワークショップ開発などのアウトプットまで、総合的かつ長期的なプロジェクトを展開している。

菅沼 聖（すがぬま・きよし）

山口情報芸術センター[YCAM]で研究機関、自治体、企業などとの共創事業を担当。YCAMがメディアアートのクリエイションで得た知見を応用し、多様なコラボレーターと共に社会に新たな価値を創出する共創の枠組みづくりに取り組む。2019～2020年文化庁在外研修にてAalto Media Lab 学習環境デザイングループ客員研究員。現在、ソニーコンピュータサイエンス研究所 Cybernetic humanity Studio 非常勤リサーチャー（2021年～）、東京藝術大学 芸術未来研究場 特任准教授（2024年～）を兼任。光村図書 美術教科書（中・高）編集委員。

デザインリサーチ プロジェクトメンバー

みらいのしごと after 50

KOEL Design Studio
田中友美子
山本健吾
稲生華佳

RE:PUBLIC
田村大
市川文子
神尾涼太
清水淳史
木許宏美

山口情報芸術センター
[YCAM]
菅沼聖

豊かな町のはじめかた

KOEL Design Studio
田中友美子
山本健吾
細谷岳広
阿部紘樹
廣瀬夏和

RE:PUBLIC
田村大
市川文子
今村裕美
蔡奕屏
児玉真太郎
趙誼

多彩な文化のむすびかた

KOEL Design Studio
田中友美子
山本健吾
徐聖喬
稲生華佳

RE:PUBLIC
田村大
市川文子
鈴木敦
清水淳史

フィールドワーク・リサーチ協力

古庄悠泰（景色デザイン室）
小原祥嵩（株式会社このほし）
小沢瑞紀（株式会社このほし）
金千秋（FMわぃわぃ）

データリサーチ協力

桑原真一郎（KOEL Design Studio）

おわりに

　2021年、コロナ禍という想像もしなかった歴史的出来事に揺さぶられ、17年ぶりに日本で暮らし始め、NTTコミュニケーションズという日本らしい会社のデザイン部門、KOEL Design Studioで仕事を始めたこの年に、久しぶりの日本で体験した「高齢化した社会の暮らし」から受けた衝撃が、本書リサーチのきっかけとなりました。

　これからの高齢者の暮らしを見つめたつもりが、世の中そのものの変化の大きさに気づかされ、当初想定していたよりも大きなものを見つめることができました。「みらいのしごと」「豊かな町のはじめかた」「多彩な文化のむすびかた」と、人口減少・高齢化に軸足を置きながらもテーマを広げ、これからの日本が向き合うべき社会課題に対して自分なりの方針を見出せたことは、大きな成果だったと感じています。固定観念にとらわれず、立てた仮説を愛でず、中立的な視点で現状を観察し、インサイトを抽出し、真直にプロジェクトを進められたことも、デザインリサーチャーとしての素晴らしい体験となりました。

　何から始めればよいのか、企業のなかでリサーチプロジェクトをどう建て付ければよいのか、何もわからない最初の段階から知恵と現実的なサポートをくださったRE：PUBLICの市川さんをはじめ、鋭い観点で視座を広げてくださった田村さん、深い知見と尽きることのない好奇心で並走してくださったRE:PUBLICの皆様には、感謝の気持ちでいっぱいです。意見をぶつけ合うことで、新たな知の発見が生まれる特別な時間を過ごせました。

　また、フィールドワークで出会った阿東地区、小浜町、五城目町、長田区の皆様からは、インタビューだけでなく、本書には紹介しきれなかった様々なお話を通して多くを学ぶことができました。書籍としてまとめる過程で、現地では理解しきれなかった話の深みに改めて気づくことも多かったです。貴重な機会をいただき、特別なお話を聞かせていただけたことに、心から感謝しています。

　「3年分のリサーチを一冊にまとめるというのはどうでしょう？」というご提案に、不安いっぱいで向き合うことを決めてから、本の完成を見るまでに2年近くかかってしまいました。リサーチをまとめる過程で、どれほど多くのことを言語化できていなかったのか、そして、言語化できるほど明確に理解できていたことがいかに少なかったのかを強く感じました。その一方で、書くことに向き合う中で、知見が整理され、理解が深まるという実感も得られました。長い道のりを並走してくださったNTT出版の賀内さんには感謝しています。ま

た、本の草稿の早い段階で読んでいただき、内容を的確に言語化してくださった水野先生の帯文は、最終的なまとめに向かう中で、力強い指標となりました。

　人口減少・高齢化した日本の未来を見つめるビジョンデザインのプロジェクトは、3年を費やしたとはいえ、日々の業務も多忙を極めまとまった時間を取ることも難しいなか、熱意と好奇心の力で、何とか駆け抜けることができました。「社会の変化を知ること」よりも、もっと根源的な変化の動力を見つめ、「社会の変化を自分たちで見つけること」という内製にこだわってリサーチを実施したことで、得られた知見が自分自身の血肉となりました。

　手元の課題発見とは異なり、遠い視座を持ち社会の変化を見つめる難しいリサーチの作業に敢然と立ち向かい、このプロジェクトに参加してくださったKOELのメンバーにも、多くの学びがあったことを願っています。また、大事なテーマでありながら、現在の事業との紐付けが難しい探索的な領域に対して、その意義を理解し、プロジェクトの実施をサポートしてくださった土岐さんをはじめ、KOEL Design Studioの皆様、NTTコミュニケーションズにも深く感謝しています。リサーチで得られた知見は、今後のインフラづくりに活かしていきたいです。

　素敵なビジュアルで本書に華やかさを添えてくださったKOEL徐さん、細かいデータ確認も頼もしく応じてくれたKOEL桑原さん、ありがとうございました。雑然としたスケジュールのなかでも、きっちり本の形にしてくださったhooop武田さん、本当に頼もしかったです。

　変化を続けるデザインという領域は、これからも新たなフィールドを開拓し続けると思います。しかし、一歩先を見つめ、それを具体化し、議論の土台を作るというデザインの役割は、そう大きく変わらないようにも思います。これからも、新しい価値観、未来のビジョンを見定め、望ましい未来に向かって進んでいけるよう、力を尽くしていきたいです。

　本書が読者のみなさんにとっても、何らかの未来の指針となるところが少しでもあれば、とても嬉しく思います。

2025年2月28日

田中 友美子
KOEL Design Studio
NTTコミュニケーションズ

注

1　San Francisco County Transportation Authority (2018). *TNCs and Congestion Report.* Retrieved from https://www.sfcta.org/projects/tncs-and-congestion

2　総務省 (2024)「令和2年版 情報通信白書」情報通信機器の保有状況
　総務省 (2023)「令和5年版 通信利用動向調査」

3　総務省「広域行政・市町村合併」https://www.soumu.go.jp/kouiki/kouiki.html (2025年2月2日閲覧)

4　気象庁 (2024)「2003年および2023年の東京都における真夏日の日数」https://www.data.jma.go.jp/stats/etrn/index.php (2025年2月2日閲覧)

5　*Eur J Prev Cardiol* (2022). Multifactorial Effects of Outpatient Cardiac Rehabilitation in Patients with Heart Failure: A Nationwide Retrospective Cohort Study.

6　国土交通省 (2021)「令和3年版　国土交通白書」土砂災害の発生件数の推移

7　国立社会保障・人口問題研究所 (2014)「人口戦略会議」資料

8　Fab City Foundation (2014). Fab City White Paper.

9　総務省 (2025)「関係人口の創出・拡大について」https://www.soumu.go.jp/main_content/000687625.pdf (2025年2月2日閲覧)
　内閣官房まち・ひと・しごと創生本部事務局 (2025)「関係人口とは」https://www.chisou.go.jp/sousei/about/kankei/ (2025年2月2日閲覧)
　国土交通省 (2025)「関係人口の形成促進に関する調査研究」https://www.mlit.go.jp/kokudoseisaku/content/001391466.pdf (2025年2月2日閲覧)

10　YouTube (2025)「山水郷チャンネル」プレイリスト https://www.youtube.com/playlist?list=PLwcqihN97f6cnmbi2uF_aNgs2LJVK1BKR (2025年2月2日閲覧)

11　International Organization for Migration (2024). *World Migration Report 2024.* Geneva: IOM. Available at https://worldmigrationreport.iom.int/msite/wmr-2024-interactive/ (2025年2月28日閲覧)

12　内閣府 (2024)「日本の生産年齢人口の推移と将来予測」『第2回税制調査会 資料』p.2 https://www.cao.go.jp/zei-cho/content/2zen2kai1-2.pdf (2025年2月28日閲覧)

13　出入国在留管理庁 (2024)「令和6年6月末現在における在留外国人数について」https://www.moj.go.jp/isa/publications/press/13_00047.html (2025年2月28日閲覧)

14　出入国在留管理庁 (2024)「令和6年6月末現在における在留外国人数について」https://www.moj.go.jp/isa/publications/press/13_00047.html (2025年2月28日閲覧)

15　出入国在留管理庁 (2023)「在留外国人統計 (旧登録外国人統計) 統計表」https://www.moj.go.jp/isa/publications/statistics/nyuukokukanri07_00001.html (2025年2月28日閲覧)

16　川口市 (2025)「かわぐちの人口」https://www.city.kawaguchi.lg.jp/soshiki/01020/010/toukei/12/5698.html (2025年2月28日閲覧)
　川口市 (2025)「グラフでみるかわぐちの人口」https://www.city.kawaguchi.lg.jp/soshiki/01020/010/toukei/12/43956.html (2025年2月28日閲覧)

17　総務省 (2020)「国勢調査」「人口推計」

18　総務省 (2006)『多文化共生の推進に関する研究会報告書』https://www.kumamoto-if.or.jp/plaza/kiji003160/index.html (2025年2月28日閲覧)

引用・参考文献

アルトゥーロ・エスコバル(2024) 監訳 水野大二郎、水内智英、森田敦郎、神崎隼人『多元世界に向けたデザイン――ラディカルな相互依存性、自治と自律』ビー・エヌ・エヌ
ベネディクト・グロース、アイリーン・マンディア 訳 百合田香織(2024)『デザイン・フューチャリング――未来を探り、変化に導く思考ツール』ビー・エヌ・エヌ
近藤 敦(2019)『多文化共生と人権――諸外国の「移民」と日本の「外国人」』明石書店
鹿子 裕文(2019)『へろへろ――雑誌『ヨレヨレ』と「宅老所よりあい」の人々』ナナロク社
木浦 幹雄(2020)『デザインリサーチの教科書』ビー・エヌ・エヌ新社
鷲田 祐一(2016)『未来洞察のための思考法――シナリオによる問題解決』勁草書房
新山 直広、坂本 大祐、中西 拓郎、小板橋 基希、吉田 勝信、吉野 敏充、佐藤 哲也、迫 一成、羽田 純、長谷川 和俊、土屋 誠、今尾 真也、稲波 伸行、堀内 康広、小林 新也、森脇 碌、安田 陽子、タケムラナオヤ、古庄 悠泰、佐藤 かつあき、福田 まや(2022)『おもしろい地域には、おもしろいデザイナーがいる――地域×デザインの実践』学芸出版社
山脇 啓造、上野 貴彦(2022)『多様性×まちづくり――インターカルチュラル・シティ』明石書店
清水 睦美、児島 明、角替 弘喜、額賀 美紗子、三浦 綾希子、坪田 光平(2022)『日本社会の移民第二世代――エスニシティ間比較でとらえる「ニューカマー」の子どもたちの今』明石書店
アマルティア・セン(2018) 訳 池本幸生、野上裕生、佐藤仁『不平等の再検討――潜在能力と自由』岩波書店
リンダ・グラットン(2021) 訳 池村千秋『LIFE SHIFT2――100年時代の行動戦略』東洋経済新報社
Candy, S. (2010). *The Futures of Everyday Life: Politics and the Design of Experiential Scenarios.*(Doctoral dissertation, University of Hawaii).
田中 輝美(2021)『関係人口の社会学――人口減少時代の地域再生』大阪大学出版会
アンソニー・ダン、フィオーナ・レイビー(2015) 監修 久保田晃弘　訳 千葉敏生『スペキュラティヴ・デザイン――問題解決から、問題提起へ。未来を思索するためにデザインができること』ビー・エヌ・エヌ新社
中国山地編集舎(2021)『みんなでつくる中国山地』第2号
月刊事業構想(2021)『月刊事業構想』2021年6月号
日本国際文化学会(2023)『インターカルチュラル 21』風行社
日本総合研究所 未来デザイン・ラボ(2016)『新たな事業機会を見つける「未来洞察」の教科書』KADOKAWA
望月 優大(2019)『ふたつの日本――「移民国家」の建前と現実』講談社
広井 良典(2015)『ポスト資本主義――科学・人間・社会の未来』岩波新書
―(2019)『人口減少社会のデザイン』東洋経済新報社
―(2023)『科学と資本主義の未来――〈せめぎ合いの時代〉を超えて』東洋経済新報社
ジェラール・ブシャール(2017) 監訳 丹羽卓『間文化主義(インターカルチュラリズム)――多文化共生の新しい可能性』彩流社
エツィオ・マンズィーニ(2020) 訳 安西洋之 、八重樫文『日々の政治――ソーシャルイノベーションをもたらすデザイン文化』ビー・エヌ・エヌ新社
―(2023)訳 安西 洋之、山﨑 和彦、本條 晴一郎、森 一貴、澤谷 由里子、山縣 正幸『ここちよい近さがまちを変える――ケアとデジタルによる近接のデザイン』X デザイン出版
水野 大二郎、津田 和俊(2022)『サーキュラーデザイン――持続可能な社会をつくる製品・サービス・ビジネス』学芸出版社
緒方 胤浩、水野 大二郎(2022)『FOOD DESIGN――未来の食を探るデザインリサーチ』ビー・エヌ・エヌ
渡邉 淳司、ドミニク・チェン(2023)『ウェルビーイングのつくりかた――「わたし」と「わたしたち」をつなぐデザインガイド』ビー・エヌ・エヌ
宇沢 弘文(2000)『社会的共通資本』岩波書店
―(1974)『自動車の社会的費用』岩波書店
岩渕 正樹(2024)『世界観のデザイン――未来社会を思索する技術』クロスメディア・パブリッシング(インプレス)
大島 隆(2019)『芝園団地に住んでいます――住民の半分が外国人になったとき何が起きるか』明石書店
井上 岳一(2019)『日本列島回復論――この国で生き続けるために(新潮選書)』新潮社
中澤 高志(2024)『ポスト拡大・成長の経済地理学へ――地方創生・少子化・地域構造』旬報社

田中 友美子

NTTコミュニケーションズ
KOEL Design Studio, Head of Experience Design

Royal College of Art (RCA: ロイヤル・カレッジ・オブ・アート)、Interaction Design科修了。武蔵野美術大学非常勤講師。ロンドンとサンフランシスコを拠点に、Hasbro、Nokia、SONYなどの企業でデバイス・サービス・デジタルプロダクトのデザインに携わり、デザインファーム・Methodでデザイン戦略を経験した後、2021年よりNTTコミュニケーションズのKOEL Design StudioのHead of Experience Designとして、デザインの組織作り、ビジョンデザインを始め、社内全体でのデザイン浸透、事業戦略からデザイン実装まで支援し、社会課題解決に取り組んでいる。

ビジョンデザイン
〈私たち〉の未来を考える、これからのデザインの使いかた

初版第1刷　2025年4月25日発行

著者　　　田中友美子（NTTコミュニケーションズ KOEL Design Studio）

発行者　　東明彦
発行所　　NTT出版株式会社
　　　　　〒108-0023 東京都港区芝浦3-4-1 グランパークタワー
　　　　　営業担当／TEL 03-6809-4891　FAX 03-6809-4101
　　　　　編集担当／TEL 03-6809-3276
　　　　　https://www.nttpub.co.jp

装丁　　　徐聖喬（NTTコミュニケーションズ KOEL Design Studio）
デザイン　武田英志　佐々木明奈（hooop）
印刷所　　シナノ印刷株式会社

Copyright © 2025 NTT Communications Printed in Japan
ISBN 978-4-7571-2391-5
乱丁・落丁本はお取り替えいたします。定価はカバーに表示しています。